DIW BERLIN

1

Vierteljahrshefte zur Wirtschaftsforschung 1.2016

Niedrigzinsen – Ursachen, Wirkungen, Ausstiegsoptionen

Duncker & Humblot · Berlin

DIW Berlin – Deutsches Institut
für Wirtschaftsforschung e. V.

Mohrenstraße 58, 10117 Berlin
Tel. +49-30-8 97 89-0
Fax +49-30-8 97 89-200
www.diw.de

VERLAG DUNCKER & HUMBLOT GMBH
Carl-Heinrich-Becker-Weg 9
12165 Berlin

GESTALTUNG
Edenspiekermann

SATZ UND TECHNISCHE REDAKTION
Alfred Gutzler
Ellen Müller-Gödtel

DRUCK
2016 bei Das Druckteam Berlin
Gustav-Holzmann-Straße 6
10317 Berlin

Printed in Germany

Gedruckt auf FSC-zertifiziertem Papier

ISSN 0340-1707 (Printausgabe) / 1861-1559 (Onlineausgabe)
ISBN 978-3-428-15088-5

Niedrigzinsen – Ursachen, Wirkungen, Ausstiegsoptionen

DOROTHEA SCHÄFER

Dorothea Schäfer, DIW Berlin – Deutsches Institut für Wirtschaftsforschung, E-Mail: dschaefer@diw.de

Im Juli 2014 ist die Europäische Zentralbank erstmals seit ihrer Gründung in den Bereich negativer Zinsen vorgestoßen. Der Zins, zu dem Banken Geld bei der EZB einlegen können, sank auf minus 0,1 Prozent. Mittlerweile liegt der Einlagensatz nach weiteren Zinsschritten bei minus 0,4 Prozent (Abbildung 1).

Parallel dazu sind auch die Ausleihzinsen der EZB gesunken. Übernachtkredite an die Geschäftsbanken werden von der EZB zum Spitzenrefinanzierungssatz vergeben. Dieser liegt bei 0,25 Prozent. Im März 2016 hat auch der Hauptrefinanzierungssatz die Nulllinie erreicht. Banken müssen diesen Satz zahlen, wenn sie sich längerfristig Geld von der EZB leihen. Im Schlepptau der niedrigen Leitzinsen sind auch die Renditen von Staatsanleihen der Euroraum mit höchster Bonität auf einen historischen Tiefststand gesunken (Tabelle 1).

Nicht immer war Krisenmanagement mit Niedrigzinsen verbunden. Das zeigen einige Beispiele aus der jüngeren Vergangenheit. So hat die schwedische Reichsbank den Leitzins auf dem Höhepunkt der schwedischen Finanzkrise kräftig erhöht. Im Oktober 1992 setzte sie den Hauptrefinanzierungssatz von 8,5 Prozent auf zehn Prozent herauf (Abbildung 2).

Den Spitzenrefinanzierungssatz hob die Reichsbank am 9. September 1992 von 16 auf 75 Prozent an. Nach einer kurzzeitigen Absenkung auf 20 Prozent stieg er am 15. September 1992 sogar auf 500 Prozent. Sechs Tage später, am 21. September 1992, setzte die Reichsbank den Satz dann wieder auf 50 Prozent herab. Weitere Reduktionsschritte folgten. Mitte Oktober lag der Satz bei 16,5 und Ende 1992 wieder bei zwölf Prozent.

Abbildung 1

Zentralbankzinsen im Euroraum 2000–2015

In Prozent

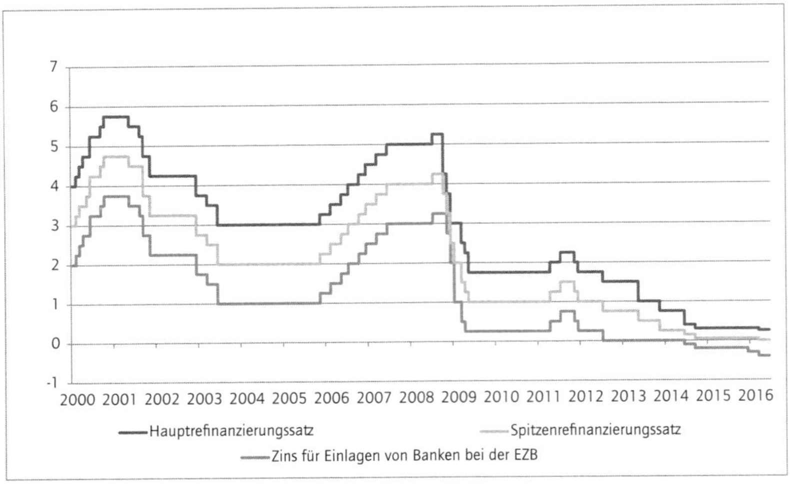

Quelle: Europäische Zentralbank.

Auch die US-Zentralbank setzte in der Hochzeit der US-amerikanischen Sparkassenkrise eher auf Zinserhöhung als auf Zinssenkung. Der US-amerikanische Leitzins, die Federal Funds Rate, stieg in der Tendenz ab Herbst 1986 an. Der Höhepunkt der Krise lag in den Jahren 1986 bis 1988 (Abbildung 3).

Krisenmanagement in Form einer konsequenten Niedrigzinspolitik ist vor der Jahrtausendwende von der japanischen Zentralbank eingesetzt worden (Abbildung 4). Japans Leitzins lag bis 1989 bei einer im Vergleich zu anderen Industriestaaten sehr niedrigen Rate von 2,5 Prozent. Dann allerdings legte der Leitzins innerhalb kurzer Zeit stark zu und erreichte bis zum Jahr 1990 die Marke von sechs Prozent. Im selben Jahr begann die Finanzkrise. Die japanische Zentralbank senkte den Zinssatz von Mitte 1991 bis Herbst 1995 in zwölf Schritten von sechs Prozent auf 0,5 Prozent. Seither liegt der japanische Leitzinssatz konstant unter der Ein-Prozent-Marke.

Die Situation negativer Zentralbankzinssätze ist für Europa historisch einmalig. Zwar überstieg in der Vergangenheit die Inflationsrate schon öfter die Nominalzinsen (siehe Annuß und Rupprecht in diesem Heft), so dass der Realzins negativ war. Negative Nominalzinsen wirken jedoch anders als negative Realzinsen. Umso dringender stellt sich die Frage: Verstehen wir das heutige Niedrigstzinsumfeld?

Das vorliegende Vierteljahrsheft will einen Beitrag zum Verständnis leisten. Im Mittelpunkt des Sammelbandes stehen folgende Fragen: Wodurch ist das Niedrigstzinsumfeld entstanden? Was bedeuten Niedrigstzinsen für die betroffenen Ökonomien? Braucht es eine Zinswende? Wie kann sie gelingen?

Tabelle 1

Rendite von Staatsanleihen der Euroraum mit AAA-Rating

Laufzeit (Jahre)	2006	2007	2008	2009	2010	2011	2012	2013	2014	2015
1	3,22	4,00	3,62	0,91	0,59	0,90	0,05	0,06	0,01	-0,27
2	3,37	4,04	3,60	1,50	0,94	1,24	0,20	0,18	0,04	-0,24
3	3,43	4,05	3,65	1,99	1,31	1,57	0,44	0,37	0,15	-0,18
4	3,48	4,06	3,74	2,38	1,66	1,89	0,73	0,60	0,31	-0,09
5	3,52	4,09	3,83	2,70	1,99	2,16	1,02	0,84	0,49	0,03
6	3,57	4,11	3,92	2,97	2,27	2,41	1,29	1,08	0,68	0,16
7	3,62	4,14	4,00	3,20	2,52	2,61	1,55	1,32	0,87	0,29
8	3,66	4,17	4,07	3,39	2,72	2,79	1,77	1,53	1,06	0,41
9	3,70	4,19	4,14	3,55	2,89	2,93	1,96	1,72	1,22	0,52
10	3,73	4,22	4,20	3,69	3,04	3,05	2,12	1,89	1,38	0,62
11	3,76	4,24	4,25	3,80	3,15	3,15	2,25	2,04	1,51	0,71
12	3,79	4,26	4,30	3,89	3,24	3,23	2,36	2,16	1,63	0,78
13	3,82	4,28	4,34	3,97	3,32	3,30	2,45	2,27	1,73	0,85
14	3,84	4,30	4,37	4,03	3,38	3,35	2,52	2,36	1,82	0,91
15	3,86	4,31	4,40	4,08	3,43	3,39	2,58	2,43	1,90	0,97
16	3,87	4,32	4,43	4,12	3,46	3,43	2,62	2,49	1,96	1,01
17	3,89	4,34	4,45	4,16	3,49	3,45	2,65	2,53	2,01	1,05
18	3,90	4,35	4,47	4,18	3,51	3,48	2,68	2,57	2,05	1,09
19	3,91	4,36	4,48	4,20	3,53	3,49	2,70	2,59	2,08	1,12
20	3,92	4,37	4,50	4,22	3,54	3,51	2,71	2,61	2,11	1,15
21	3,93	4,37	4,51	4,22	3,55	3,52	2,72	2,63	2,13	1,17
22	3,94	4,38	4,53	4,23	3,55	3,52	2,72	2,63	2,15	1,19
23	3,95	4,39	4,54	4,23	3,56	3,53	2,72	2,64	2,16	1,21
24	3,95	4,39	4,54	4,23	3,56	3,53	2,72	2,63	2,16	1,23
25	3,96	4,40	4,55	4,23	3,56	3,54	2,72	2,63	2,16	1,24
26	3,97	4,40	4,56	4,22	3,55	3,54	2,72	2,62	2,16	1,26
27	3,97	4,41	4,57	4,22	3,55	3,54	2,71	2,61	2,16	1,27
28	3,98	4,41	4,57	4,21	3,54	3,54	2,70	2,60	2,16	1,28
29	3,98	4,42	4,58	4,20	3,54	3,54	2,70	2,59	2,15	1,29
30	3,99	4,42	4,58	4,19	3,53	3,54	2,69	2,58	2,15	1,30

Quelle: Eurostat.

Hohe Sparneigung und der globale Trend einer geringen Investitionsnachfrage, bedingt unter anderem durch die demografische Entwicklung, werden oft als realwirtschaftliche Ursache für das Niedrigstzinsumfeld angeführt. Demgegenüber sieht *Michael Wolgast* die Ursache weniger in der „Sparschwemme", sondern in der Tatsache, dass die Finanz- und Wirtschaftskrise nach der Lehman-Insolvenz immer noch nicht bewältigt ist. Der krisenbedingt extrem lockeren Geldpolitik der Europäischen Zentralbank schreibt er eine starke Wirkung auf das nominale und reale Zinsniveau zu. Die Niedrigstzinsen können aus der Sicht des Autors aber mittlerweile nichts

Abbildung 2

Hauptrefinanzierungssatz der Schwedischen Zentralbank zwischen 1988 und 1993
In Prozent

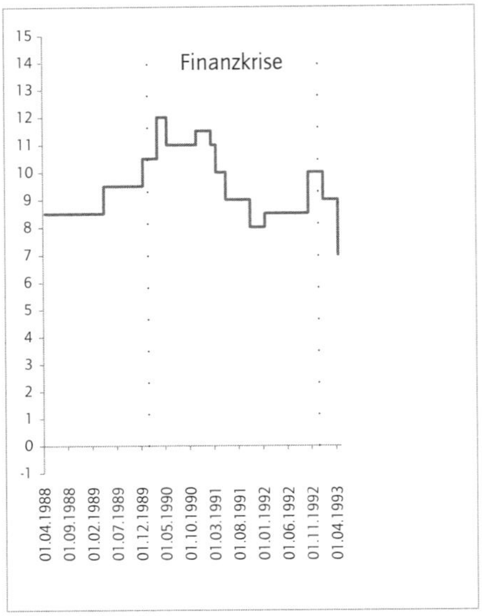

Quelle: Riksbanken.

Abbildung 3

Federal Funds Rate zwischen 1985 und 1990
In Prozent

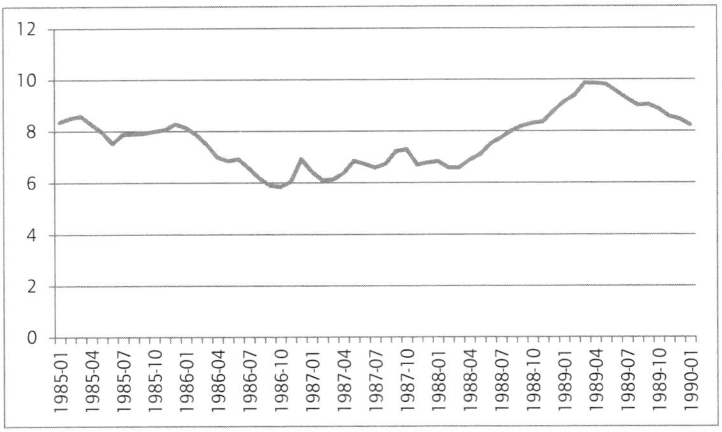

Quelle: US-Notenbank FED.

Abbildung 4

Refinanzierungssatz der japanischen Zentralbank zwischen 1985 und 2016
In Prozent

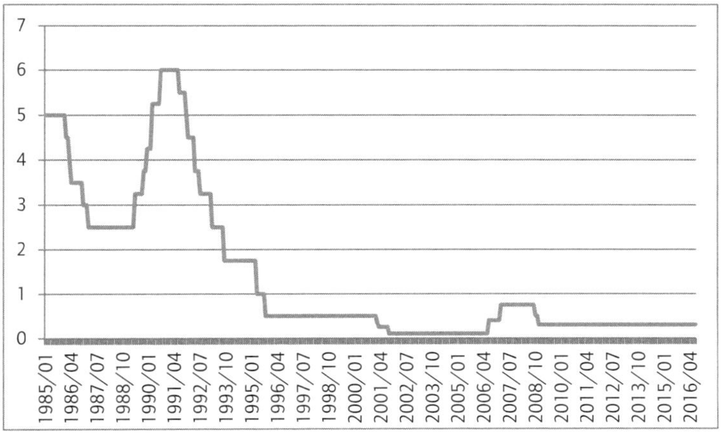

Quelle: Japanische Zentralbank.

mehr zur Überwindung der aktuellen Wirtschaftsschwäche beitragen. Vielmehr sieht Wolgast die Gefahr, dass Finanzinstitute und Finanzsystem geschädigt werden und das Vertrauen in die Geld- und Währungsordnung schwindet. Er rät daher zu einer alsbaldigen geldpolitischen Umsteuerung, um eine ähnliche Situation wie in Japan abzuwenden. In Japan wird seit mehr als 20 Jahren vergeblich versucht, mittels Niedrigstzinsen die Wirtschaft nachhaltig anzukurbeln (Abbildung 4).

Andreas Bley und *Jan Philip Weber* argumentieren, dass es im Falle einer dauerhaft extrem lockeren Geldpolitik nur eine Frage der Zeit ist, bis es zu ausufernder Kreditvergabe und Blasenbildung am Immobilienmarkt kommt und die Finanzstabilität gefährdet wird. Sie appellieren daher an die Wirtschaftspolitik, die vorhandenen stabilisierenden Strukturen auf dem deutschen Wohnimmobilienmarkt zu schützen, ein ausgewogenes Verhältnis der Märkte für Miet- und Eigentumswohnungen zu bewahren und die Bedingungen für Wohnbauinvestitionen zu verbessern.

Catharina Claußen, Christoph Maidl, Andreas Pfingsten und *Corinna Woyand* analysieren die Zinsänderungsrisiken von Kreditinstituten im aktuellen Niedrigstzinsumfeld. Besonders im Anlagebuch sehen sie Gefahren, da diese Zinsänderungsrisiken keiner spezifischen Eigenmittelunterlegung bedürfen und folglich der Anreiz zur erhöhten Risikoübernahme nicht durch einen zusätzlichen Eigenkapitalbedarf gedämpft wird. Die Autoren finden einen starken Anreiz, geringere Margen durch stärkere Fristentransformation zu erhöhen.

Klaus Wiener und *Rolf Ketzler* erwarten von den geldpolitischen Maßnahmen ebenfalls kaum noch realwirtschaftliche Impulse, aber steigende Risiken für das Finanzsystem und die Alterssicherung. Der Ausnahmezustand im Anlagebereich und die nachlassende Vorsorgebereitschaft der privaten Haushalte sind die größten Risiken für die Versicherungswirtschaft. Trotz bereits erfolgter Anpassungen an das Niedrigstzinsumfeld empfehlen die Autoren den umgehenden Einstieg in die Normalisierung der Geldpolitik. Auch *Marco Bargel* sieht Banken und Lebensversicherer unter starkem Ertragsdruck und befürchtet, dass die Risikotragfähigkeit der Finanzinstitute gefährdet sein könnte. Er sieht die Gefahr, dass sich die Notenbank letztendlich ihrer Möglichkeiten zur Inflationsbekämpfung beraubt, wenn sie potenzielle Verluste der Anleger durch eine lockere Geldpolitik immer wieder abzumildern versucht.

Christine Annuß und *Manuel Rupprecht* untersuchen die Auswirkungen auf die Anlageentscheidungen von privaten Haushalten in Deutschland. Trotz annähernder Nullzinsen auf vielen Bank-Sparkonten ergibt sich unter Einbezug aller Anlageformen seit Krisenbeginn immer noch eine reale Gesamtrendite von rund 1,5 Prozent. Die Autoren betonen jedoch, dass die reale Rendite für Privathaushalte weder in Deutschland noch im Euroraum ein zentraler Faktor bei der Wahl der Geldanlage ist. Das Anlageverhalten wird vielmehr von Präferenzen bezüglich Risiko und Liquidität sowie von demografischen und institutionellen Faktoren bestimmt. Ja nach Präferenzen sind die privaten Haushalte daher in sehr unterschiedlichem Ausmaß vom Niedrigstzinsumfeld betroffen.

Sebastian Dullien, Heike Joebges und *Alejandro Márquez-Velázquez* untersuchen den Zusammenhang zwischen Hauspreisblasen und Niedrigstzinsen theoretisch und empirisch. In der theoretischen Literatur finden die Autoren zwar einen Beleg für einen negativen Zusammenhang zwischen Zinsniveau und Immobilienpreisen, sie argumentieren allerdings, dass von Blasen nur dann gesprochen werden kann, wenn dem Anstieg der Preise ein späterer Verfall folgt. Solange der Rückgang der Zinsen auf Strukturveränderungen, etwa einer langsamer wachsenden Weltwirtschaft, beruhe, sei indes kein Verfall zu erwarten. Plausibler erscheine, dass Blasen durch Geldillusion verursacht werden, die die Finanzierung von Immobilien als zu günstig erscheinen lässt. Dullien, Joebges und Márquez-Velázquez validieren die theoretische Schlussfolgerung mithilfe eines systematischen Fallstudienansatzes. Anhand der Evidenz zu den Hauspreisblasen in den USA, Großbritannien und Österreich in den 2000er Jahren kommen die Autoren zu dem Schluss, dass Regulierungsänderungen eine zentrale Rolle bei der Entstehung von Preisblasen auf dem Immobilienmarkt spielen.

Thomas Lehmann geht am Beispiel Berlins der Frage nach, ob die Niedrigstzinsphase zur Hauspreisblase führt. Die Wirkung der Niedrigzinsen wird anhand des *user cost of housing approach* gemessen. Der Befund deutet darauf hin, dass der beobachtbare Preisauftrieb bislang ökonomisch nachvollziehbar ist.

Die Zinswende hängt an bestimmten Voraussetzungen. Bislang fehlt es allerdings an einem glaubhaften und robusten Ausstiegsszenario. *Markus Demary* untersucht, ob sich aus den Ursachen des Niedrigstzinsumfeldes Wege für eine Zinswende ableiten lassen. Durch Strukturreformen sollten die Auswirkungen der demografischen Entwicklung auf die Ersparnis und den natürlichen Realzins abgemildert werden. Als zentrales Hindernis für eine Zinswende sieht der Autor die Bilanzrezession. Ihre Überwindung würde eine größere Investitionsnachfrage ermöglichen und schließlich zu einem höheren natürlichen Realzins führen. Bei erhöhtem natürlichem Realzins wären Zentralbanken wieder in der Lage, den Leitzins ohne negative Rückwirkungen auf das Wachstum zu erhöhen.

Das gegenwärtige Niedrigzinsumfeld aus Sicht der Sparkassen

MICHAEL WOLGAST*

Michael Wolgast, Deutscher Sparkassen- und Giroverband e. V. (DSGV), E-Mail: michael.wolgast@dsgv.de

Zusammenfassung: Der seit vielen Jahren zu beobachtende Trend abnehmender nominaler und realer Zinssätze in den wichtigsten Industrieländern ist im Euroraum und in Deutschland zuletzt in ein historisch beispielloses Umfeld niedrigster und negativer Zinsen gemündet. Eher als auf eine vermeintliche „Sparschwemme" sind die niedrigen Zinsen dabei auch darauf zurückzuführen, dass die Folgen der Finanz- und Wirtschaftskrise ab 2008 noch immer nicht überwunden sind. Doch auch die Geldpolitik der Europäischen Zentralbank (EZB) hat einen erheblichen Einfluss auf das nominale und reale Zinsniveau. Gleichzeitig erweist sie sich als zunehmend machtlos oder sogar kontraproduktiv bei der Überwindung der aktuellen Wirtschaftsschwäche. Das gegenwärtige Niedrigstzinsniveau setzt Sparkassen und andere Finanzdienstleister in Deutschland einem erheblichen Anpassungsdruck aus. Noch schwerer wiegt aber, dass ein anhaltendes Niedrigstzinsumfeld auch das Finanzsystem insgesamt nachhaltig beschädigt. Anstelle der traditionellen deutschen Sparkultur und des Vorsorgegedankens, wie er seit über 200 Jahren etwa durch die Sparkassen vertreten wird, droht eine Situation ähnlich der in Japan.

Summary: For many years, in most industrial countries, there has been a trend of declining nominal and real interest rates. Still, the current environment of extremely low or even negative rates prevailing in the Euro area and in Germany is an exceptional situation without historical precedent. The current interest rate levels can to some extent be explained by the current macroeconomic environment in the aftermath of the financial and economic crisis of 2008, even if an alleged "savings glut" is not a conclusive explanation in itself. Still, the ECBs monetary policy has a strong impact on nominal and real interest rate levels, too. At the same time, it proves increasingly powerless or even counterproductive with respect to overcoming the current economic weakness in the Euro area. The current environment of extremely low interest rate levels puts an enormous pressure on Sparkassen and other providers of financial services in Germany. Still more serious, a lasting environment of close-to-zero interest rates will have profound negative consequences for the financial system as a whole. Instead of the traditional German values of precaution, provision and savings—the Sparkultur, which has for more than 200 years been propagated by the Sparkassen—Germany and the Euro area might end up in a macroeconomic situation similar to that currently prevailing in Japan.

→ JEL Classification: E58, E43, E21, G20 und G21
→ Keywords: European Central Bank, interest rates, savings, financial institutions, Savings Banks

* Für die Mithilfe bei der Erstellung dieses Beitrages danke ich meinen Mitarbeitern Reinhold Rickes, Holger Schulz und Lukas Westphal.

1 Problemstellung

Die Weltwirtschaft befindet sich auch acht Jahre nach Ausbruch der Finanz- und Wirtschaftskrise noch immer in einer schwierigen Lage. Das niedrige Wachstum und die niedrige Inflation gehen einher mit weltweit schwachen Investitionen, einem geringen Produktivitätswachstum, niedrigen Zinsen und einem hohen Grad der Verschuldung. Auch die Probleme im Finanzsektor sind in vielen Ländern noch nicht nachhaltig überwunden. Leicht beschönigend spricht der Internationale Währungsfonds (IWF) hier von einem „new normal"; die Bank für Internationalen Zahlungsausgleich (BIZ) bezeichnet die aktuelle Situation in der Weltwirtschaft als „malaise" (Bank für Internationalen Zahlungsausgleich 2015).

Um der Krise von 2008/2009 entgegenzuwirken, waren die Notenbanken der wichtigsten Industrienationen auf einen sehr expansiven geldpolitischen Kurs eingeschwenkt. Während die Federal Reserve in den USA inzwischen mit minimalen Zinserhöhungen eine verhaltene Kehrtwende erkennen lässt, hält die Europäische Zentralbank (EZB) an ihrem expansiven Kurs nicht nur fest, sondern weitete ihn zuletzt (März 2016) noch zusätzlich aus. Auch die Bank of Japan belässt es weiterhin bei niedrigen Zinsen und einer kontinuierlichen Ausweitung der Geldmenge. Während der Zins in Japan allerdings schon über zwei Dekaden nahe bei null liegt, ist dies in Europa und den USA erst seit der Finanzkrise von 2008/2009 der Fall. Neu ist, dass Notenbankzinsen teils sogar exakt null oder negativ sein können („going negative").

Angesichts dieser ungewöhnlichen Situation stellt sich eine Reihe von Fragen: Wie sind die aktuellen Entwicklungen einzuordnen? Was sind die Ursachen anhaltend niedriger Zinsen? Welche Rolle spielen dabei die Zentralbanken? Wie effektiv sind die aktuellen geldpolitischen Maßnahmen noch? Welche Auswirkungen haben sie auf die Sparkultur und das Finanzsystem? Wie gehen Finanzdienstleister, wie die Sparkassen, mit einer derartigen Politik um? Und welche Optionen bleiben Notenbanken und Staaten, um gleichzeitig einen nachhaltigen Weg aus der Krise und aus dem gegenwärtigen Niedrigzinsumfeld zu finden? Ziel des vorliegenden Beitrags ist es, diese Fragen aus Sicht der deutschen Sparkassen zu behandeln.

2 Ursachen und Einordnung des gegenwärtigen Niedrigzinsumfelds

2.1 Zinsentwicklung im historischen Vergleich

Die Zinsentwicklung der letzten Jahre ragt im historischen Vergleich als einzigartig heraus. Selbst wenn man die lange historische Perspektive seit 1877 heranzieht, waren zumindest seit der Industrialisierung so lange andauernde Phasen mit Nominalzinsen so nahe der Null eine höchst seltene Erscheinung (vergleiche zum Beispiel Abbildung 1 für Deutschland). Japan war in den letzten zwanzig Jahren ein annähernd vergleichbares Beispiel, erschien aber zunächst als ein Sonderfall. Doch nun herrscht das Phänomen unter den Industrieländern fast weltweit vor.

Einzelne Zinssätze sind aktuell sogar nominal negativ geworden, ein historisch beispielloser Vorgang, den viele Ökonomen zuvor noch nicht einmal theoretisch für realisierbar gehalten hätten. Bemerkenswert ist auch, für wie lange Restlaufzeiten die Renditen aktuell nahe der Null liegen oder sogar negativ geworden sind. In einigen Währungen wie dem Schweizer Franken rentieren sogar zehnjährige Staatsanleihen derzeit negativ. Bei deutschen Bundesanleihen reicht die Null-

Abbildung 1

Langfristige Zinsentwicklung in Deutschland

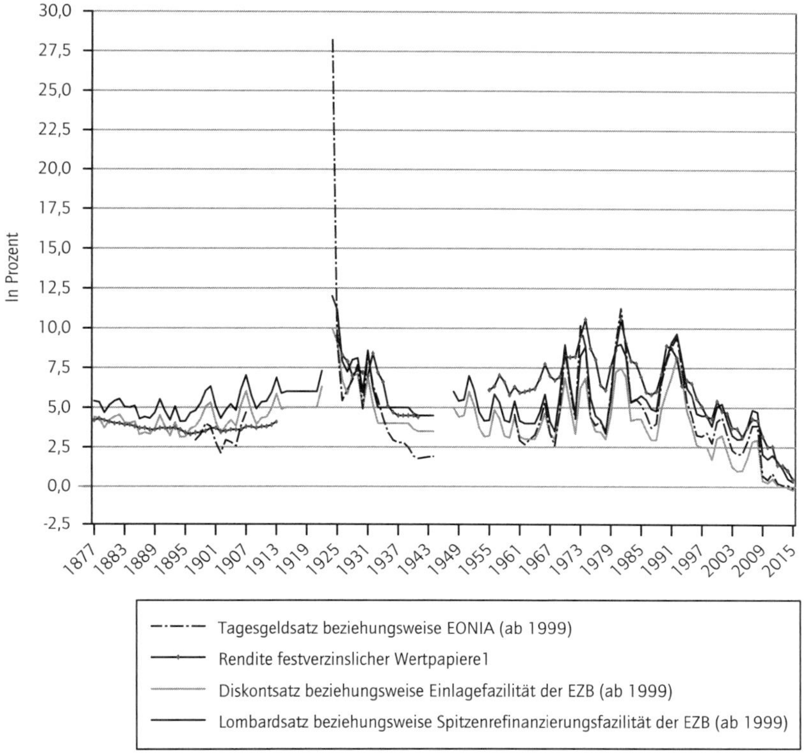

1 Durchschnittliche Umlaufsrendite aller inländischen Inhaberschuldverschreibungen.
Quelle: Deutsche Bundesbank.

oder Negativverzinsung zuletzt (April 2016) bis zu neunjährigen Restlaufzeiten hinauf. Hier spiegeln sich zum einen die direkten Käufe von langfristigen Anleihen durch die Notenbanken wider. Zum anderen zeigen diese Ankaufpreise aber auch die Erwartung der Marktteilnehmer, dass es sich bei den niedrigen Zinsen nicht nur um eine kurze, vorübergehende Situation handeln wird. Der Anlagedruck der Investoren auf der Suche nach noch positiv verzinsten Anlageklassen hat dabei auch die Konditionen von vielen anderen, teils auch mit höheren Risiken versehenen Assets gedrückt.

Für die Investitionsentscheidungen, für den langfristigen Vermögensaufbau und für die Verteilungseffekte des aktuellen Zinsumfelds ist allerdings nicht so sehr der Nominalzins entscheidend, sondern vielmehr der reale Zins, also der nominale Zinssatz abzüglich der Inflationserwartungen.

In einer solchen Realzins-Betrachtung ist die gegenwärtige Situation auf den ersten Blick nicht ganz so außerordentlich oder einzigartig wie bei Betrachtung der nominalen Zinssätze (Abbildung 2). Die gegenwärtige Niedrigzinsphase fällt zusammen mit einem fehlenden Auftrieb der

Abbildung 2

Langfristige Entwicklung der Realzinsen[1] in Deutschland

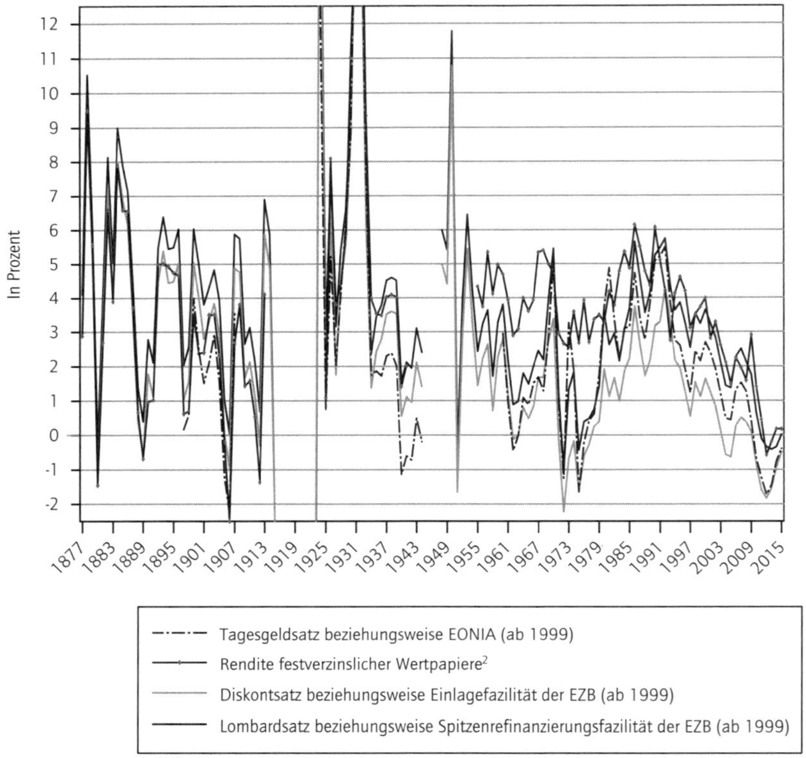

1 Nominale Zinssätze bereinigt um die jeweilige Inflationsrate (Konsumentenpreise).
2 Durchschnittliche Umlaufsrendite aller inländischen Inhaberschuldverschreibungen.
Quelle: Deutsche Bundesbank.

Verbraucherpreise. Inflationsprämien sind ein üblicher Bestandteil von Nominalzinsen. Und beide „Preise" – der Zins und die Inflationsrate – werden von ähnlichen Knappheiten geprägt. Niedrige Zinsen und niedrige Inflationsraten sind so aktuell gleichzeitig Ausdruck einer Wachstumsschwäche im Nachgang der Schuldenkrise und einer wenig dynamischen gesamtwirtschaftlichen Nachfrage in vielen Ländern. Die Preissteigerungsraten nahe der Null tragen zusätzlich dazu bei, die nominale Entwicklung beim Zins bei der Null anschlagen zu lassen. Derzeit liegen allerdings damit alle drei Größen zugleich nahe der Null: Inflation, Realzins und Nominalzins. Und diese Konstellation ist dann doch eine historische Ausnahmesituation.

In der Abbildung 2 ist in der Perspektive über 150 Jahre verzeichnet, wie der Realzins sich in der wechselvollen Geschichte Deutschlands entwickelt hat. Hier zeigt sich, dass vor allem in der Zeit vor dem Ersten Weltkrieg negative Realzinsen durchaus häufiger vorkamen. Dies war allerdings schon in der Konstruktion der damaligen Währungsordnung angelegt. Die Inflationsraten zu Zeiten der Goldkernwährung waren im Durchschnitt niedriger, aber auch volatiler als in der ungedeckten Papierwährung. Die Nominalzinsen enthielten seinerzeit also eine geringere

Inflationsprämie und somit auch einen geringeren Sicherheitsabstand zur Null. Damals waren auch kürzere Phasen fallender Gütermarktpreise – einer nicht notwendigerweise schädlichen Deflation – häufiger. Man erkennt dies im Vergleich der Abbildungen 1 und 2 als diejenigen Phasen, in denen der Realzins wegen fallender Preise höher lag als der nominale. Umgekehrt kam es spiegelbildlich aber auch zu negativen Realzinsen bei stärker ansteigenden Güterpreisen.

Jeweils nach den Weltkriegen und dazwischen in der Weltwirtschaftskrise zeigt Abbildung 2 bei den Realzinsen ausgeprägte Spitzen in den überschießenden, sich abwechselnden Entwicklungen von Hyperinflation beziehungsweise Deflation. Aber auch für die jüngere Vergangenheit lässt sich in den 1970er Jahren eine Phase mit negativen Realzinsen identifizieren. Damals reichten hohe Nominalzinsen nicht aus, um die noch höheren Inflationsraten auszugleichen. Noch häufiger als in Deutschland lässt sich dies für andere Industrieländer oder gar für Schwellenländer in Hochinflationszeiten historisch zeigen, in denen hohe oder sehr hohe Inflationsraten oft nicht von den nominalen Zinsen kompensiert wurden. In diesem Fall resultierten negative Realzinsen anders als heute aus hohen beziehungsweise unerwartet hohen Inflationsraten. Bezogen auf die Industrieländer, in denen solche Phasen teils auch durchaus länger vorkamen, spricht man auch von „Financial Repression".

Negative Realzinsen sind also zunächst ein nicht so seltenes Phänomen. Absolut ungewöhnlich ist aber in historischer Betrachtung, dass die niedrigen oder negativen Realzinsen bei Nominalzinsen oder einer Inflationsrate von nahe null auftreten und nicht im Kontext positiver Nominalzinsen beziehungsweise hoher oder sehr hoher Preissteigerungsraten. In einer Wirtschaftskrise oder in einer Phase nach geplatzten Kreditblasen mögen negative Realzinsen, wie sie gegenwärtig vorherrschen, nötig sein, um ein neues Gleichgewicht von Sparen und Investieren zu erzeugen und damit die Grundlage für eine Erholung zu legen. Historisch ungewöhnlich bleiben sie aber allemal.[1]

2.2 Sparschwemme und Investitionsschwäche

Neben dem niedrigen Zinsniveau ist vor allem auch die Dauer der aktuellen Niedrigzinsphase bemerkenswert. Sie setzte praktisch schon mit der Bekämpfung der Folgen der Finanzkrise 2008 ein und war dann begleitendes Phänomen auch der folgenden Krisenphasen, etwa der bis heute nicht gänzlich überwundenen europäischen Staatsschuldenkrise, die 2012 einen ersten Höhepunkt aufwies. Auch wenn die Zinssätze in Europa erst mit den letzten Schritten der jüngsten Vergangenheit ihr aktuelles extremes Niveau erreicht haben, ist der grundlegende Trend doch bereits acht Jahre alt, mit Ausnahme von Japan, wo die Niedrigzinsphase bereits vor über 20 Jahren einsetzte.

Der Zins ist – auch in einer (Papier-)Geldwirtschaft – zunächst ein realwirtschaftliches Phänomen. Er erklärt sich aus mehrergiebigen Produktionsprozessen bei der Investition von Sachkapital und aus den Zeitpräferenzen von Sparern. Der Zins ist in einer Marktwirtschaft ein ganz wichtiger Marktpreis: Er hat für den Ausgleich von Investition und Ersparnis zu sorgen. Dies geschieht entweder auf nationalen Märkten – oder heute, im Angesicht der international ver-

1 Aus theoretischer Sicht kann der Realzins – so die bisher herrschende Meinung – gar nicht längere Zeit negativ sein. Zwar kann ein hoher Sparbedarf im Zuge der Altersvorsorge bewirken, dass der Realzins unter die normale Rate fällt, die durch Wachstum und technischen Fortschritt bedingt ist. Allerdings bedeutet die Existenz von Land, also eines nicht vermehrbaren Assets mit einer positiven Rendite, dass der Realzins bei Arbitrageverhältnissen nicht unter die Ertragsrate des Bodens fallen kann (Homburg 1991, 2014).

bundenen Kapitalmärkte, praktisch im globalen Maßstab. Und hier hat es in den letzten Jahren im Zuge mehrerer Krisen, nicht zuletzt im Finanzsystem und an den Finanzmärkten, erhebliche Verschiebungen von Ersparnis, Investition, Krediten und Forderungen gegeben. Tatsächlich werden so eine Reihe von Erklärungsansätzen diskutiert, die für sich reklamieren, darlegen zu können, dass die grundlegenden Faktoren des aktuellen Niedrigzinsumfelds realwirtschaftlichen Charakters sind.

Ein erster realwirtschaftlicher Erklärungsansatz für das gegenwärtige Niedrigzinsumfeld ist die These einer „Sparschwemme" oder „Savings-Glut". Die Vertreter dieser These stellen – teilweise bereits vor 2007 – vor allem auf die Ungleichgewichte in der Weltwirtschaft ab (Bernanke 2005, 2007, von Weizsäcker 2015). Viele Schwellenländer hätten sich bei der Integration in die Weltwirtschaft nicht wie zuvor erwartet als Aufnehmer von Ersparnissen erwiesen, sondern hätten wegen eigener sehr starker Ersparnis per Saldo sogar Ersparnisüberschüsse auf den Weltmarkt erzeugt. Vor allem China entsprach diesem Schema. Aber auch Deutschland mit seinem hohen Leistungsbilanzüberschuss wirkt unter den Industrieländern entsprechend.

Die Länder mit Leistungsbilanzüberschüssen exportieren einen Druck auf das Zinsniveau in andere Länder. Können auch dort nicht genug nachhaltig investive Vorhaben für das überschüssige Kapital gefunden werden, gelangt das Kreditangebot in fragwürdige Verwendungen, Krisen und/oder Rezessionen sind die Folge, wie zuletzt die Subprime Krise in den USA oder die Immobilienkrisen in Spanien oder Irland.

In der Krisenentstehungsphase nahmen die Gläubigerländer die von außen verfügbaren Ersparnisse noch bereitwillig auf und verwendeten sie für – leider nicht nachhaltige – Investitionen. Dadurch waren fundamentale Ungleichgewichte zunächst überdeckt. Aber dann zeigten sich die Fehlverwendungen als Ausfälle. In dieser Phase fehlten neue, besser fundierte Investitionsmöglichkeiten. Das Ersparnisaufkommen hat sich gleichzeitig kaum reduziert. Diese Marktlage würde zur Gleichgewichtsfindung – so die Vertreter der These der Sparschwemme – ohne Rezession zwingend einen niedrigeren Realzins erfordern. Fraglich bleibt bei diesen Analysen allerdings, warum weltweit offenkundig bestehende Investitionsmöglichkeiten, die auch positive Renditen erbringen könnten, nicht genutzt werden und so eine Nachfrage nach Ersparnissen zu investiven Zwecken entsteht, bevor der Realzins sich der Null-Linie nähert oder diese gar durchbricht. Die These von der Sparschwemme muss hierfür mit der Behauptung einhergehen, dass beim öffentlichen und privaten Kapitalstock Sättigungserscheinungen eingetreten wären. Dies kann aber letztlich kaum überzeugen.

Ein anderer realwirtschaftlicher Erklärungsansatz für ein niedriges oder negatives Niveau der Realzinsen liegt in der These einer „säkularen Stagnation" oder „secular stagnation". Die Vertreter dieser These argumentieren, dass das Erfordernis niedriger Realzinsen noch viel langfristiger bestehe. Es sei nicht in erster Linie zyklischer Natur, sondern Ausdruck eines in den letzten Jahrzehnten verlangsamten Produktivitätswachstums, einer „säkularen" Wachstumsverlangsamung (Summers 2014). Deshalb werde auch ein immer kleinerer Teil des Bruttoinlandsprodukts investiert. Die in Abbildung 3 auszumachende Tendenz rückläufiger Investitionsquoten in praktisch allen großen Industrieländern scheint dies zu bestätigen. Der Gleichgewichtsrealzins läge deshalb heute – so die Vertreter dieser These – ganz grundsätzlich niedriger. Bei rezessiven Rückschlägen oder nach geplatzten Blasen könnte dann wegen des verringerten Sicherheitsabstandes zur Null schnell eine sich selbst verstärkende Abwärtsspirale eintreten. Vertreter der These der

Abbildung 3

Langfristige Entwicklung der Anlageinvestitionen[1] in den großen Industrieländern

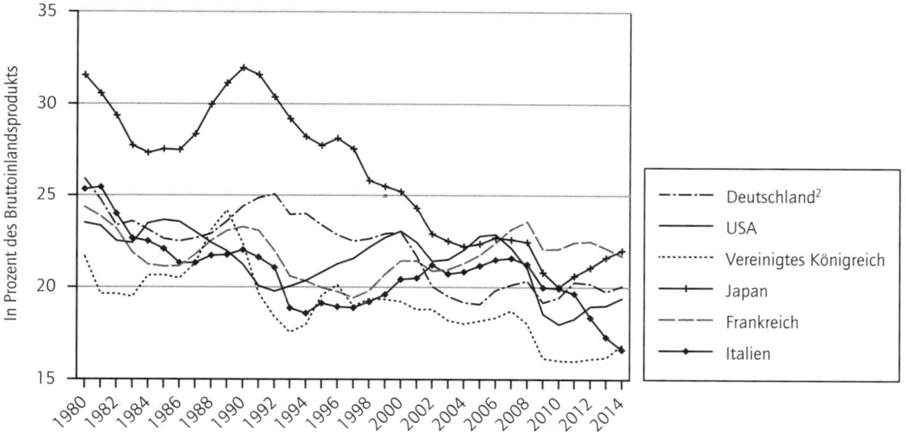

1 Nominale Bruttoanlageinvestitionen.
2 Bis 1990 nur alte Bundesländer.
Quelle: Weltbank.

säkularen Stagnation empfehlen deshalb höhere Inflationsziele in normalen Zeiten sowie den Einsatz expansiver Fiskalpolitik im Fall bereits eingetretener Krisenzyklen.

Ob der Sachkapitalstock sich bei begrenztem technischem Fortschritt tatsächlich einer Sättigung nähert, wie es die These einer „säkularen Stagnation" unterstellt, erscheint allerdings zweifelhaft. Zwar leuchtet ein, dass Innovationszyklen Produktivitätsschübe und damit auch Zyklen im Produktivitätswachstum und in den Investitionen auslösen. Der weltweite Rückgang der Investitionen wäre dann als ein solcher Zyklus – wenn nicht am aktuellen Rand bereits für sich ein Krisensymptom – zu deuten. Erneute Innovations- und damit Investitions- und Produktivitätsschübe wären aber in dieser Sichtweise nicht ausgeschlossen, anders als in der der Vertreter einer „säkularen Stagnation", die quasi das „Ende der Wirtschaftsgeschichte" ausrufen. Und selbst wenn die Ertragsraten heute vielleicht etwas geringer sind, so bleibt es doch bei der prinzipiellen Möglichkeit von mehrergiebigen Produktionswegen bei letztlich immer noch knappem Kapital und damit bei positiven Realzinsen.

Ein dritter realwirtschaftlicher Erklärungsansatz für negative Realzinsen liegt in der Beobachtung eines „Debt Super Cycle". Hohe Schuldenstände und der Versuch aller Sektoren gleichzeitig, diese zu beseitigen, sowie anhaltende Probleme im Finanzsektor wären demnach für die niedrigen Zinsen verantwortlich (Lo und Rogoff 2015). Bezeichnend ist hier, dass das niedrige oder negative Zinsniveau eher als das Symptom einer tiefer liegenden Verschuldungs- und Strukturkrise interpretiert wird, wie sie auch die gegenwärtige makroökonomische Situation – ob „new normal" oder „malaise" – ansonsten erklären könnte. Dieser Erklärungsansatz wäre zudem konsistent mit der These, dass Sparen letztlich einzel- wie auch gesamtwirtschaftlich durchaus einen Sinn hat, vorausgesetzt nur, dass es – anders als in der gegenwärtigen Krise – auch auf der anderen Seite nicht nur genügend Investitionsmöglichkeiten, sondern auch tatsächlich genügend Investitionen gibt. Da die Sparkassen in Deutschland seit über zweihundert Jahren den Wert des Sparens zum Ausgangspunkt ihrer Tätigkeit nehmen, kann nicht verwundern, dass sie mit der These eines „Debt Super Cycle" noch am ehesten sympathisieren können. Auch wenn die Ursachen der gegenwärtigen Krise noch immer nicht einfach zu identifizieren sind, scheinen die anhaltende Investitionsschwäche und das (reale) Niedrigzinsniveau insofern aus Sicht der Sparkassen eher als Krisensymptome, die am Wert des Sparens nichts ändern.

Das anhaltende Niedrigzinsumfeld ist somit auch auf eine Reihe teils krisenhafter realwirtschaftlicher Entwicklungen zurückzuführen. Dies bedeutet aber nicht, dass die herrschende Zinslandschaft nicht auch durch die Zentralbanken gestaltet und das gegenwärtige Niedrigzinsumfeld damit noch zusätzlich verschärft wurde.[2]

2.3 Die Rolle der Geldpolitik

Zunächst war die Geldpolitik weltweit ab 2008 durch die Wirtschafts- und Finanzkrise im Zuge der geplatzten Kreditblase in den USA (subprime mortgages) motiviert. Die erheblichen realwirtschaftlichen Einbrüche von Ende 2008/Anfang 2009 gaben weltweit zu einer expansiven Geld- und Fiskalpolitik genügend Anlass (Abbildung 4). In den USA und auch in Deutschland gelang es mit einem Nachfrage steigernden Policy Mix aus Finanz- und Geldpolitik recht gut, den scharfen rezessiven Einbruch zu begrenzen und in eine verhältnismäßig schnelle Erholung umzulenken.

In Teilen des Euroraums – in einer Reihe von Krisenländern – war die Entwicklung allerdings weitaus weniger günstig. Dort gelang die Erholung allenfalls zögerlich. Die Einnahmeausfälle durch die Rezession beziehungsweise die bewusst expansive Finanzpolitik und die Erkenntnis der Märkte, dass die Wachstumspfade dieser Länder künftig deutlich flacher verlaufen würden als gedacht, führten zu Neubewertungen der Tragfähigkeit der hohen Staatsschuldenstände in diesen Ländern. Die Folge war die europäische Staatsschuldenkrise, die im Euroraum neben der anhaltenden Wirtschaftsschwäche noch zusätzlichen Handlungsbedarf für die Geldpolitik erzeugte.

Auch der Krise im Euroraum wurde insofern mit geldpolitischen Mitteln begegnet. Hier war der expansive Instrumenteneinsatz im Hinblick auf das klassische Mandat der Geldpolitik zwar nicht mehr zwingend, auch wenn offiziell natürlich anders argumentiert werden musste. Vielmehr wurde jetzt bewusst versucht, den hoch verschuldeten Staaten bei ihren Zinszahlungen Erleichterung zu verschaffen und angestiegene Risikoprämien einzuebnen. Das OMT-Programm und die Ankündigung, zu unternehmen „whatever it takes", um die Währungsunion mit allen Ländern zusammenzuhalten, waren so klar politisch motiviert.

Dabei war die EZB in den ersten Jahren nach Ausbruch der Krise von 2008/2009 zunächst noch zögerlich vorgegangen (Abbildung 4). Sie hatte die Leitzinsen in dieser ersten Phase nicht ganz so tief gesenkt wie etwa die Federal Reserve. Die EZB versuchte 2011 sogar einen frühen Exit aus dem Niedrigzins, den sie aber abbrechen musste. Dies geschah in einer Phase, als andere Noten-

2 So muss die Geldpolitik nicht unbedingt den realwirtschaftlichen Gegebenheiten von Realzins und Preisentwicklung folgen, sondern macht in umgekehrter Wirkungsrichtung möglicherweise auch aktiv eine Vorgabe mit der Setzung des Nominalzinses, die gleichgerichtet auf die Preisentwicklung durchschlägt (Cochrane 2014, 2015, Schmidt-Grohé und Uribe 2012).

Abbildung 4

Langfristige Entwicklung der Leitzinsen der größten Notenbanken

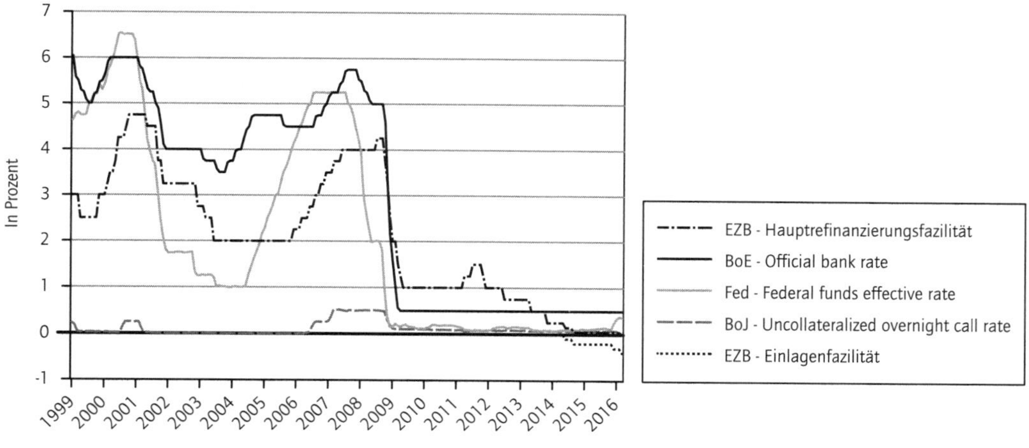

Quellen: Jeweilige Notenbanken, eigene Zusammenstellung.

banken in den USA, Großbritannien und Japan bereits zusätzlich zu der Niedrigstzinspolitik ein Quantitative Easing (QE) – also den Ankauf von Staatsanleihen durch die Notenbank in großem Stil – gestartet hatten.

QE kann dabei als Fortsetzung der Geldpolitik mit anderen Mitteln verstanden werden, wenn die Haupt-Leitzinssätze bei oder nahe der nominalen Null angelangt sind. Zentralbankgeld wird dann nicht mehr in erster Linie preislich über den Zins weiter expansiv in den Markt gegeben, sondern über die Menge. Gleichzeitig entfaltet diese Expansion über Portfolioeffekte aber auch Preiswirkungen bei den verschiedenen Anlageklassen und Laufzeiten. Insbesondere entlang der Zinsstrukturkurve werden so auch längere Laufzeiten betroffen als im Rahmen einer „herkömmlichen" Ausrichtung der Geldpolitik.

Eine solche Reaktion der längerfristigen Kapitalmärkte erreicht die Notenbank allerdings auch dadurch, dass sie signalisiert, ihren expansiven Kurs längere Zeit beibehalten zu wollen. Konzepte wie „Forward Guidance", Langfristtender und die Vorfestlegung, die Vollzuteilung bei den Tendern länger aufrechtzuerhalten, gehören zu diesem Ansatz. Ob „klassische" Geldpolitik, „Forward Guidance", neue, unkonventionelle Instrumente oder „Quantitative Easing": Dass die Politik der Notenbanken einen erheblichen Einfluss auf das nominale und reale Zinsniveau hat, ist nicht nur eine Lehrbuchweisheit, sondern gelebte Realität. Den Zinsverlauf ausschließlich realen Größen zuschreiben zu wollen, wie dies gelegentlich zu hören ist, verkennt insofern den Handlungsspielraum einer Notenbank und ihre Einflussmöglichkeiten auf Zinsniveau und Zinsstruktur in grober Weise.

Ein eigenes Quantitative Easing hat die EZB möglicherweise auch angesichts der besonderen Probleme, die damit in einer Währungsunion verbunden sind[3], erst ab März 2015 aufgenommen, zu einem Zeitpunkt, als sie für sich in Anspruch nehmen konnte, wieder stärker direkt auf geldpolitischen Handlungsdruck zu reagieren. Mit dem starken Verfall der Ölpreise ab Mitte 2014 waren auch die Steigerungsraten der Verbraucherpreisindizes stark gefallen und hatten zwischen Ende 2014 und Anfang 2016 mehrfach sogar leicht negative Werte erreicht. Auch die Kernraten unter Ausblendung der Energiepreise und die mittelfristigen Inflationserwartungen hatten nachgegeben.

Auf diese Entwicklung der Inflationsraten hat die EZB in mehreren Wellen mit einer Ausweitung der expansiven Geldpolitik reagiert, zuletzt im Dezember 2015 und im März 2016[4]. Dabei wurde auch das QE-Programm nochmals ausgeweitet. Gleichzeitig wurde die Verzinsung auf der Einlagefazilität – der eigentlich relevante Leitzins, seit im Euroraum eine Überschussliquidität an Zentralbankgeld gegeben ist – tiefer ins Negative abgesenkt. Die Verzinsung der Einlagefazilität war bereits seit Juni 2014 negativ. Seit März 2016 liegt sie auf dem aktuellen Rekordwert von –0,4 Prozent. Die EZB folgt mit der Negativverzinsung einem Modell, das bisher nur aus kleineren Ländern bekannt war. Diese müssen im Extremfall zu einem solchen Instrument greifen, um unter einer für eine kleine offene Volkswirtschaft sinnvollen Wechselkursorientierung ihre Währung vor einer übermäßigen Aufwertung zu schützen. So haben etwa die Schweiz, Dänemark und Schweden bereits Negativzinsen verhängt. Für einen großen Währungsraum ist ein solches Instrument dagegen neu.

Nach zögerlich expansiver Geldpolitik in den früheren Phasen der Krise nach 2008/2009 nimmt die EZB mit ihrer aktuellen geldpolitischen Ausrichtung damit nun im Vergleich etwa mit der Federal Reserve oder der Bank of England eine Extremposition ein. Die Federal Reserve hat in dem jenseits des Atlantiks bereits fortgeschrittenen Erholungszyklus im Dezember 2015 eine erste Zinserhöhung vornehmen können. Und die Bank of England hatte den Leitzins ganz bewusst nie unter +0,5 Prozent abgesenkt. Ob die im Euroraum nun etablierte Negativverzinsung wie insgesamt die Geldpolitik der EZB dabei wie erhofft eine zusätzliche konjunkturelle Belebung und eine Anregung von Kreditvergabe und Investitionstätigkeit erreichen kann, ist höchst umstritten. Ein Argument lautet, dass vielmehr die angeschlagene Kapitalisierung der Banken in den Krisenländern den Engpass für ein Wiederanspringen der Kreditvergabe bildet, als dass es auf die geldpolitischen Konditionen ankomme (Gambacorta und Shin 2016). Ein noch niedrigerer Zins kann hier nicht helfen, er schadet sogar. Zinssenkungen gegen null oder gar in den negativen Bereich, wie sie jetzt der Fall sind, belasten das Bankensystem und wirken daher kontraproduktiv. Außerdem kommt es für die Wirksamkeit der Geldpolitik auf die Investitionen und damit die Nachfrage nach Krediten an. Kontraproduktiv wirkt hier, dass die implizite Krisendiagnose der EZB die Unternehmer im Euroraum weiter verunsichert und daher kaum zur dringend benötigten Belebung der Investitionen im Euroraum beiträgt. Eine expansive Geldpolitik ist nach dem

3 Hier stehen – anders als sonst – keine Staatsanleihen eines Staates zur Verfügung, der sich auf den gesamten Währungsraum erstreckt. Die Auswahl der anzukaufenden Anleihen ist daher eine Entscheidung, die weit über die Geldpolitik hinausgeht. Nicht zuletzt aus diesem Grund hat die EZB für ihr QE-Programm im Januar 2015 eine strikte Quotierung nach Ländern bei den anzukaufenden Papieren vorgegeben.

4 Da die niedrigen Inflationsraten vor allem auf dem Verfall der Ölpreise beruhten, hätte die Europäische Zentralbank diese allerdings auch ignorieren können. In Wahrheit war sie aber längst zur Getriebenen eigener Zielsetzungen wie des in seiner mechanistischen Anwendung fragwürdigen Zwei-Prozent-Ziels für die Inflationsrate sowie politischer Notwendigkeiten im Euroraum geworden (Deutscher Sparkassen- und Giroverband 2016).

Lehrbuch geeignet, um in Zeiten wirtschaftlicher Schwäche die Konjunktur zu beleben. Doch im aktuellen Umfeld ist sie offenbar wirkungslos. Denn generell kann auf strukturelle Probleme, wie sie etwa der krisenhaften Zuspitzung im Euroraum zugrunde liegen oder auch als Ursache der gegenwärtigen weltweiten Wirtschaftsschwäche insgesamt angesehen werden können, durch die Geldpolitik kaum nachhaltig reagiert werden. So machtvoll die Geldpolitik demnach – trotz aller gegenteiligen Beteuerungen – bei der Steuerung des nominalen und realen Zinsniveaus ist, so machtlos ist sie möglicherweise bei der Überwindung der gegenwärtigen Wirtschaftskrise, im Euroraum und auch anderswo. Allenfalls kann sie der Politik Zeit verschaffen; gleichzeitig beschädigt sie aber auch die Anreize, die wahren Krisenursachen anzugehen.

Offenkundig sind dagegen die Risiken und Nebenwirkungen der extremen geldpolitischen Positionierung der EZB. Es drohen Belastungen und Stabilitätsrisiken bei Banken und Sparkassen, Versicherungen und anderen Finanzdienstleistern, es gibt erhebliche Verteilungseffekte, es drohen Fehlallokationen und eine Beschädigung der Sparkultur insgesamt. Die Diskussion um die Abschaffung des Bargelds und um Helikoptergeld verunsichert die Menschen dabei nur noch zusätzlich; eine tiefgreifende Vertrauenskrise in die aktuelle Geld- und Währungspolitik ist auch jetzt schon die Folge bis dahin unvorstellbarer negativer Zinsen. Und letztlich trägt die Geldpolitik die Verantwortung für diese Risiken und Nebenwirkungen.

3 Auswirkungen des gegenwärtigen Zinsumfelds

3.1 Sparkassen und andere Finanzdienstleister

Für die Sparkassen sind, wie auch für eine Reihe anderer Finanzdienstleistungsunternehmen in Deutschland, die Herausforderungen des Niedrig- beziehungsweise Negativzinsumfelds beachtlich und benötigen schon heute Antworten (Deutsche Bundesbank 2014, 2015c oder auch Ausschuss für Finanzstabilität 2015). In der mittelfristigen Perspektive ist für alle Universalbanken absehbar, dass die Zinsspanne vor allem durch Margeneinbußen auf der Kundeneinlagenseite infolge des anhaltenden Niedrigzinsumfelds deutlich geschmälert werden wird. Gleichzeitig ist mit einer weiteren Verflachung des Fristentransformationsergebnisses zu rechnen. Diese negativen Impulse können auch durch weitgehend stabile beziehungsweise sogar leicht ausgeweitete Margen im Kundenkreditgeschäft nicht kompensiert werden. Insgesamt bleiben die Zinsmargen der deutschen Banken seit Ausbruch der Finanzkrise unter Druck (Abbildung 5). Für die Zukunft wird dabei auch eine Rolle spielen, inwieweit die Kreditinstitute gegebenenfalls negative Zinssätze im Einlagen- oder sogar im Kreditgeschäft auch an ihre Kunden weitergeben würden (Altrock und Mosebach 2016).

Tendenziell sinkt der Zinsüberschuss in der Kreditwirtschaft umso stärker, je flacher die Zinsstruktur ausfällt und je länger die derzeitige Niedrigzinsphase anhält. Die Niedrigzinsphase schlägt sich im Zeitablauf aber auch immer stärker in einem sinkenden Ergebnisbeitrag aus dem Eigenkapital nieder. Die klassischen Provisionsträger, wie das Girogeschäft und andere gebührenbehaftete Produkte sowie die Vermittlung von Versicherungsverträgen oder Wertpapieren, werden nur in begrenztem Maß eine Entlastung bringen. Auch bereits zu beobachtende Maßnahmen wie die Erhöhung von Gebühren für Finanzdienstleistungen können kaum die Einbußen im Zinsüberschuss kompensieren.

Abbildung 5

Entwicklung der Zinsmarge in der deutschen Kreditwirtschaft

1 Einlagen privater Haushalte, vereinbarte Kündigungsfrist bis 3 Monate, Effektivzinssätze, Neugeschäft.
2 Kredite an nichtfinanzielle Kapitalgesellschaften, Effektivzinssätze, Neugeschäft.
3 Zinsen auf Unternehmenskredite abzüglich Zinsen auf Spareinlagen.
Quellen: Deutsche Bundesbank, eigene Berechnungen.

Gleichzeitig hat durch die positive konjunkturelle Entwicklung sowie die deutlich verfeinerten Risikomess- und Risikosteuerungsverfahren die Risikovorsorge im Kreditgeschäft in den letzten Jahren historisch einmalige Niedrigstände erreicht. Diese Entwicklung kann aber naturgemäß nicht dauerhaft für die Zukunft fortgeschrieben werden.

Der Kostendruck im Personal- und Sachaufwandsbereich nimmt vor dem Hintergrund der vorstehend skizzierten Entwicklung deutlich zu. Die Herausforderungen im Aufwandsbereich der Banken und Sparkassen liegen insofern in einer intelligenten Kostenanpassung, die Extreme vermeidet. Die Erfahrungen in Japan zeigen zwar, dass das anhaltende Niedrig- oder gar Negativzinsumfeld die Strukturen im Finanzsystem nachhaltig verändert. Gleichzeitig lassen sie aber auch erkennen, dass es für die Kreditwirtschaft – bei allen Belastungen – möglich erscheint, in einem solchen lang anhaltenden Niedrigzinsumfeld zurechtzukommen. Dort wurde die Anpassung in der Kreditwirtschaft durch Bilanzbereinigungen, Konsolidierungen, Kostenabbau (gerade auch beim Personal) sowie eine Expansion in neue Geschäftsfelder zur Steigerung der Provisionserträge erreicht (Weistroffer 2013).

In Deutschland ist die Anzahl der Kreditinstitute und der Bankstellen bereits seit vielen Jahren rückläufig (Tabellen 1 und 2). Gerade die kleineren und mittleren Banken (Volksbanken und Sparkassen) haben seit 2000 ständig ihre Zahl verkleinert. Die Fortschreibung dieser Entwicklung, auch vor dem Hintergrund der zunehmenden Digitalisierung im Bankgeschäft, kann dabei auch als Reaktion auf das Niedrigzinsumfeld angesehen werden (Deutsche Bundesbank 2015a).

Neben Banken und Sparkassen sind auch Bausparkassen und insbesondere die Lebensversicherer durch das anhaltende Niedrigzinsumfeld betroffen (Gründl 2015, Ketzler und Schwark

Tabelle 1

Rückgang der Anzahl der Kreditinstitute in Deutschland

	2001	2003	2005	2007	2009	2011	2013	2014
Großbanken[1]	4	4	5	5	5	4	4	4
Regional- und sonstige Kreditbanken	195	173	158	159	170	170	164	163
Landesbanken	13	13	12	12	10	10	9	9
Sparkassen	537	491	463	446	431	427	421	416
Kreditgenossenschaften	1 619	1 393	1 294	1 232	1 157	1 121	1 078	1 047
Insgesamt[2]	2 696	2 466	2 344	2 277	2 128	2 080	2 029	1 990

1 Ab 2005 inklusive Postbank.
2 Oben genannte Bankengruppen zuzüglich Zweigstellen ausländischer Banken, genossenschaftliche Zentralbanken, Realkreditinstitute, Bausparkassen, Wertpapierhandelsbanken u.a.
Quelle: Deutsche Bundesbank.

Tabelle 2

Rückgang der Anzahl der Bankstellen in Deutschland

	2001	2003	2005	2007	2009	2011	2013	2014
Großbanken[1]	2 373	2 225	11 451	8 573	8 217	8 016	7 614	7 447
Regional- und sonstige Kreditbanken	3 415	3 092	2 678	2 802	2 797	2 774	2 581	2 541
Landesbanken	617	584	592	497	485	473	443	417
Sparkassen	17 182	15 246	14 413	14 070	13 697	13 236	12 740	12 367
Kreditgenossenschaften	16 205	14 595	14 015	13 711	13 304	13 062	12 622	12 319
Insgesamt[2]	56 627	49 711	46 444	42 110	41 009	39 799	38 225	37 292

1 Ab 2005 inklusive Postbank.
2 Oben genannte Bankengruppen zuzüglich Zweigstellen ausländischer Banken, genossenschaftliche Zentralbanken, Realkreditinstitute, Bausparkassen, Wertpapierhandelsbanken u.a.
Quelle: Deutsche Bundesbank.

2015, Schradin 2015), aber auch die private Krankenversicherung oder Pensionskassen und Pensionsfonds. Pensionskassen und Lebensversicherungen hatten noch vor nicht allzu langer Zeit eine garantierte Verzinsung von bis zu vier Prozent auf die zurückgestellten Mittel zugesagt. Diese Zinsen können in einer Niedrig- oder Negativzinsphase kaum noch erwirtschaftet werden. Die Versicherungswirtschaft selbst hat im Frühjahr 2015 beklagt, dass die Lebensversicherer in Deutschland durch die Niedrigzinsphase zwischen 2008 und 2013 Jahr für Jahr rund 15 Milliarden Euro Mindereinnahmen zu verkraften hatten. Auch in diesem Bereich des Finanzsektors wird daher ein noch stärkerer Kostendruck die Folge des Niedrigzinsumfelds sein. Gleichzeitig wird sich die Produktwelt der Lebensversicherer in Deutschland dramatisch verändern, und die klassischen Zinsgarantien werden neuen Formen der Produktgestaltung weichen. Ähnlich wie bei Sparkassen, Banken oder Bausparkassen dürften der hohe Druck und die beispiellosen Herausforderungen durch ein anhaltendes Niedrigzinsumfeld auch im Bereich der Lebensversicherer letztlich zu bewältigen sein, vor allem dann, wenn alle Stellschrauben zur Anpassung und alle vorhandenen Ertragspuffer genutzt werden. Die Gefahren für die Finanzstabilität, die von den anhaltend niedrigen Zinsen und damit vor allem von der Geldpolitik der EZB ausgehen, sind jedoch nicht zu übersehen.

Es sind jedoch weniger die Belastungen für einzelne Finanzdienstleister oder Institutsgruppen, die zu den gefährlichen Risiken und Nebenwirkungen der aktuellen Geldpolitik zählen, so wenig diese zu vernachlässigen sind. Schwerer wiegt, dass ein anhaltendes Niedrigzinsumfeld auch die Sparkultur und das Finanzsystem insgesamt nachhaltig beschädigt, wie sich am Beispiel Japan zeigt (Schnabl 2012). Letztlich bedingen die hohen Schuldenstände dort eine Perpetuierung des Niedrigzinsumfelds, da ein Zinsanstieg zur Überschuldung des Staates führen würde. Eine solche Situation bezogen auf Deutschland oder den Euroraum gilt es unter allen Umständen zu vermeiden.

3.2 Sparkultur und Finanzsystem

Für die öffentlichen Haushalte wirkt ein anhaltendes Niedrigzinsniveau auf Dauer wie ein „süßes Gift". Hauptnutznießer der niedrigen Zinsen sind so tatsächlich die öffentlichen Haushalte. Allein der Bund spart durch den massiven Zinsrückgang bei einem Schuldenstand von 1263 Milliarden Euro (31.12.2015) pro Prozentpunkt Zinssenkung jährlich knapp 13 Milliarden Euro. Dabei ist die Umlaufrendite börsennotierter Bundeswertpapiere mit zehnjähriger Laufzeit von 4,7 Prozent Mitte 2007 auf aktuell fast null Prozent gesunken. In 2015 betrugen die Ausgaben für die Verzinsung der Bundesschuld nur noch 23,2 Milliarden Euro nach 2014 mit 25,9 Milliarden Euro und 2013 mit 31,3 Milliarden Euro (Bundesministerium der Finanzen 2015). Dieser Betrag wird bei anhaltend niedrigen Zinsen weiter fallen. Die Gefahr ist groß, dass künftig – auch in Deutschland und trotz Schuldenbremse – „gesellschaftliche Bedarfe" nicht mehr durch Steuererhebung, sondern durch neue Verschuldung gestillt werden. Als Legitimierung eines solchen Kurses reicht es aus, dass demokratisch beschlossen wird, den Weg einer zusätzlichen Verschuldung zu gehen. Zumindest aber stellen sich die öffentlichen Haushalte auch in Deutschland aktuell auf dauerhaft niedrige Zinslasten für die bereits bestehende Verschuldung ein und richten ihren Haushalt hierauf aus. Besser wäre es stattdessen, die ersparten Zinsaufwendungen in eine Art Zinszusatzreserve einzubringen, mit der die öffentlichen Haushalte auch für den Fall wieder ansteigender Zinsen für die entsprechenden Mehrausgaben gewappnet wären.

Dringend notwendige Konsolidierungen – die derzeit in Deutschland noch erfolgen – könnten künftig nicht mehr prioritär sein. Denn wenn breiten Bevölkerungsschichten ständig durch das Niedrigzinsumfeld signalisiert wird, dass eine Verschuldung problemlos tragbar ist, wird dies auch das Sparen des Staates in Frage stellen. Im Euroraum mehren sich aktuell leider die Anzeichen, dass zumindest in einzelnen Mitgliedstaaten die Wirtschaftspolitik bereits in diese Richtung tendieren könnte.

Der Blick nach Japan zeigt außerdem, dass ein anhaltendes Niedrigzinsumfeld nicht nur eine hohe staatliche Verschuldung begünstigt, sondern auch einen Verfall der traditionellen Sparkultur mit sich bringen kann. In Japan – in den 1980er Jahren ein Sparweltmeister noch vor Deutschland – ist ein dramatischer Verfall der Bruttoersparnisse festzustellen, der Folge der dortigen jahrzehntelangen Niedrigzinspolitik ist. Gleichzeitig sind auch die Bruttoinvestitionen der japanischen Volkswirtschaft stark gesunken. Und die Sparquote der privaten Haushalte liegt nahe bei null, das heißt, die japanischen Haushalte sparen überhaupt nicht mehr (Abbildung 6). In Deutschland ist die Sparquote bisher über die Jahre leicht abgesunken, die deutschen Sparer reagieren auf das anhaltende Niedrigzinsumfeld bisher aber noch besonnen. Dies muss aber

Abbildung 6

Entwicklung des Sparverhaltens in Deutschland und in Japan

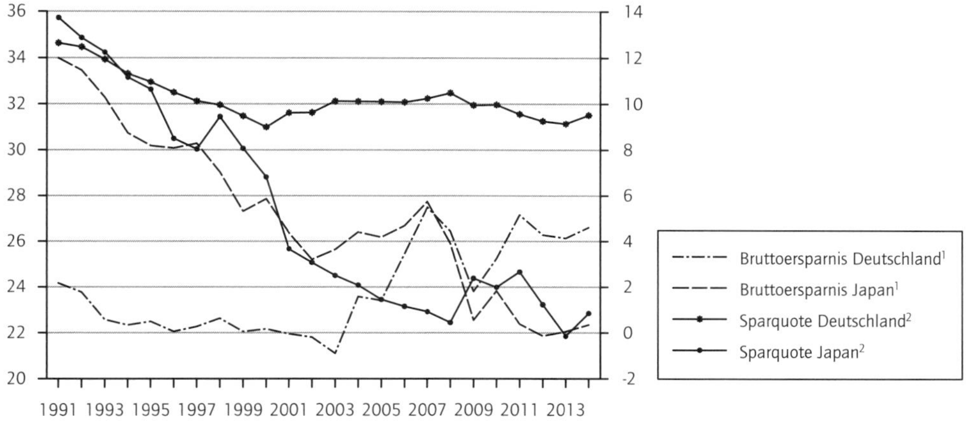

1 In Prozent des Bruttoinlandsprodukts, linke Skala.
2 Sparquote der privaten Haushalte (inklusive zu Haushalten zählenden NPOs) in Prozent des Verfügbaren Einkommens, rechte Skala.
Quellen: IWF, OECD.

nicht so bleiben, vor allem dann, wenn das Niedrig- oder Negativzinsumfeld weiter anhält. So ergab das jährliche Vermögensbarometer des DSGV zuletzt (2015), dass 40 Prozent der Befragten nichts für ihre Altersvorsorge anlegten; 2013 waren dies noch 32 Prozent. Besonders dramatisch war dabei der Anstieg der Vorsorge-Verweigerer in den jüngeren Altersgruppen. Und 24 Prozent der Befragten geben an, auch sonst nichts zu sparen, ebenfalls mit steigender Tendenz (Deutscher Sparkassen- und Giroverband 2015).

Der öffentliche Auftrag der Sparkassen, den Spargedanken zu fördern, erstreckt sich aber nicht nur auf die Bewahrung der Sparkultur, die aus einzel- wie auch gesamtwirtschaftlicher Sicht nach wie vor von hohem Wert ist. Die aktuelle Situation ist vielmehr auch mit Blick auf das Mandat der Sparkassen zum Schutz der heutigen Sparer zu bewerten. Zwar wird vereinzelt dargelegt, dass sich Sparen auch unter den Bedingungen niedriger Zinsen bis zuletzt doch noch gelohnt hat (Deutsche Bundesbank 2015b). Dabei wird aber übersehen, dass Einbußen in der Verzinsung auf Anlagen wie Sparbücher usw. kaum durch zum Beispiel Kursgewinne bei Aktien zu einer Gesamtrendite zusammengefasst werden können, ohne dass sich erhebliche Umverteilungseffekte zwischen einzelnen Gruppen von Sparern beziehungsweise auch sozialen Schichten ergeben. Das Sparen allein in verzinsliche Anlagen wird dagegen durch die aktuelle Niedrigzinspolitik erheblich in seiner Attraktivität beschädigt. So müssen die Sparer – bei gleichbleibender Präferenz für das Sparen – bei niedrigen Zinsen deutlich mehr zurücklegen. Am Beispiel eines Haushalts mit einem durchschnittlichen Jahresnettoeinkommen von rund 42 000 Euro und einer Sparquote von 9,4 Prozent können die Wirkungen verdeutlicht werden (Demary und Niehues 2015). Nimmt man eine Verzinsung von drei Prozent, eine Sparleistung von rund 4 000 Euro im Jahr und einen Anlagehorizont von 30 Jahren an, so bedeutet ein zehnjähriges Niedrigzinsumfeld mit einem Zins von 0,5 Prozent, der dann in den Jahren elf bis 20 auf drei Prozent zurückkehrt und dann auf diesem Niveau bis zum Jahr 30 verbleibt, dass der Sparer seine Sparrate auf

4350 Euro erhöhen muss, um sein Sparziel nach 30 Jahren erreichen zu können. Im Ergebnis muss dieser Haushalt auf rund 12000 Euro Konsum verzichten. Bei 40 Millionen Haushalten in Deutschland entspräche dies einer Einbuße von 480 Milliarden Euro. Die Verluste für die privaten Haushalte werden auch nicht durch Erleichterungen zum Beispiel bei den Immobilienkrediten wettgemacht, da diese im Umfang deutlich geringer als das Geldvermögen der privaten Haushalte sind. Zudem wird durch das unnatürliche Zinsumfeld – wie auch bereits zwischen Sparern und Aktionären – eine weitere kaum gewünschte Umverteilung von Sparern zu Kreditnehmern innerhalb der privaten Haushalte bewirkt.

Insgesamt stimmen die gesellschaftlichen und sozialen Auswirkungen niedriger Zinsen bedenklich. Während wohlhabendere Kreise typischerweise über meist höherrentierliche Sachinvestitionen verfügen und diese dank niedriger Kreditzinsen noch vermehren können, sind gerade die Menschen in der Mittelschicht oder in sozial schwächeren Schichten, die typischerweise nur über bescheidene Ersparnisse verfügen, überproportional von den geringen Zinsen betroffen. Die Vermögensungleichheit nimmt damit in einem anhaltenden Niedrigzinsumfeld tendenziell zu (Demary und Niehues 2015, Bernoth, König und Beckers 2016).

Zu der Beschädigung der Sparkultur bei anhaltend niedrigen Zinsen gehört auch, dass dadurch aktuell der Gedanke einer in stärkerem Maße kapitalgedeckten Altersvorsorge, wie er in Deutschland vor 15 Jahren formuliert wurde, wieder in Frage gestellt wird. Dies betrifft insbesondere Riester-Produkte. Aber auch die betriebliche Altersversorgung ist durch das anhaltende Niedrigzinsumfeld betroffen. Insbesondere auch die so genannte Direktzusage der Unternehmen als einer der Durchführungswege der betrieblichen Altersversorgung wird in einem solchen Zinsumfeld verteuert, erhebliche Belastungen gerade für den Mittelstand sind die Folge (Deutscher Industrie- und Handelskammertag 2015). Das anhaltende Niedrigzinsumfeld wirkt sich negativ auf jegliche kapitalgedeckte Altersvorsorge aus. Dies kommt höchst ungelegen, da die kapitalgedeckte Altersvorsorge in Deutschland angesichts der demografischen Entwicklung an sich zurzeit mehr denn je gebraucht würde.

Die negativen Wirkungen von Niedrigzinsen auf Sparkultur und Altersvorsorge in Deutschland können im Übrigen auch auf die Vorsorge insgesamt übertragen werden. Wird das Vorhalten von Geldmitteln für unerwartete Lebensfälle nicht mehr honoriert, so unterbleibt es möglicherweise. Mehr Sozialfälle, die auf die Allgemeinheit angewiesen sind, eine höhere Altersarmut und entsprechende gesellschaftspolitische Verwerfungen treten insofern in einem Niedrig- oder Negativzinsumfeld an die Stelle der traditionellen deutschen Sparkultur und des Vorsorgegedankens, wie er seit über 200 Jahren etwa durch die Sparkassen vertreten wird. Gleichzeitig wächst in einem Niedrigzinsumfeld die Gefahr einer übermäßigen Verschuldung nicht nur der öffentlichen, sondern auch der privaten Haushalte oder der Unternehmen. Eine andere Wirtschaftsordnung – der Abschied von traditionellen Werten der deutschen Volkswirtschaft – wäre die Folge, mit allen negativen Rückwirkungen für Investitionen, Zukunftsvorsorge und Stabilität. Lediglich der Gegenwartskonsum gewinnt in einer solchen Situation. Fehlallokationen und Preisblasen (Asset Price Bubbles) an den Aktien- und Immobilienmärkten sind eine weitere mögliche Konsequenz des Niedrigzinsumfelds, mit allen negativen gesamtwirtschaftlichen Folgen für den Fall einer Revision der entsprechenden übertriebenen Preisentwicklungen.

4 Mögliche Handlungsoptionen

Angesichts der verheerenden Nebenwirkungen eines anhaltenden Niedrig- oder gar Negativzinsumfelds wäre eine Normalisierung der Geldpolitik der EZB zum frühestmöglichen Zeitpunkt – idealerweise in naher Zukunft – dringend angezeigt. Die EZB muss – besser früher als später – einsehen, dass ihr Instrumentarium begrenzt ist und ihre Politik den Punkt der abnehmenden Erträge längst überschritten hat. Kontraproduktiv dürften zumindest die letzten dramatischen Maßnahmenpakete gewesen sein, die die Krisenstimmungen im Euroraum zusätzlich begünstigt und schwere Belastungen für die Kreditwirtschaft mit sich gebracht haben. Allenfalls die Sorge um den Zusammenhalt des Euroraums kann hier noch als rationale Erklärung dienen; jedoch auch im Hinblick auf diese Zielsetzung scheinen die Maßnahmen der EZB übertrieben. Zudem darf die EZB auch nicht einem Nachlassen in den Reformbemühungen im Euroraum Vorschub leisten, will sie sich nicht der Gefahr aussetzen, ab einem gewissen Punkt auf eine Perpetuierung eines Niedrig- oder gar Negativzinsfelds festgelegt zu sein.

Die Notenbank hat ihren Teil zur Entschärfung der Krise des Euroraums getan; nun liegt der Ball im Feld der nationalen Regierungen. Während sich in den letzten Jahren manche Länder möglicherweise zu sehr auf die Geldpolitik als Universallösung verlassen haben, sind essenzielle Struktur- und Haushaltsreformen nur langsam vorangekommen. Um Glaubwürdigkeit und Vertrauen gegenüber dem Staat und dem Wirtschaftssystem zu erhalten, müssen die Regierungen im Euroraum aber insbesondere der Haushaltskonsolidierung eine hohe Priorität einräumen. Nur mittels solider Staatsfinanzen kann ein nachhaltiger Rahmen für eine stabile Wirtschaft und einen wachsenden Wohlstand geschaffen werden. Ein Abbau der Staatsschulden ist auch angesichts der absehbaren Belastungen durch den demografischen Wandel der verantwortungsvolle Weg zu einem flexiblen, handlungsfähigen Staatsfiskus mit einer hohen Bonität. Angesichts der privaten und öffentlichen Schuldenstände, die in großen Teilen Europas immer noch sehr hoch sind, wird ein Wirtschaftsaufschwung vermutlich vorerst auf sich warten lassen. Soll ein Schuldenschnitt nicht in Betracht gezogen werden, so führt jedoch an einer Phase der Konsolidierung kein Weg vorbei. Bevor die Wirtschaftsakteure ihre Verschuldung nicht überwunden haben, werden sie gegenüber neuen Investitionen eher abgeneigt bleiben. Gleichzeitig zeigen aber die Erfahrungen in den meisten Programmländern wie Spanien, Irland, Portugal oder jetzt auch Zypern, dass eine Überwindung des krisenhaften Zustandes durch eine Kombination aus Reformen und Haushaltskonsolidierungen möglich ist. Diese braucht nur Zeit.

Die EZB hat möglicherweise versucht, mit ihrer extremen Niedrigzinspolitik den Anpassungsprozess im Euroraum zu erleichtern. Inzwischen besteht aber die Gefahr, dass die Politik des billigen Geldes umgekehrt dazu beiträgt, dass notwendige Reformen unterbleiben oder verschleppt werden. Gleichzeitig droht in anderen Ländern wie zum Beispiel Deutschland ein dramatischer Vertrauensverlust in die Geld- und Währungsordnung, der aus Sicht einer Zentralbank kaum hinnehmbar sein dürfte. Die EZB wäre daher gut beraten, die aktuelle geldpolitische Ausrichtung sobald wie möglich umzusteuern.

Literaturverzeichnis

— Altrock, Frank und Christina Mosebach (2016): Einfluss negativer Zinsen auf die Kreditwirtschaft. Zeitschrift für das gesamte Kreditwesen, 69 (4), 186–191.

— Ausschuss für Finanzstabilität (2015): Zweiter Bericht an den Deutschen Bundestag zur Finanzstabilität in Deutschland. Berlin, Bundesministerium der Finanzen.
— Bank für Internationalen Zahlungsausgleich (2015): 85. Jahresbericht 1. April 2014–31. März 2015. Basel.
— Bernanke, Ben S. (2005): The Global Savings Glut and the U. S. Current Account Deficit. Sandridge-Vortrag bei der Virginia Association of Economists, Richmond, VA.
— Bernanke, Ben S. (2007): Global Imbalances: Recent Developments and Prospects. Bundesbank Lecture, Berlin.
— Bernoth, Kerstin, Philipp König und Benjamin Beckers (2016): EZB-Anleihekäufe können Vermögensverteilung beeinflussen. DIW Wochenbericht, 83 (7), 127–134.
— Bundesministerium der Finanzen (2015): Finanzbericht 2016. Berlin.
— Cochrane, John H. (2014): Monetary policy with interest on reserves. Journal of Economic Dynamics and Control, 49, 74–108.
— Cochrane, John H. (2015): Whither inflation? The Grumpy Economist (31. August 2015). http://johnhcochrane.blogspot.de/2015/08/whither-inflation.html (abgerufen am 27.4.2016).
— Demary, Markus und Judith Niehues (2015): Die Auswirkungen von Niedrigzinsen und unkonventionellen geldpolitischen Maßnahmen auf die Vermögensverteilung. Institut der Deutschen Wirtschaft Köln Policy Paper 15/2015.
— Deutsche Bundesbank (2014): Finanzstabilitätsbericht 2014. Frankfurt a. M.
— Deutsche Bundesbank (2015a): Strukturelle Entwicklungen im deutschen Bankensektor. Monatsberichte der Deutschen Bundesbank, 67 (4), 33–59.
— Deutsche Bundesbank (2015b): Das Spar- und Anlageverhalten privater Haushalte in Deutschland vor dem Hintergrund des Niedrigzinsumfelds. Monatsberichte der Deutschen Bundesbank, 67 (10), 13–32.
— Deutsche Bundesbank (2015c): Finanzstabilitätsbericht 2015. Frankfurt a. M.
— Deutscher Industrie- und Handelskammertag (2015): Sonderauswertung Pensionsrückstellungen im Niedrigzinszeitalter. DIHK-Schlaglicht Wirtschaftspolitik Juli 2015. www.dihk.de/ressourcen/downloads/pensionsrueckstellungen-15.pdf (abgerufen am 10.5.2015).
— Deutscher Sparkassen- und Giroverband (2015): Vermögensbarometer 2015. Berlin.
— Deutscher Sparkassen- und Giroverband (2016): Geldpolitik: EZB darf sich nicht treiben lassen. Standpunkte der Chefvolkswirte, Berlin.
— Gambacorta, Leonardo und Hyun Song Shin (2016): Why Bank Capital Matters for Monetary Policy. Bank für Internationalen Zahlungsausgleich Working Paper 558. Basel.
— Gründl, Helmut (2015): Auswirkungen der anhaltenden Niedrigzinsen auf das Versicherungswesen. Zeitschrift für Wirtschaftspolitik, 64 (2), 191–201.
— Homburg, Stefan (1991): Interest and Growth in an Economy with Land. Canadian Journal of Economics, 24 (2), 450–459.
— Homburg, Stefan (2014): Overaccumulation, Public Debt, and the Importance of Land. Institute of Public Economics. Discussion Paper 525. Leibniz Universität Hannover.
— Ketzler, Rolf und Peter Schwark (2015): Auswirkungen der anhaltenden Niedrigzinsen auf das Versicherungswesen. Zeitschrift für Wirtschaftspolitik, 64 (2), 202–212.
— Lo, Stephanie und Kenneth Rogoff (2015): Secular Stagnation, Debt Overhang and Other Rationales for Sluggish Growth, Six Years on. Bank für Internationalen Zahlungsausgleich Working Paper 482. Basel.
— Schmitt-Grohé, Stephanie und Martín Uribe (2012): The making of a great contraction with a liquidity trap and a jobless recovery. National Bureau of Economic Research Working Paper 18544. Cambridge, MA.

— Schnabl, Gunther (2012): Die japanischen Lehren für die europäische Krise. Working Papers on Global Financial Markets 2012-36. Universität Jena und Universität Halle.
— Schradin, Heinrich R. (2015): Auswirkungen der anhaltenden Niedrigzinsen auf das Versicherungswesen. Zeitschrift für Wirtschaftspolitik, 64 (2), 213–223.
— Summers, Lawrence H. (2014): US Economic Prospects: Secular Stagnation, Hysteresis, and the Zero Lower Bound. Business Economics, 49 (2), 65–73.
— Weistroffer, Christian (2013): Niedrigzinsumfeld und Banken – Was lehrt die Erfahrung japanischer Banken? DB Research. Aktuelle Themen 17. Juli 2013.
— Weizsäcker, Carl Christian von (2015): Kapitalismus in der Krise?. Perspektiven der Wirtschaftspolitik, 16 (2), 189–212.

Highway to the Danger Zone – Die Gefahren des Niedrigzinses nehmen zu

ANDREAS BLEY UND JAN PHILIP WEBER

Andreas Bley, Bundesverband der Deutschen Volksbanken und Raiffeisenbanken (BVR), E-Mail: a.bley@bvr.de
Jan Philip Weber, Bundesverband der Deutschen Volksbanken und Raiffeisenbanken (BVR), E-Mail: j.weber@bvr.de

Zusammenfassung: Die Zinsen befinden sich in Deutschland seit mehr als sieben Jahren auf einem historisch niedrigen Niveau. Der Umstand, dass bislang sowohl die Kreditvergabe als auch der Immobilienmarkt als wichtigster Vermögensmarkt moderat auf die historisch niedrigen Zinsen reagiert haben, ist kein Grund zur Entwarnung. Finanzstabilitätsrisiken bauen sich oft erst langsam auf. Wenn sich destabilisierende Prozesse erst aufgeschaukelt haben, sind sie schwer wieder zu stoppen. Die Wirtschaftspolitik sollte in dem Umfeld einer dauerhaft extrem lockeren Geldpolitik in den kommenden Jahren Strukturen fördern und bewahren, die den aktuellen Aufschwung am Immobilienmarkt nicht zu einem systemischen Risiko werden lassen oder eine ausufernde Kreditvergabe begünstigen.

Summary: For more than seven years interest rates have remained on historically low levels. Yet both credit growth and the housing market in Germany have only moderately responded to the low financing costs so far. It is still too early, however, to give the all-clear. Often, risks build up slowly on financial markets. It is difficult to fight these destabilising processes once they are set in motion. In the context of a persistent loose monetary policy, economic policy should enhance structural factors and policies that dampen the risk of escalating prices and credit expansion on the German housing market.

→ JEL Classification: E51, E52, E44, R21, R31
→ Keywords: Credit, monetary policy, financial markets and the macroeconomy, housing demand, housing supply and markets

1 Einleitung

Die Zinsen befinden sich in Deutschland seit mehr als sieben Jahren auf einem historisch niedrigen Niveau. Hierfür ist die Europäische Zentralbank (EZB) ein wichtiger Treiber, die auf dem Wege der Zinspolitik und quantitativer Maßnahmen einen beispiellos expansiven Kurs verfolgt. Paradoxerweise sind Anzeichen für einen nachhaltig steigenden Preisauftrieb bislang aber noch nicht festzustellen, auch nicht in einer aktuell robusten Wirtschaft wie der deutschen. Auch steht der starken Ausweitung der Liquidität durch die Notenbank immer noch ein gedämpftes Kreditwachstum in Deutschland, aber auch im Euroraum insgesamt, gegenüber. Die Investitionstätigkeit bleibt verhalten und die wirtschaftliche Erholung verläuft ohne Glanz. Ein zweites Paradox ist, dass bislang die Risiken für die Finanzstabilität ebenfalls nicht eingetreten sind wie befürchtet. Während die Belastungen für die Kredit- und Versicherungswirtschaft durch die Niedrigzinspolitik immer deutlicher zutage treten (Deutsche Bundesbank 2015b), haben sich Preisübertreibungen auf Finanzmärkten (Aktien, Anleihen) und auf anderen Vermögensmärkten (Wohnimmobilien) noch nicht oder nur in Ansätzen eingestellt.

Der Umstand, dass bislang die Finanzstabilität insgesamt gewahrt werden konnte, ist kein Grund zur Entwarnung. Finanzstabilitätsrisiken bauen sich oft sehr langsam auf. Wenn sich destabilisierende Prozesse erst einmal aufgeschaukelt haben, sind sie schwer wieder zu stoppen. Auch ist es möglich, dass sich die Risiken für die Finanzstabilität nicht linear aufbauen, sondern bruchartig vollziehen. Insofern nehmen die Gefahren zu, je länger die Niedrigzinsphase andauert. Ein wirtschaftspolitisches Gegensteuern, wenn die Gefahren offensichtlich geworden sind, würde dann zu spät ansetzen. Daher sollte die EZB ihren extremen Kurs nur so lange wie aus geldpolitischer Sicht unbedingt nötig fortsetzen. Auch ist eine sorgfältige Analyse der kritischen Märkte notwendig, die möglichst gut auch den Entwicklungen am aktuellen Rand Rechnung tragen muss.

Im Folgenden wird am Beispiel des Immobilienmarktes ein Blick auf die Vermögenspreisentwicklung geworfen und untersucht, welche Faktoren die wesentlichen Preistreiber darstellen und welche Faktoren eine nachhaltige Preisentwicklung begünstigen. Vorangeschaltet ist zunächst eine Betrachtung der Zinsentwicklung in historischer Perspektive. Am Beispiel der Kreditentwicklung in Deutschland, einem Land mit soliden wirtschaftlichen Fundamentaldaten, wird dann illustriert, dass das Kreditwachstum keineswegs mechanisch auf geldpolitische Impulse reagiert, sondern über längere Zeiträume viel stärker durch strukturelle Trends zulasten der Kreditaufnahme geprägt wurde. Da diese Trends nur allmählich auslaufen dürften, ist trotz der niedrigen Zinsen auch mittelfristig mit einem nur moderaten Kreditwachstum in Deutschland zu rechnen.

2 Niedrigzinsphase historisch einzigartig

Dass die Zinsen aktuell sehr niedrig sind, ist unbestritten. Zu der Frage, wie die Zinssituation historisch einzuordnen ist, gibt es jedoch unterschiedliche Einschätzungen. So wird im aktuellen Gutachten des Sachverständigenrats vermerkt, dass zwar Nominalzinsen nahe null ein Novum seien, es negative Realzinsen aber schon öfter gegeben habe (SVR 2015). Auch wird in einer Analyse der Bundesbank zum Spar- und Anlageverhalten der Privathaushalte die Dramatik der Zinsentwicklung heruntergespielt (Deutsche Bundesbank 2015).

Abbildung 1

3-Monatszins und Rendite zehnjähriger Bundesanleihen
In Prozent, Quartalsdurchschnitte und Trend (HP-Filter)

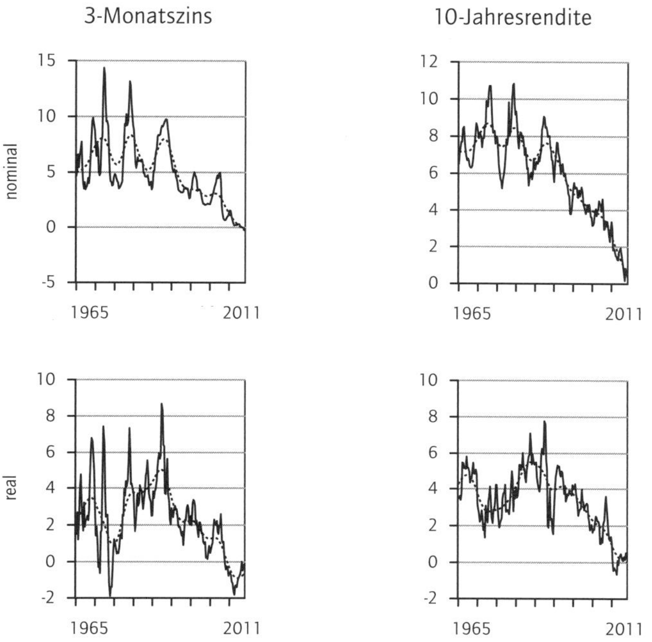

Quelle: Thomas Reuters Datastream.

Es lohnt sich daher ein Blick auf die historischen Daten, wobei zwischen kurz- und langfristigen sowie nominalen und realen Zinsen zu unterscheiden ist. Dabei zeigt sich, dass in Deutschland nicht nur die nominalen Zinsen so niedrig sind wie nie zuvor, sondern auch die langfristigen Realzinsen. Die extrem niedrigen Zinsen sind für die Finanzstabilität der zentrale Risikofaktor. Sie erhöhen die Anreize zur privaten und staatlichen Schuldenaufnahme mit der Gefahr einer fehlenden Tragfähigkeit bei einer Normalisierung der Zinsen. Gleichzeitig lenken sie Investitionsmittel in Verwendungszwecke, die bei „normalen" Zinsen nicht optimal sind. Dadurch kann es zu Übertreibungen an Wertpapier-, Rohstoff- oder Immobilienmärkten und einer unnatürlichen Kompression der Spreads zwischen unterschiedlichen Anlageklassen kommen. Darüber hinaus erschweren sie die private Altersvorsorge (BVR 2016) und schwächen die Ertragsfähigkeit des Finanzsektors. Und schließlich droht die „verkehrte Welt" ultraniedriger Zinsen, das Vertrauen der Bürger in die Marktwirtschaft zu erodieren (Hannoun 2015).

Betrachtet wird in Abbildung 1 die Zinsentwicklung ab dem Jahr 1965, der dargestellte Zeitraum umfasst also insgesamt 50 Jahre. Als Benchmark werden der 3-Monatszins am Geldmarkt (EURIBOR bzw. vor 1990 der FIBOR) beziehungsweise die Rendite auf zehnjährige Bundesanleihen zugrunde gelegt. Bei der Berechnung des Realzinses wird vereinfacht eine Deflationierung mittels der aktuellen Inflation anhand des Verbraucherpreisindexes vorgenommen, Daten zu den langfristigen Inflationserwartungen sind für einen so weit zurückreichenden Zeitraum nicht verfügbar.

Das erste Faktum ist schlicht: Noch nie hat sich der stark von der Geldpolitik getriebene 3-Monatszins auf einem so niedrigen Niveau bewegt wie in den letzten Jahren. Aktuell werden für Dreimonatsgelder sogar negative Zinsen gezahlt. Vor der Finanzkrise hatte das historische Tief der 3-Monatsgelder noch bei zwei Prozent gelegen (Tiefpunkt im März 2004). Dem Rückgang der Geldmarktsätze entsprechend hat die EZB den Hauptrefinanzierungssatz, ihr zentrales Steuerungsinstrument in geldpolitisch normalen Zeiten, zunächst im Juni 2009 auf ein Prozent und dann in einer zweiten Welle vom November 2011 bis zum September 2014 auf 0,05 Prozent und damit auf ein Niveau geschleust, das EZB-Präsident Mario Draghi als *„for all practical purposes at the lower bound"* bezeichnet hat (Draghi 2014). Ebenso bewegt sich die Rendite zehnjähriger Bundesanleihen auf einem bislang unerforschten Territorium. Vor der Finanzkrise hatte das historische Minimum bei 3,0 Prozent gelegen (September 2005). Im April 2015 erreichte sie ein neues historisches Tief bei acht Basispunkten, nach einer zwischenzeitlichen Korrektur bewegte sie sich Anfang 2016 mit rund 0,3 Prozent immer noch auf einem außerordentlich niedrigen Niveau.

Auch am langen Ende sind die realen Zinsen extrem niedrig. Während vor der Finanzkrise ein Realzins von 1,2 Prozent das historische Minimum darstellte (September 2005), pendelt der Realzins seit Sommer 2011 in der Nähe der Nullmarke, wobei im Herbst 2012 ein Tiefstand von –0,7 Prozent markiert wurde. Würden bei der Deflationierung statt der tatsächlichen Teuerung die Inflationserwartungen verwendet, fiele der aktuelle Realzins sogar noch deutlich niedriger aus. Aufgrund der temporär inflationsdämpfenden Wirkung der niedrigen Ölpreise liegt die Verbraucherpreisinflation Anfang 2016 im Euroraum nahe null, während die längerfristigen Inflationserwartungen im Euroraum insgesamt für einen Horizont von fünf Jahren bei 1,8 Prozent lagen (ECB 2016). In Deutschland dürften die Relationen ähnlich ausfallen.

Der einzige der vier Zinsindikatoren, für den die aktuelle Zinssituation kein Novum darstellt, ist der kurzfristige Realzins. Sein historisches Tief vom September 1975 in Höhe von –2,4 Prozent wurde zwar im Dezember 2012 mit –1,9 Prozent beinahe erreicht, aber nicht unterschritten. Dieser Befund gilt im Wesentlichen auch für andere Industriestaaten mit Ausnahme Japans, das sich bereits seit Mitte der 1990er Jahre in einer milden Deflation befindet. Seit der Leitzinssenkung der Bank of Japan im Jahr 1995 auf 0,5 Prozent und später auf noch niedrigere Werte bewegen sich die kurzfristigen Realzinsen nahe der Nulllinie (Garside 2012).

3 Kreditwachstum bleibt gedämpft

Dem starken monetären Impuls der Geldpolitik in Richtung Kreditwirtschaft steht bislang eine nur begrenzte Belebung über den geldpolitisch wichtigen Kreditkanal gegenüber. Die Geldpolitik kann unter diesen Bedingungen immer noch wirksam sein, dann aber vorrangig über andere Kanäle, wie etwa über Wechselkurse oder Vermögenspreise. Zwar hat das Wachstum der Geldmenge zugenommen, insbesondere aufgrund eines dynamischen Anstiegs der Sichteinlagen, auf das Kreditwachstum hat sich die monetäre Expansion bislang jedoch nur insofern ausgewirkt, dass die Kreditbestände an den privaten Sektor nicht mehr zurückgeführt werden, sondern mit bescheidenen Raten zwischen null Prozent und einem Prozent expandieren.

Abbildung 2

Kundenkredite und Bruttoinlandsprodukt (BIP)

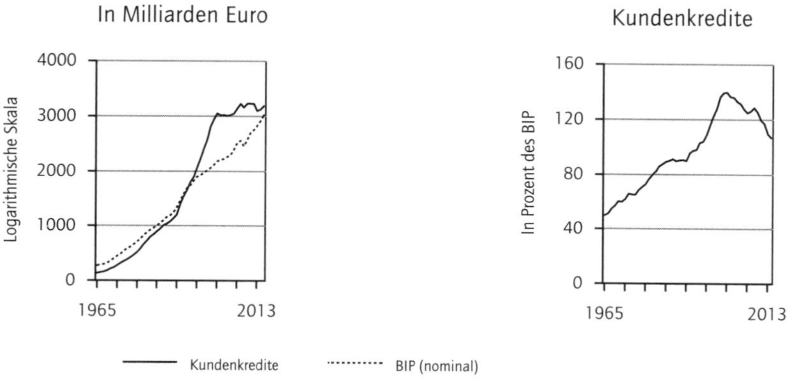

Quelle: Thomas Reuters Datastream.

Das schwache Kreditwachstum im Euroraum als Ganzes ist nicht überraschend. Es entspricht den Erfahrungen früherer Krisen, dass die Kreditvergabe lange Zeit gedämpft bleibt (Reinhart und Rogoff 2009). Einerseits ist dies Folge hoher Schuldenstände im privaten Sektor, wie sie auch in einigen Ländern des Euroraums vorliegen, mit entsprechenden Anstrengungen der Unternehmen und Privathaushalte zur Verminderung der Schuldenlast (Koo 2008). Andererseits ist in den geschwächten Volkswirtschaften des Euroraums der Kreditzugang immer noch eingeschränkt, hierauf deuten sowohl die Zinsspreads als auch die halbjährlichen Umfragen der EZB zur Unternehmensfinanzierung hin (ECB 2015b).

Bemerkenswert ist hingegen die immer noch schwache Kreditentwicklung in Deutschland. Angesichts der soliden Fundamentaldaten, wie etwa einem hohen Beschäftigungsstand, solider Einkommenszuwächse, einer hohen internationalen Wettbewerbsfähigkeit, einer moderaten Verschuldung des privaten Sektors und einer hohen Kreditverfügbarkeit, war in den ersten Jahren der Niedrigzinsphase mit einer zunehmenden Kreditexpansion gerechnet worden (siehe zum Beispiel Dialog Finanzstandort Deutschland 2012). Im achten Jahr der geldpolitischen Expansion verläuft die Kreditvergabe aber immer noch ohne großen Schwung. Das Wachstum der Kundenkredite (Buchkredite an Nicht-Banken) lag Ende 2015 bei 1,4 Prozent. Erwartungsgemäß ist die Dynamik im Wohnungsbau mit 2,5 Prozent höher, aber immer noch etwas niedriger als beispielsweise der Anstieg der Einkommen.

Offenbar ist der Zinssatz nicht immer der entscheidende Treiber des Kreditwachstums, sondern wird von den Auswirkungen struktureller Trends überlagert. Ein Blick auf die historische Entwicklung der Kreditbestände in Abbildung 2 zeigt eine markante Veränderung um die Jahrtausendwende (Bley 2015). Seit dem Millennium haben die Kreditbestände nominal praktisch stagniert. Im Vergleich zur Wirtschaftsleistung sind die Kreditbestände infolgedessen sogar deutlich zurückgegangen. Mehrere Trends dürften hierfür ausschlaggebend sein. Zunächst einmal hat sich das Wachstumstempo der deutschen Volkswirtschaft im Vergleich zu den vorangegangenen

Abbildung 3

Verschuldung des privaten Sektors

Aufgenommene Kredite und ausgegebene Schuldtitel in Prozent des BIP

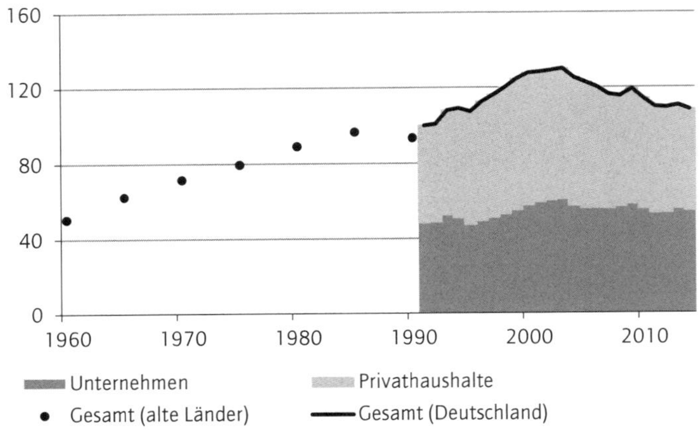

Quelle: Deutsche Bundesbank, Statistische Sonderveröffentlichung Nr. 4, Jg. 1994, 2006 und 2015.

Dekaden verringert, was sich negativ auf die Finanzierungsbedarfe ausgewirkt haben dürfte. Auch hatte sich sowohl die Verschuldung der privaten Haushalte als auch der Unternehmen im Zuge des Wiedervereinigungsbooms und der Internet-Euphorie ab Mitte der 1990er Jahre deutlich erhöht mit einer entsprechenden Gegenbewegung nach dem Jahrtausendwechsel. Die Verschuldung der Privathaushalte im Verhältnis zum BIP von 52 Prozent 1991 auf ein Hoch von 70 Prozent 2000, bei den Unternehmen kletterte die Quote von 48 Prozent auf ein Hoch von 61 Prozent 2003, seitdem hat sich die Verschuldung wieder verringert auf 54 Prozent beziehungsweise 55 Prozent 2014, liegt damit aber immer noch etwas höher als zur Zeit der Wiedervereinigung (Abbildung 3).

Auf der Seite der Firmenkunden hat sich durch die Ausdifferenzierung der Finanzierungswege, die Anstrengungen der Unternehmen zur Stärkung der Eigenkapitalbasis und die stärkere Nutzung konzerninterner Finanzierungen die Nachfrage nach Bankkrediten abgeschwächt (Deutsche Bundesbank 2012); hinzu kommt der Rückgang der Investitionsquote der nichtfinanziellen Unternehmen. Auf der Seite der Privathaushalte war die Schwäche des Wohnungsbaus und der Immobilienfinanzierung vor dem Hintergrund einer rückläufigen staatlichen Förderung und des beginnenden demographischen Wandels der zentrale Dämpfungsfaktor.

4 Keine breiten Übertreibungen am Immobilienmarkt

In der Vergangenheit spielten niedrige Finanzierungskosten sowie die Verfügbarkeit von Krediten eine wichtige Rolle beim Aufbau von Marktübertreibungen an Immobilienmärkten fortgeschrittener Volkswirtschaften (Bordo und Landon-Lane 2015). Beide Faktoren können einen

Boom am Immobilienmarkt provozieren, der sich aus einem selbstverstärkenden Kreislauf aus massiver Kreditausweitung und stetig steigenden Immobilienpreisen nährt. Ein Großteil solcher Boomphasen an den Immobilienmärkten lässt sich mit ökonomischen Fundamentaldaten nicht rechtfertigen. Früher oder später erweisen sie sich daher als nicht nachhaltig. Kehren sich dann solche kreditfinanzierten Aufschwünge in das Gegenteil um, können hohe Kreditausfallraten die Finanzmarktstabilität ernsthaft gefährden und das Wachstum auf Jahre hinaus dämpfen (Jordà et al. 2013). Die Immobilienmarktkrisen des vergangenen Jahrzehnts in den USA, Spanien und Irland sind jüngere Beispiele einer ganzen Reihe von Boom- und Bust-Zyklen, die nach dem beschriebenen Schema verlaufen.

Entgegen aufkommender Befürchtungen zeigt der deutsche Immobilienmarkt in seiner jetzigen Verfassung wenig Anzeichen eines breit angelegten Booms. Zwar weist das makroökonomische Umfeld in Deutschland durchaus Parallelen zu vergangenen Immobilienkrisen auf. So fällt in Deutschland eine ausgesprochen expansive Geldpolitik mit einer vergleichsweise robusten Konjunktur zusammen (Deutsche Bundesbank 2016), aus deren Koexistenz sich ein kredit- und preistreibender Dreiklang aus zu optimistischen Zins-, Einkommens- und Immobilienpreiserwartungen ergeben kann.

Der historische Vergleich mit Immobilienmarktbooms des vergangenen Jahrzehnts zeigt aber, dass die Preisdynamiken in Deutschland sowohl in deutschen Großstädten als auch über das gesamte Bundesgebiet hinweg bis dato vergleichsweise moderat ausfallen (Weber 2014). Der Aufschwung am deutschen Immobilienmarkt fiel seit 2010 selbst in den sieben bedeutendsten Großstädten schwächer aus als in der Vergleichsgruppe aus Ländern zu deren Boomphasen. Die Vergleichsgruppe besteht aus den USA, Spanien und dem Vereinigten Königreich. Die Phasen boomender Immobilienmärkte in Spanien (1999–2006), den USA (1998–2005) und dem Vereinigten Königreich (1997–2004) sind der Arbeit von Agnello und Schuhknecht (2009) entnom-

Abbildung 4

Moderate Preisentwicklung in Deutschland

Immobilienpreisindex, Basisjahr = 100

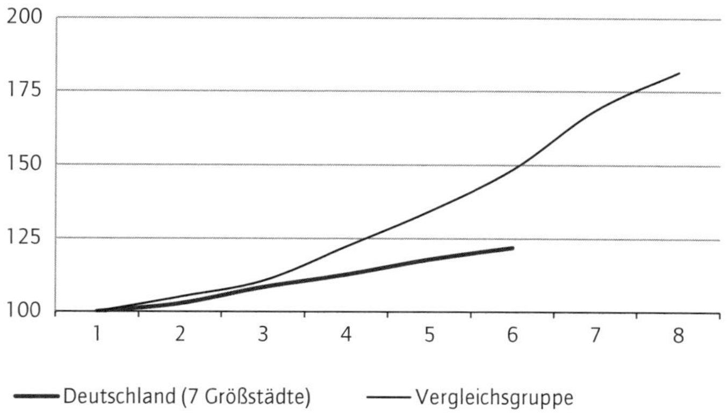

Quelle: OECD, eigene Berechnungen.

Abbildung 5

Schwaches Kreditwachstum in Deutschland
Kredite an Private Haushalte, Basisjahr = 100

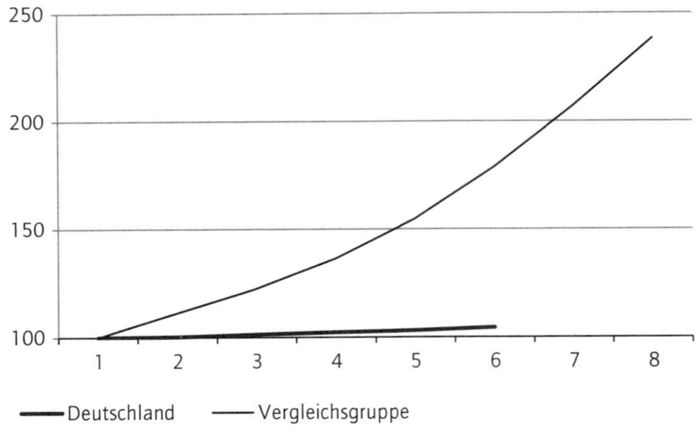

Quelle: Thomson Reuters Datastream, eigene Berechnungen.

men. Die Preisentwicklung für Wohneigentum war dabei in der Vergleichsgruppe vor allem in der Anfangsphase des Immobilienbooms deutlich steiler aufwärts gerichtet (Abbildungen 4/5).

Der Blick auf die Entwicklung der Kredite zeigt zudem, dass der Aufschwung am deutschen Immobilienmarkt bislang kaum kreditgetrieben ist. Wie bereits im Text erwähnt, ist in Deutschland aber auch im gesamten Euroraum eine nur gedämpfte Kreditentwicklung zu erkennen. Eine impulsiv steigende Kreditvergabe an Private Haushalte wie in der Vergleichsgruppe ist in Deutschland aktuell nicht zu erkennen. Die Befürchtung eines massiven Aufbaus von Krediten mit hohen Bonitätsrisiken bestätigt sich daher momentan nicht.

5 Strukturelle Gründe für Stabilität

Strukturen und Politiken in Deutschland haben einen entscheidenden Anteil daran, dass die Reaktionen auf die historisch niedrigen Finanzierungskosten auf dem deutschen Immobilienmarkt bislang so moderat ausfallen. Es seien hier zwei Faktoren genannt, die einen wesentlichen Beitrag zur Stabilität des deutschen Immobilienmarktes liefern. Zum einen ist es die zurückhaltende, auf Sicherheit ausgelegte Vergabepraxis bei Immobiliarkrediten. Zum anderen existiert durch den funktionsfähigen deutschen Mietmarkt eine viel genutzte Alternative zum Eigenheimmarkt.

Strukturen, die dabei die Kreditvergabe prozyklisch zu niedrigen Zinsen verstärken, können einen wenig nachhaltigen Boom am Immobilienmarkt begünstigen. Eine kredit- und preistreibende Wirkung können dabei niedrige Eigenkapitalanforderungen an den Immobilienkreditnehmer, aber auch die Vergabe von vornehmlich flexibel verzinsten Krediten haben (Andrews et al. 2011, Cerutti et al. 2015). In den Immobilienboomphasen der Vergangenheit traf oft eine expansive Geldpolitik auf Strukturen, die den Effekt niedriger Zinsen und hoher Liquidität multiplizierten. Eine besondere Rolle spielte dabei die gängige Praxis bei der Kreditvergabe.

Solche Strukturen sind in Deutschland aktuell nicht auszumachen. Vielmehr dürfte eine Kreditvergabekultur, die auf Sicherheit und Dauerhaftigkeit ausgelegt ist, die Kreditvergabe am Immobilienmarkt bislang gedämpft haben. In Deutschland liegt der Anteil des Eigenkapitals privater Immobilieninvestoren am Beleihungswert der Immobilie im Schnitt bei rund 20 bis 30 Prozent und damit deutlich höher als in vielen anderen OECD-Staaten. Auch dominieren in Deutschland Verträge mit einem festen Zins über die Laufzeit des Kredits. Sie dürften ebenfalls die Amplituden von Auf- und Abschwüngen begrenzen (Andrews et al. 2011, Cerutti et al. 2015).

Festzinsen dämpfen die Auswirkungen von zyklisch schwankenden Zinsen für den Kreditnehmer. Sie ermöglichen es ihm, auch in einem wechselnden Zinsumfeld seinen Zahlungsverpflichtungen in gleicher Weise nachzukommen. Das ist auch für den Kreditgeber von Vorteil. Eigenkapitalanteile, die die Preisrisiken am Markt widerspiegeln, begrenzen den Verschuldungsspielraum. Dadurch verringert sich in einem geänderten Umfeld mit höheren Zinsen und niedrigeren Immobilienpreisen das Risiko der finanziellen Überforderung des Kreditnehmers bei einer Anschlussfinanzierung.

Neben finanzierungstechnischen Aspekten spielt auch die Breite des Wohnmarktes eine Rolle für die Stabilität der Preise. Die Existenz eines bedeutenden Mietmarktes kann Preisaufschwünge an den Immobilienmärkten insofern dämpfen, dass private Haushalte bei zu starken Preiserhöhungen bei selbst genutztem Wohneigentum in den Mietmarkt ausweichen oder ebendort verbleiben können. Im Unterschied zu vielen anderen Staaten stellt der deutsche Wohnimmobilienmarkt zu fast gleichen Teilen selbstgenutzten und gemieteten Wohnraum zur Verfügung. Nach den Zahlen der Einkommens- und Verbrauchsstichprobe (EVS 2013) leben 43 Prozent der deutschen Haushalte in ihren eigenen vier Wänden und 57 Prozent zur Miete.

Ein sicher elementarer Grund für den ausgeprägten Anteil des Mietwohnungssektors in Deutschland dürfte seine hohe Funktionsfähigkeit sein, die durch eine vergleichsweise moderate Regulierung, das heißt vergleichsweise flexibler Mietzins bei gleichzeitig hoher Sicherheit, begünstigt wird. Während Vermietern bislang in den meisten Landkreisen ein begrenzter, aber ausreichender Spielraum bei der Mietpreisfindung zugestanden wird, wird Mietern per Gesetz eine hohe Wohnsicherheit garantiert. Sowohl potentielle Mieter als auch Vermieter dürften daher auf dem deutschen Mietmarkt immer noch akzeptable Wohnbedingungen vorfinden (Whitehead et al. 2013, De Boer und Bitteti 2014).

6 Regional begrenzter Aufschwung am Immobilienmarkt

Für die vergleichsweise moderate Entwicklung der Preise für Wohneigentum in der Fläche spielt neben den strukturpolitischen Faktoren auch die Struktur der Nachfrage eine wichtige Rolle. Der Aufschwung am deutschen Wohnimmobilienmarkt erstreckt sich nicht wahllos über das Bundesgebiet, ungeachtet ob es sich um strukturschwache oder wirtschaftlich dynamische Gebiete handelt. Vielmehr konzentriert sich die steigende Nachfrage nach Wohnraum überwiegend auf Wohnungen in städtischen, dicht besiedelten Gebieten.

In der Folge verteilt sich der Aufschwung auf dem deutschen Immobilienmarkt ausgesprochen heterogen über das Bundesgebiet. Während es in wirtschaftlich starken Regionen zu deutlichen Preissteigerungen gekommen ist, steigen die Preise für Wohneigentum in den weniger dicht besiedelten und wirtschaftlich schwächeren Regionen Deutschlands kaum. In einigen strukturschwachen Gebieten kam es in den vergangenen Jahren sogar zu Preisrückgängen. Im Durchschnitt des Bundesgebiets verlief der Preisanstieg moderat.

Die regionale Zuspitzung der Nachfrage nach Wohnraum wird in erster Linie von einem Re-Urbanisierungstrend getragen, der im letzten Jahrzehnt einsetzte. Er hat in den deutschen Ballungsräumen zu einem deutlichen Anstieg der Bevölkerungszahl geführt. Städte wie Berlin und München, aber auch Leipzig oder Dresden verzeichnen seit einigen Jahren steigende Bevölkerungszahlen im Zuge eines positiven Netto-Zuzuges aus anderen Regionen Deutschlands sowie aus dem Ausland. Das Wohnangebot hat darauf bislang zu verhalten reagiert, wodurch der ohnehin knappe Wohnraum in Großstädten noch knapper geworden ist.

Die Netto-Zuwanderung schlug sich daher ungefiltert in steigenden Preisen nieder. Die hohe Korrelation der wanderungsbedingten Veränderung der Bevölkerung und der Entwicklung der Immobilienpreise in 402 Land- und Stadtkreisen Deutschlands seit 2010 unterstreicht den starken Zusammenhang zwischen Migration und Immobilienpreisen (Abbildung 6). Die zuwanderungsbedingte Veränderung der Bevölkerung ist aktuell der dominante Preistreiber. Das zeigen auch einfache Panel-Regressionsanalysen, die sich grob an einem einfachen Modell der Bundes-

Abbildung 6

Netto-Zuwanderung korreliert mit höherer Immobilienpreisdynamik

Wanderungsbedingte Veränderung der Bevölkerung versus Jahreswachstumsrate der Preise für selbstgenutztes Wohneigentum auf Kreisebene in Prozent

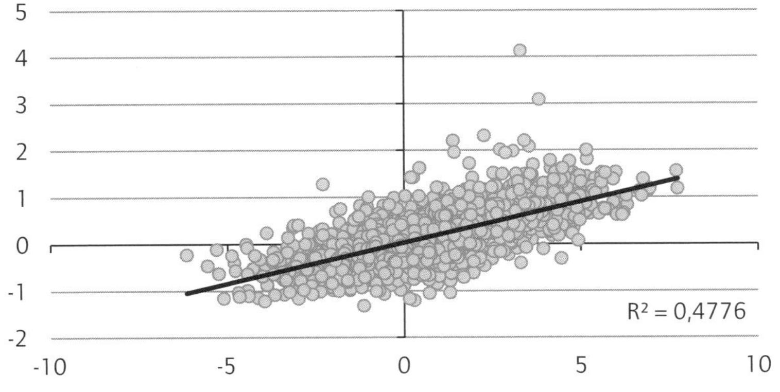

Quelle: Destatis, vdp-research, eigene Berechnungen.

bank orientieren (Deutsche Bundesbank 2013). So dürfte in den dicht besiedelten Ballungsräumen ein zuwanderungsbedingter Anstieg der Bevölkerung in Höhe von einem Prozent einen Anstieg der Preise von zum Teil deutlich über drei Prozent verantworten (Weber 2015).

7 Stabilitätsrisiken nehmen zu

Wie lange der deutsche Immobilienmarkt dem Stress der Niedrigzinsphase noch widerstehen wird, ist offen. Die Situation auf dem deutschen Immobilienmarkt lässt sich mit einem Damm vergleichen, der aufgrund seiner besonderen Konstruktion (institutionelle Faktoren) Hochwasser zurückhält und damit Stabilität unter Beweis stellt, bei anhaltendem Druck aber schließlich seine Stabilität einbüßt und zusammenbricht. Das Risiko von Preisübertreibungen steigt mit der Dauer der ultralockeren Geldpolitik der EZB. Eine Normalisierung der Geldpolitik im Währungsraum ist nicht in Sicht. Selbst wenn die geldpolitische Wende heute in Angriff genommen werden würde, wonach es momentan nicht aussieht, dürfte sich der Ausstieg aus der Politik des billigen Geldes noch lange hinziehen.

Die Nachfrage nach Immobilien wird im Zuge der niedrigen Finanzierungskosten mittelfristig aufwärts gerichtet bleiben, auch weil alternative Vermögensanlagen momentan rar sind. Der zentrale Preistreiber, der Zuzug in die deutschen Ballungsräume, wird zudem angesichts des anhaltenden Re-Urbanisierungstrends anhalten. Verstärkt werden dürfte der Effekt der wanderungsbedingten Veränderungen der Bevölkerung durch die hohe Zahl an Kriegsflüchtlingen aus dem Nahen und Mittleren Osten. Der Wohnraumbedarf wird sich dadurch noch vergrößern. Er dürfte wohl bis 2020 über der Marke von 400 000 Wohnungen pro Jahr liegen (Deschermeier et al. 2015). Der vom IW-Köln geschätzte Bedarf übersteigt damit sogar noch die von Bundesministerin für Umwelt, Naturschutz, Bau und Reaktorsicherheit Barbara Hendricks geforderte Marke von 350 000 Wohnungen (Reuters 2015). Nach den Zahlen des Statistischen Bundesamtes lag 2014 die Zahl der Baufertigstellungen von Wohnungen bei lediglich knapp 250 000. Die Integration der Zuzüge in die städtischen Immobilienmärkte wird in den kommenden Jahren eine zentrale Herausforderung für die (Wirtschafts-)Politik sein.

In der hiesigen Gemengelage sind zwar keine Preisübertreibungen auf der gesamten Breite des Bundesgebietes zu erwarten. Gleichwohl droht die Gefahr einer neuartigen Problemlage. So steigen die Risiken einer Abkopplung der Immobilienpreise in den Großstädten von ihren Fundamentaldaten. Bislang sind nicht zu rechtfertigende Preisübertreibungen nur in Innenstadtbezirken einiger deutscher Großstädte zu beobachten gewesen (Deutsche Bundesbank 2013). Auf Dauer könnte der Preisanstieg auch auf die Peripherielagen im weiteren Umfeld der Ballungszentren ausstrahlen. Wenn sich die Wachstums- und Einkommensperspektiven eintrüben, die Migration nach Deutschland deutlich zurückgeht und der demografiebedingte Rückgang der Bevölkerung stärker bemerkbar macht, dann steigt das Risiko einer plötzlichen Umkehrbewegung. Die wirtschaftlichen Schwierigkeiten, die sich in solch einem Fall ergeben, sollten nicht unterschätzt werden, auch wenn sie zunächst nur regional auftreten.

8 Niedrigzins fordert Wirtschaftspolitik

Die beiden zentralen preistreibenden Faktoren auf dem Immobilienmarkt, der Zins aber auch die Migration, liegen außerhalb des direkten Einflussbereiches der deutschen Wirtschaftspolitik. Zum einen ist der Einfluss auf die europäische Geldpolitik angesichts der Unabhängigkeit der EZB begrenzt. Zum anderen lassen sich Wanderungsbewegungen innerhalb Deutschlands, aber auch Zuwanderung aus dem Ausland schwer beeinflussen. Vor diesem Hintergrund ist die Wirtschaftspolitik gefragt, Politiken und Strukturen zu fördern, die den Immobilienmarktaufschwung nicht zu einem (regional) systemischen Risiko werden lassen.

Es gilt, die vorhandenen stabilisierenden Strukturen auf dem deutschen Wohnimmobilienmarkt zu bewahren und zu stärken. Im Falle des Mietwohnungsmarktes bedeutet dies, dass Politiken, die – wie etwa die Mietpreisbremse – stark in die Mietpreisfindung eingreifen, vermieden werden. Die Vergangenheit hat gezeigt, dass eine strenge Regulierung der Mietpreise die Verdienstchancen für Investoren stark einschränken. Dies führt in der Regel oft zu einem Rückzug potentieller Investoren aus dem Mietmarkt. Das schwächt die Attraktivität und Funktion des Mietmarktes und befördert letztlich seine Schrumpfung. Aktuell spielt im öffentlichen Verständnis ein ausgewogenes Verhältnis der Märkte für Miet- und Eigentumswohnungen eine noch unterschätzte Rolle.

Zudem sollte Wirtschaftspolitik zukünftig noch stärker als bisher Einschränkungen und Verordnungen überprüfen, die einem ausreichenden Angebot an bezahlbarem Wohnraum im Weg stehen könnten. Denn, die Preissituation in den Ballungsräumen Deutschlands lässt sich mittelfristig nur dann entspannen, wenn die Ausweitung des Angebots an bezahlbarem Wohnraum ebendort gelingt. Aktuell wird das Angebot nicht annähernd den demografischen Herausforderungen gerecht. Zwar ist bereits ein sichtbarer Anstieg der Baufertigstellungen zu erkennen. Gleichwohl deckt der neu geschaffene Wohnraum bei Weitem nicht die durch Zuzüge erhöhte Nachfrage. Wie bereits beschrieben, hat dies zu einem deutlichen Preisanstieg in den deutschen Großstädten geführt.

Eine konsequente Nutzung von Freiflächen innerhalb des Stadtgebietes ist daher geboten, solange dies aus städtebaulichen Gründen zumutbar ist. Eine künstliche Wohnraumverknappung durch eine träge oder zögerliche Baulandvergabe fördert hingegen eine sozial unverträgliche Wohnraumentwicklung, da sie die Preisdynamiken letztlich exponentiell ansteigen lassen. Die Attraktivität potentieller Wohngebiete in peripherer wie auch zentraler Lage sollte aufgewertet werden, indem eine belastbare (Verkehrs-)Infrastruktur bereitgestellt wird. Auch müsse von Seiten der Politik geprüft werden, ob zu hohe Baukosten im Zuge umfassender und kostenintensiver Bauauflagen nicht nur die Preise für Wohnraum steigen lassen, sondern auch den Wohnbauinvestitionen im Wege stehen, indem erst bei einem hohen Immobilienpreisniveau die Gewinnmargen für Investoren akzeptabel erscheinen.

9 Schlussbemerkung

Die Zinsen befinden sich, getrieben von der Geldpolitik, auf einem extrem niedrigen Niveau. Die Situation ist einzigartig in der deutschen Wirtschaftsgeschichte. In Deutschland sind nicht nur die nominalen Zinsen, sondern auch die realen langfristigen Zinsen so niedrig wie nie zuvor.

Dennoch sind sowohl an den Kredit- und Vermögensmärkten bislang übertriebene Dynamiken entweder nicht oder nur in Ansätzen zu beobachten.

Die Kreditvergabe an den Privaten Sektor zeigt bislang eine ausgesprochen verhaltene Dynamik. Ausschlaggebend hierfür ist neben strukturell geringeren Finanzierungsbedarfen seitens der deutschen Unternehmen und veränderter Finanzierungswege auch eine konservative Kreditvergabepraxis bei Immobiliarkrediten. Der Aufschwung am Immobilienmarkt beschränkt sich zudem auf die strukturstarken Ballungsräume in Deutschland und wurde bislang in erster Linie von einer positiven Netto-Zuwanderung in ebendiese Gebiete getrieben.

Der Umstand, dass bislang sowohl die Kreditvergabe als auch der Immobilienmarkt als wichtiger Vermögensmarkt moderat auf die historisch niedrigen Zinsen reagiert haben, ist kein Grund zur Entwarnung. Finanzstabilitätsrisiken bauen sich oft erst langsam auf. Wenn sich destabilisierende Prozesse erst aufgeschaukelt haben, sind sie schwer zu kontrollieren. Auch ist es möglich, dass sich die Risiken für die Finanzstabilität nicht linear aufbauen, sondern bruchartig vollziehen. Ein wirtschaftspolitisches Gegensteuern, wenn die Gefahren offensichtlich geworden sind, würde dann zu spät ansetzen. In diesem Zusammenhang gilt es zukünftig zu prüfen, inwieweit regional verlaufende nicht ausschließlich kreditgetriebene Übertreibungen Gefahren für die Gesamtstabilität haben können.

Die Wirtschaftspolitik wird in einem Umfeld anhaltend niedriger Zinsen in besonderer Weise gefragt sein. Sie sollte in den kommenden Jahren am Immobilienmarkt Strukturen fördern oder bewahren, die zum Beispiel den aktuellen Aufschwung nicht zu einem systemischen Risiko werden lassen. Sie sollte sich dabei nicht zu neuen Regulierungen und Einschränkungen der Marktmechanismen hinreißen lassen. Darunter fällt unter anderem die strenge Regulierung von Mietmärkten als auch zu anspruchsvolle Bauvorschriften, die die Ausweitung des Wohnangebotes hemmen. Die EZB hingegen sollte ihren extremen Kurs nur so lange wie unbedingt nötig fortsetzen. Denn das Risiko schädlicher Marktübertreibungen im Zuge einer zu lockeren Geldpolitik treten mit der Zeit nicht nur in Deutschland auf.

Literaturverzeichnis

- Agnello, Luca und Ludger Schuknecht (2011): Booms and busts in housing markets: Determinants and implications. Journal of Housing Economics, Elsevier, 20 (3), 171–190.
- Andrews, D., A. Caldera Sánchez und Å. Johansson (2011): Housing Markets and Structural Policies in OECD Countries. OECD Economics Department Working Papers, No. 836. OECD Publishing.
- Bley, Andreas (2015): Perspektiven der Kreditvergabe, in: Bankinformation, November.
- Bordo, Michael D. und J. Landon-Lane (2013): What Explains House Price Booms?: History and Empirical Evidence. NBER Working Paper, No. 19584.
- Bundesverband der Deutschen Volksbanken und Raiffeisenbanken (BVR) (2016): Niedrigzins schwächt Riester-Rente. Simulation zeigt: spürbar höherer Vorsorgebedarf durch langjährige Niedrigzinsphase, Berlin.
- Cerutti, Eugenio, Dagher, Jihad und Giovanni Dell'Ariccia (2015): Housing Finance and Real-Estate Booms : A Cross-Country Perspective. IMF Staff Discussion Notes, No. 15/12.

— De Boer, Rik und Rosamaria Bitetti (2014): A Revival of the Private Rental Sector of the Housing Market? Lessons from Germany, Finland, the Czech Republic and The Netherlands. OECD Economics Department Working Papers, No. 1170, OECD Publishing.
— Deschermeier, Philipp, Seipelt, Björn und Michael Voigtländer (2015): Auswirkungen der erhöhten Zuwanderung auf demographische Prognosen und die Folgen für den Wohnraumbedarf in Deutschland. Gutachten für die Deutsche Invest Immobilien GmbH des IW-Köln.
— Deutsche Bundesbank (2012): Die langfristige Entwicklung der Unternehmensfinanzierung in Deutschland – Ergebnisse der gesamtwirtschaftlichen Finanzierungsrechnung. Monatsbericht, Januar
— Deutsche Bundesbank (2013): Die Preissteigerungen bei Wohnimmobilien seit dem Jahr 2010: Einflussfaktoren und regionale Abhängigkeiten. Monatsbericht, Oktober.
— Deutsche Bundesbank (2015a): Das Spar- und Anlageverhalten privater Haushalte in Deutschland vor dem Hintergrund des Niedrigzinsumfelds. Monatsbericht, Oktober.
— Deutsche Bundesbank (2015b): Finanzstabilitätsbericht 2015. November.
— Deutsche Bundesbank (2016): Die Preise für Wohnimmobilien in Deutschland im Jahr 2015. Monatsbericht, Februar.
— Dialog Finanzstandort Deutschland (2012): Finanzstandortbericht Nr. 8.
— Draghi, Mario (2014): Introductory statement to the press conference of the ECB-Council, 4. September.
— European Central Bank (2015): Report on the results of the Survey on the Access to Finance of Enterprises in the euro area – April to September 2015, December
— European Central Bank (ECB) (2016): The ECB Survey of Professional Forecasters (SPF), First quarter of 2016.
— EVS (2013): Einkommens- und Verbrauchsstichprobe des Statistischen Bundesamtes. Wiesbaden.
— Garside, W. R. (2012): Japan's Great Stagnation. Forging Ahead, Falling Behind. Edward Elgar.
— Hannoun, Hervé (2015): Ultra-Low Interest Rates: What They Mean for Financial Stability and Growth, Remarks at the Eurofi High-Level Seminar, Riga, 22. April
— Jordà, Òscar, Schularick, Moritz und Allan M. Taylor (2013): When Credit Bites Back, Journal of Money, Credit and Banking, 45 (Dezember), 3–28.
— Koo, Richard C. (2008): The Holy Grail of Macroeconomics. Lessons from Japan's Recession. Wiley.
— Reinhart, Carmen M. and Kenneth Rogoff (2009): This Time Is Different. Eight Centuries of Financial Folly. Princeton.
— Reuters (2015): Hendricks fordert Milliarden für sozialen Wohnungsbau, http://de.reuters.com/article/deutschland-fl-chtlinge-bau-hendricks-idDEKCN0UY24W [abgerufen am 29. Februar 2016].
— Sachverständigenrat zur Begutachtung der gesamtwirtschaftlichen Entwicklung (SVR) (2016): Zukunftsfähigkeit in den Mittelpunkt. Jahresgutachten 2015/16.
— Weber, Jan Philip (2014): Immobilienmarkt: Keine gefährlichen Preisübertreibungen, Bankinformation.
— Weber, Jan Philip (2015): Preiswachstum am Immobilienmarkt setzt sich fort. Volkswirtschaft special, Nummer 12 vom 28. Oktober 2015.
— Whitehead, Christine M. E, Sarah Monk, Sanna Markkanen and Kathleen Scanlon (2012): The Private Rented Sector in the New Century – A Comparative Approach. Boligøkonomisk Videncenter, Kopenhagen, Dänemark.

Zinsänderungsrisiken von Kreditinstituten im aktuellen Niedrigzinsumfeld

CATHARINA CLAUSSEN, CHRISTOPH MAIDL, ANDREAS PFINGSTEN UND CORINNA WOYAND*

Catharina Claußen, Westfälische Wilhelms-Universität Münster. E-Mail: catharina.claussen@wiwi.uni-muenster.de
Christoph Maidl, Westfälische Wilhelms-Universität Münster. E-Mail: christoph.maidl@wiwi.uni-muenster.de
Andreas Pfingsten, Westfälische Wilhelms-Universität Münster. E-Mail: andreas.pfingsten@wiwi.uni-muenster.de
Corinna Woyand, Westfälische Wilhelms-Universität Münster. E-Mail: corinna.woyand@wiwi.uni-muenster.de

Zusammenfassung: Im vorliegenden Beitrag wird untersucht, welche Auswirkungen die aktuelle Niedrigzinsphase auf Zinsänderungsrisiken von Kreditinstituten hat. Der Schwerpunkt liegt hierbei auf Zinsänderungsrisiken im Anlagebuch unter besonderer Berücksichtigung des deutschen Bankensystems. Das Anlagebuch ist hinsichtlich dieser Risikoart besonders relevant, da hier für Zinsänderungsrisiken seitens der Regulierungsbehörden keine Eigenmittelunterlegung im Rahmen der ersten Säule gefordert wird. Die anhaltende Niedrigzinsphase kann erhebliche Implikationen für die Risikoübernahme von Kreditinstituten haben, da der Anreiz besteht, durch zunehmende Fristentransformation die geschmälerten Margen aufzubessern und folglich höhere Zinsänderungsrisiken in Kauf zu nehmen.

Summary: This paper analyzes how the current low-interest-rate environment affects the interest rate risk of banks. The study focuses on the interest rate risk in the banking book with particular emphasis on the German banking system. The banking book is especially relevant concerning this risk category because no capital is required according to Pillar 1 by regulatory authorities. Therefore, the persistently low interest rates can have substantial implications regarding the risk taking of credit institutions because banks may have an incentive to improve narrow margins by increasing maturity transformation and consequently taking more interest rate risk in search for higher yields.

→ JEL Classification: G18, G21
→ Keywords: Niedrigzinsphase, Zinsänderungsrisiko, Bankenregulierung

* Wir danken einem Gutachter für wertvolle Hinweise, die zur Verbesserung der Arbeit beigetragen haben.

1 Einleitung

Die erheblichen Risiken, die von einer umfangreichen Fristentransformation ausgehen können, sind nicht unbekannt. Bereits in den 1980er-Jahren sahen sich die US-amerikanischen Banken im Rahmen der Savings-and-Loan-Krise mit einer sehr kritischen Entwicklung ihrer Zinsspanne konfrontiert. Der Zinsertrag ging in erster Linie aus den vielfach vergebenen Baufinanzierungen mit langfristig gebundenem Zinssatz hervor, während die Zinsaufwendungen stetig anstiegen, um kurzfristige Einlagen für Kapitalgeber attraktiv zu machen. Zwischen Juni 1982 und Dezember 1983 entwickelte sich die Zinsspanne sogar negativ, sodass die US-Sparkassen folglich höhere Zinsen zahlen mussten als sie verdienten (Kaufmann 2004: 14). In dem ohnehin schwierigen Umfeld geprägt durch Deregulierung einerseits, Vorschriften zur Zinsbindung andererseits sowie einen plötzlichen Ölpreisschock wurde ein großer Anteil der Kreditinstitute schließlich insolvent (White 2004: 20).

Obwohl sich die Savings-and-Loan-Krise in einem Umfeld steigender Zinsen ereignete, sind die Parallelen zu der Entwicklung im europäischen Bankensystem im aktuellen Niedrigzinsumfeld deutlich erkennbar. So ist der Ertragsdruck auf die Banken aufgrund der seit 2009 anhaltend niedrigen und zum Teil sogar negativen Kapitalmarktzinsen stetig gewachsen. Zwar profitieren Institute derzeit noch von den zu höheren Zinsen vergebenen langfristigen Krediten, doch sind die Margen des Kreditneugeschäfts bereits deutlich gesunken (Deutsche Bundesbank 2015b: 49). Mittelfristig wird das Bestandsgeschäft sukzessive durch das Neugeschäft ersetzt, wodurch die Zinserträge bei weiterhin niedrigem Zinsniveau stetig sinken werden.

Für das deutsche Bankwesen ist die Zinsmarge die zentrale Ertragskomponente des operativen Geschäfts (Deutsche Bundesbank 2015b: 48). Ein großer Teil der Zinserträge ergibt sich aus der von Banken übernommenen Fristentransformation, indem typischerweise kurzfristige Einlagen zur günstigen Refinanzierung genutzt werden, um langfristige, höher verzinste Kredite zu vergeben (Memmel 2011: 287). Dabei gehen Kreditinstitute neben Liquiditätsrisiken gleichzeitig fundamentale Zinsänderungsrisiken (ZÄR) im Anlagebuch ein (Deutsche Bundesbank 2012: 56). Infolge der Niedrigzinsphase besteht für Banken verstärkt der Anreiz, durch zunehmende Fristentransformation höhere ZÄR einzugehen, um kostendeckende Margen zu erzielen (Schnabel 2014: 8). Ein schneller Zinsanstieg und eine daraus möglicherweise resultierende negative Zinsspanne können daher erhebliche Folgen für die Kreditwirtschaft haben.

Seitens der Regulierungsbehörden wurde bisher für ZÄR im Anlagebuch keine Eigenkapitalunterlegung im Rahmen der ersten Säule des Baseler Rahmenwerks vorgesehen, weshalb Mitte 2015 der Konsultationsprozess für eine mögliche Neuregulierung begann. Dieser wurde im April 2016 mit der Veröffentlichung der überarbeiteten Standards für ZÄR im Anlagebuch abgeschlossen. Der neue Standard sieht vor, die Regulierung in Säule 2 zu belassen, den Instituten allerdings konkretere Vorgaben zum Management von ZÄR im Anlagebuch und zu den Offenlegungspflichten zu geben. Diese gelten grundsätzlich nur für große international tätige Banken, jedoch ist es den Aufsichtsbehörden vorbehalten, die neuen Standards auch auf national tätige Institute anzuwenden (BCBS 2016). Eine obligatorische Eigenmittelunterlegung nach Säule 1 ist entgegen des vorangegangenen Konsultationspapiers nicht vorgesehen.

Vor diesem Hintergrund wird in dem vorliegenden Beitrag untersucht, welche Auswirkungen das aktuelle Niedrigzinsumfeld auf die Ertragslage und die Bestandsfestigkeit deutscher Kreditinstitute haben kann. Im Folgenden wird zuerst in Abschnitt 2 grundlegend das traditionelle

Bankgeschäft behandelt. Ein besonderer Fokus wird dabei auf das Zinsergebnis durch Fristentransformation auf Grundlage des Einlagen- und Kreditgeschäfts gelegt. Anschließend werden in Abschnitt 3 die Entwicklungen im Zuge der Niedrigzinsphase unter besonderer Berücksichtigung von ZÄR im Anlagebuch erörtert. Insbesondere wird diskutiert, welche Geschäftsmodelle von den resultierenden Folgen besonders betroffen sind. Daraufhin werden in Abschnitt 4 mögliche Handlungsoptionen sowohl für Kreditinstitute als auch für Regulierungsbehörden hinsichtlich der Begrenzung potenziell steigender ZÄR im Anlagebuch abgeleitet, bevor Fazit und Ausblick (Abschnitt 5) die Arbeit schließen.

2 Grundlagen des Bankgeschäfts

Die Ertragskomponenten des operativen Geschäfts sind für deutsche Kreditinstitute der Zinsüberschuss, der Provisionsüberschuss und das Handelsergebnis sowie sonstige betriebliche Erträge (Deutsche Bundesbank 2015b: 48). Der Provisionsüberschuss resultiert in erster Linie aus Gebühren, die sich unmittelbar aus Dienstleistungen ergeben (zum Beispiel Kontoführung und Wertpapierschließfächer). Das Handelsergebnis hingegen entsteht aus dem Geschäft mit Finanzinstrumenten des Handelsbestandes. Die Sammelposition „Sonstige betriebliche Erträge" beinhaltet beispielsweise das Ergebnis aus dem Leasinggeschäft oder der Fremdwährungsumrechnung (Hartmann-Wendels et al. 2015: 752 ff.).

Für deutsche Kreditinstitute ist gerade das Zinsgeschäft traditionell der wichtigste Bestandteil des Bankgeschäfts. Wie Tabelle 1 zu entnehmen ist, machte der Zinsüberschuss (Differenz von Zinserträgen und -aufwendungen) im Jahr 2014 rund 74,4 Prozent der gesamten operativen Erträge aller deutschen Bankengruppen aus.[1] Hingegen war ein vergleichsweise geringer Anteil von nur 24,6 Prozent dem Provisionsüberschuss zuzurechnen. Die anderen Ertragskomponenten waren von noch deutlich geringerem Stellenwert. Besonders für Sparkassen und Genossenschaftsbanken stellt das Zinsgeschäft, das für sie mit fast 80 Prozent der operativen Erträge die wichtigste Ertragsquelle ist, den Kern ihrer Geschäftstätigkeit dar. Für das Zinsergebnis ist das eng verknüpfte Kredit- und Einlagengeschäft von besonderer Bedeutung. Hierbei handelt es sich um Geschäftsvorgänge, die dem Anlagebuch zuzuordnen sind. Handelsbuchpositionen werden hingegen zum Zwecke des kurzfristigen Wiederverkaufs unter Ausnutzung von Preis- und/oder Zinsschwankungen gehalten (§ 1 Abs. 12 KWG).

Das Verhältnis des Zinsüberschusses zur Bilanzsumme wird als Zinsspanne (synonym: Zinsmarge) bezeichnet und kann sich aus unterschiedlichen Geschäftsvorgängen ergeben (Hartmann-Wendels et al. 2015: 666 f.). Grundsätzlich lässt sich in diesem Zusammenhang, wie durch Abbildung 1 illustriert wird, eine Unterscheidung von Konditionsbeitrag und Strukturbeitrag vornehmen. Die Konditionsmarge im Kundengeschäft ergibt sich in der Basisversion des Marktzinsmodells als Differenz zwischen dem Zinssatz eines Aktivgeschäfts und dem Vergleichszinssatz auf dem Geld- und Kapitalmarkt (GKM) beziehungsweise als Differenz zwischen dem GKM-Zinssatz und dem Zinssatz des Passivgeschäfts. Eine Strukturmarge kann hingegen erst bei einer nichtflachen Zinsstrukturkurve erzielt werden (Schierenbeck et al. 2014: 67 ff.).

1 Es ist darauf hinzuweisen, dass hier auch Dividenden sowie Zinserträge aus Handelsbuchpositionen enthalten sein können. Jedoch macht das Zinsgeschäft auf Grundlage des Einlagen- und Kreditgeschäfts mit durchschnittlich 84,3 Prozent den wesentlichen Teil des Zinsergebnisses aus (Deutsche Bundesbank 2015: 44).

Tabelle 1

Ertragskomponenten deutscher Bankengruppen in Prozent der operativen Erträge

	Alle Bankengruppen	Großbanken	Regionalbanken	Sparkassen*	Kreditgenossenschaften*
Zinsüberschuss	74,4	64,8	69,0	79,8	79,2
Provisionsüberschuss	24,6	35,9	26,7	22,1	20,1
Nettoergebnis des Handelsbestandes	3,0	8,3	1,9	0,0	0,0
Saldo der sonstigen betrieblichen Erträge und Aufwendungen	-2,0	-9,0	2,4	-2,0	0,6
Operative Erträge	100,0	100,0	100,0	100,0	100,0

*Exklusive Zentralinstitute.
Quelle: Deutsche Bundesbank (2015: 48.)

Abbildung 1

Idee des Konditions- sowie des Strukturbeitrags in „bilanzähnlicher" Darstellung*

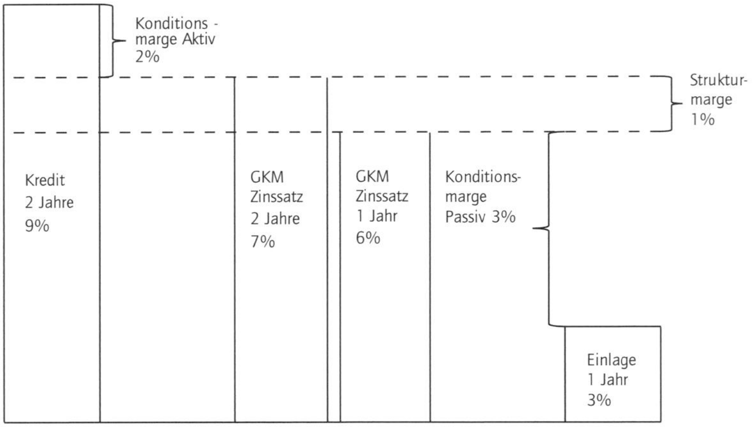

*Eine detailliertere Darstellung des Zinsüberschusskalküls im Grundmodell der Marktzinsmethode lässt sich Schierenbeck et al. (2014: 78) entnehmen.
Quelle: Hartmann-Wendels et al. (2015: 670).

Wie aus Abbildung 2 deutlich wird, ergibt sich die Strukturmarge, indem Banken in ihrer Rolle als Finanzintermediäre eine volkswirtschaftlich wünschenswerte Fristentransformationsfunktion übernehmen. Dabei dienen kurzfristige und hochliquide Passiva (zum Beispiel Einlagen) zur günstigen Refinanzierung höher verzinster und illiquiderer Aktiva (zum Beispiel Kredite).

Abbildung 2

Idee des Strukturbeitrags anhand einer normalen Zinsstrukturkurve

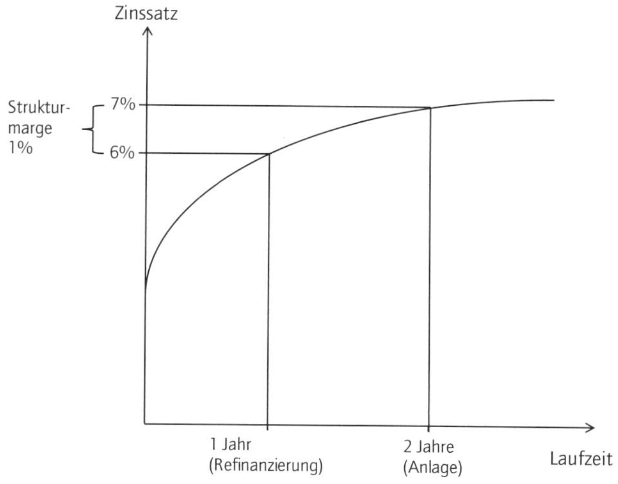

Quelle: Hartmann-Wendels et al. (2015: 671), in Anlehnung an Levey (2008: 12).

Folglich stimmt die Fristigkeitsstruktur von Aktiv- und Passivseite zumeist nicht überein, womit gleichzeitig fundamentale bankgeschäftliche Risiken, insbesondere Liquiditäts- und Zinsänderungsrisiken, einhergehen (Hartmann-Wendels et al. 2015: 12 f.).

Im deutschen Bankensystem hat die aus Fristentransformation erzielte Strukturmarge generell eine hohe Bedeutung. So zeigt eine Studie der Deutschen Bundesbank, dass im Jahr 2012 über ein Drittel des Zinsüberschusses (34,9 Prozent) durch Fristentransformation erwirtschaftet wurde (Busch und Memmel 2014: 14). Dies lässt sich besonders für Sparkassen und Genossenschaftsbanken feststellen, die im Zeitraum 2005 bis 2009 im Median eine Zinsmarge von rund 30 Basispunkten aus Fristentransformation erzielten. Hingegen lag der Medianwert von privaten Banken bei nur 6,9 Basispunkten (Memmel 2011: 287).

Folglich stellt das in diesem Beitrag schwerpunktmäßig betrachtete ZÄR im Anlagebuch eine wesentliche Risikoart insbesondere für die hauptsächlich aus kleinen und mittelgroßen Banken bestehenden Sparkassen- und Genossenschaftssektoren dar. Denn erhöhen sich die Zinsen zukünftig, sind Banken an die langfristigen, derzeit verhältnismäßig niedrigen Kreditzinsen gebunden, während die zur Refinanzierung genutzten, kurzfristigen Einlagen teurer werden. So könnte bei einer erheblichen Zinserhöhung die Zinsmarge sogar negativ werden (Schnabel 2014: 8).

Die Risiken, die für Banken aus Zinsänderungen resultieren können, lassen sich mithilfe von Zinsderivaten absichern (Hedging). So können ZÄR beispielsweise durch Zinsswaps auf Gegenparteien übertragen werden. Hierbei werden Zahlungsströme, klassischerweise fixe gegen variable Zinsen, bilateral getauscht. In der Regel werden nicht der Nennbetrag, sondern lediglich die Zinszahlungen zwischen den Vertragsparteien ausgetauscht. Bei einem sogenannten Payer-Swap werden fixe Zinsen gezahlt und im Gegenzug variable Zahlungen in Abhängigkeit vom Ka-

Abbildung 3

Zinsswap-Geschäfte in Prozent der Bilanzsumme

Im Durchschnitt (arithmetisches Mittel) im Jahr 2015

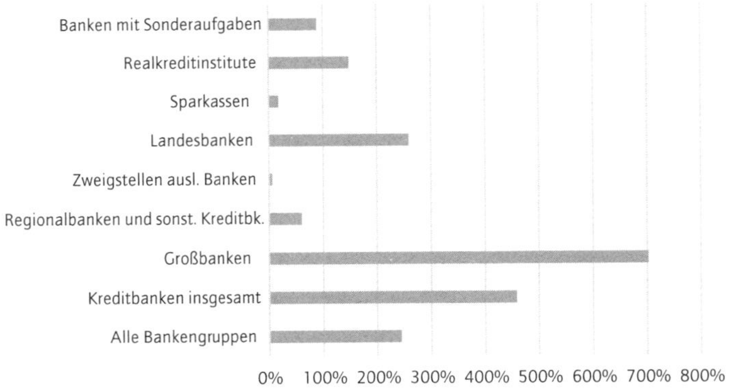

Quelle: Eigene Darstellung nach Daten der Deutschen Bundesbank, Statistisches Beiheft 1 zur Bankenstatistik, Oktober 2015. (Angaben zum genossenschaftlichen Bankensektor sind nicht verfügbar.)

pitalmarktzinssatz (zum Beispiel LIBOR) erhalten. Der umgekehrte Fall wird als Receiver-Swap bezeichnet (Branger und Schlag 2004: 23 f.). Kreditinstitute können mit Zinsswaps zum Beispiel Festzinsüberhänge reduzieren und sich schlussendlich gegen einen zukünftigen Anstieg des Zinsniveaus absichern (Hartmann-Wendels et al. 2015: 591 f.). Natürlich bedeutet dies, dass auf (riskante!) Erträge aus dem Strukturbeitrag verzichtet wird.

Nicht jede Bank beziehungsweise Bankengruppe nutzt gleichermaßen derivative Instrumente für ihr Zinsrisikomanagement. Eine Übersicht der durchschnittlichen Zinsswap-Geschäfte im Jahr 2015 in Prozent der Bilanzsumme ist Abbildung 3 zu entnehmen. Es wird deutlich, dass Kreditbanken, insbesondere Großbanken, in einem erheblich höheren Maße Swaps nutzen. Der recht deutliche Unterschied liegt auch darin begründet, dass Swap-Geschäfte für Handelsbuchpositionen enthalten sind, die für Großbanken von weitaus größerer Bedeutung sind. So betreiben zum Beispiel viele Sparkassen keinen Handel. Speziell ZÄR im Anlagebuch sichern Kreditbanken laut der Deutschen Bundesbank (2015c: 24) größtenteils ab. Für kleinere Banken mögen Gründe für den geringeren Einsatz von Swaps möglicherweise fehlendes Know-how oder auch Skepsis beim Bankvorstand gegenüber Derivaten im Allgemeinen sein (Hartmann-Wendels et al. 2015: 593).

Trotz eines möglichen Hedgings von ZÄR ist kritisch anzumerken, dass gleichzeitig Risiken aus einer Konzentration bei einzelnen Gegenparteien resultieren können (Deutsche Bundesbank 2015c: 24). In diesem Zusammenhang betont Hellwig (1994: 1364), dass sich ZÄR im Gegensatz zu einigen anderen Risikoarten nicht diversifizieren lassen, da die Schwankungen der Zinssätze stets auf die gesamte Makroökonomie wirken. Zwar kann das aus Zinsänderungen resultierende Bewertungsrisiko von langfristigen Aktiva auf Gegenparteien übertragen oder geteilt, nicht aber beseitigt werden. Folglich entsteht aus der Absicherung zusätzliches Kontrahentenrisiko, das zudem mit dem ZÄR korreliert (Hellwig 1994: 1386).[2] Diese Überlegungen weisen auch darauf hin, dass in der aktuellen Situation möglicherweise relativ wenig Interesse bestehen könnte, die Absicherung von ZÄR zu übernehmen. Zumindest könnte dadurch die oben beschriebene Absicherung teurer werden.

Im Zusammenhang mit einer umfangreichen Fristentransformation sind allgemein nicht nur ZÄR zu berücksichtigen. Eine wichtige, im Zuge von Basel III beschlossene Regulierungsmaßnahme zur Einschränkung von strukturellen Liquiditätsrisiken ist die Net Stable Funding Ratio (NSFR). Die voraussichtlich ab 2018 als Mindeststandard verbindlich geltende Kennzahl schreibt eine fristenkongruente langfristige Refinanzierung der vergebenen Kredite vor. Sie setzt den verfügbaren Refinanzierungsbetrag für einen Zeithorizont von mindestens einem Jahr ins Verhältnis zum erforderlichen Betrag. Das Verhältnis muss zwingend größer beziehungsweise gleich 1 sein (BCBS 2014). Durch diese Gegensteuerungsmaßnahme wird zwar generell die Ausübung von Fristentransformation begrenzt, doch richtet sie sich nicht primär auf die Eingrenzung von ZÄR, sondern auf Liquiditätsrisiken.[3]

Welche Auswirkungen die Niedrigzinsphase bisher auf die Ertragslage und Risikotragfähigkeit deutscher Universalbanken hatte, wird im nächsten Abschnitt ausführlicher beschrieben. Mögliche Handlungsoptionen aus Sicht der Banken sowie Regulatoren werden anschließend diskutiert.

3 Aktuelle Herausforderungen

Im Jahr 2014 zeigte sich die Ertragslage der deutschen Kreditinstitute robust. Bei leicht rückläufiger Bilanzsumme stiegen die operativen Erträge der Kreditinstitute im Vergleich zum Vorjahr um 1,2 Prozent auf 121,5 Milliarden Euro. Wie in Abschnitt 2 detailliert dargelegt wurde, war der wichtigste Bestandteil dabei, besonders für Sparkassen und Genossenschaftsbanken, der Zinsüberschuss. Trotz der anhaltenden Niedrigzinsphase stieg der Zinsüberschuss im deutschen Bankensystem im Vergleich zum Vorjahr um 4,7 Prozent auf 90,4 Milliarden Euro beziehungsweise gemessen am Verhältnis zur durchschnittlichen Bilanzsumme von 1,01 Prozent auf 1,10 Prozent. Neben der günstigen Refinanzierung durch die reichliche Liquiditätsversorgung des Eurosystems, ist diese Entwicklung darauf zurückzuführen, dass Banken ihre Fristentransformation weiter erhöht und das Volumen der ausgegebenen Kredite ausgeweitet haben (Deutsche Bundesbank 2015b: 43). Da in diesem Beitrag primär die Implikationen der Niedrigzinsphase für die Risikoübernahme der Kreditinstitute untersucht werden, sind insbesondere die beiden letztgenannten Aspekte relevant. Im Folgenden werden diese genauer erläutert und ihre Konsequenzen für die Banken in Deutschland aufgezeigt. Abschließend werden die Ergebnisaussichten und die Widerstandsfähigkeit kleiner und mittelgroßer Institute näher beleuchtet.

2 Es ist anzumerken, dass in dem Modell von Hellwig (1994) lediglich ein Land und eine Währung betrachtet werden. Eine internationale Diversifikation über verschiedene Währungen kann möglich sein, wobei jedoch deren gemeinsame Schwankungen zu berücksichtigen sind.

3 Das ZÄR wird durch die NSFR nicht zwingend geringer. Beispielsweise können langfristige Kredite mit fixen Zinsen durch Einlagen finanziert werden, die eine lange Laufzeit, aber variable Zinsen haben („Floater").

Abbildung 4

Anteil der Sichteinlagen an den gesamten Einlagen und aufgenommenen Krediten von Nichtbanken
In Prozent

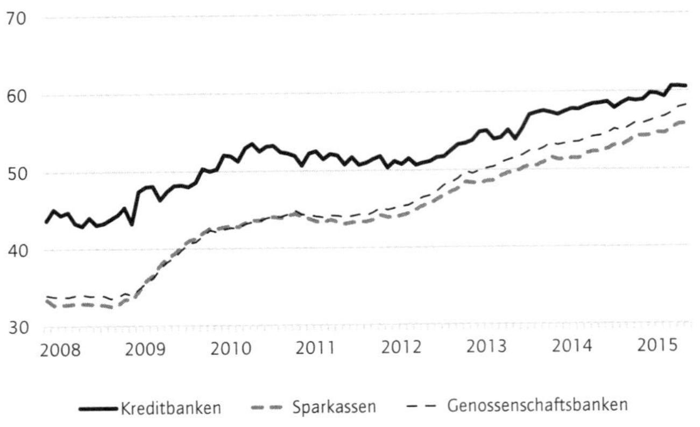

Quelle: Eigene Darstellung nach Daten der Deutschen Bundesbank, Statistisches Beiheft zur Bankenstatistik, diverse Ausgaben.

3.1 Erhöhung der Fristentransformation

In den vergangenen Jahren ließ sich eine Erhöhung der Fristentransformation im deutschen Bankensystem beobachten. Auf der Passivseite kam es dabei zu einer Laufzeitverkürzung, die hauptsächlich auf eine Umschichtung innerhalb der Einlagen zurückzuführen ist. Für Kreditinstitute haben Einlagen im Zuge der Finanzkrise gegenüber der Kapitalmarkt- und Interbankenfinanzierung merklich an Bedeutung gewonnen, da sie ein kostengünstiges und trotz der kurzfristigen Kündbarkeit bislang stabiles Refinanzierungsinstrument darstellen. Dies liegt darin begründet, dass Einleger auch in Krisenzeiten zumeist nicht ihr gesamtes Kapital abheben (Bodensatztheorie). Darüber hinaus dürften nach der Finanzkrise die deutschen Privathaushalte durch Neubildung von Geldvermögen und durch Vermögensumschichtungen, weg von Aktien und Anleihen hin zu Einlagen, zur verstärkten Einlagenfinanzierung der Banken beigetragen haben (Deutsche Bundesbank 2015a: 41 f.). Aufgrund der anhaltend niedrigen Zinssätze über sämtliche Laufzeiten hinweg wurden befristete Einlagen nun verstärkt in täglich fällige Sichteinlagen umgeschichtet. Wie in Abbildung 4 ersichtlich, ist deren Anteil an den gesamten Einlagen insbesondere bei den Sparkassen und Genossenschaftsbanken von Ende 2007 bis Mitte 2015 angestiegen.

Die geringere Verzinsung von Sichteinlagen im Vergleich zu Termineinlagen wirkt sich positiv auf die Refinanzierungskosten der Banken aus. Jedoch können diese Einlagen prinzipiell jederzeit abgezogen werden, was grundsätzlich ein erhöhtes Liquiditätsrisiko bedeutet. Darüber hinaus ist diese Einlagenart nicht direkt, sondern nur indirekt über die Konditionengestaltung steuerbar (Deutsche Bundesbank 2015b: 47 f.).

Abbildung 5

Buchkredite an Nichtbanken: Anteil mit Laufzeit über fünf Jahren
In Prozent

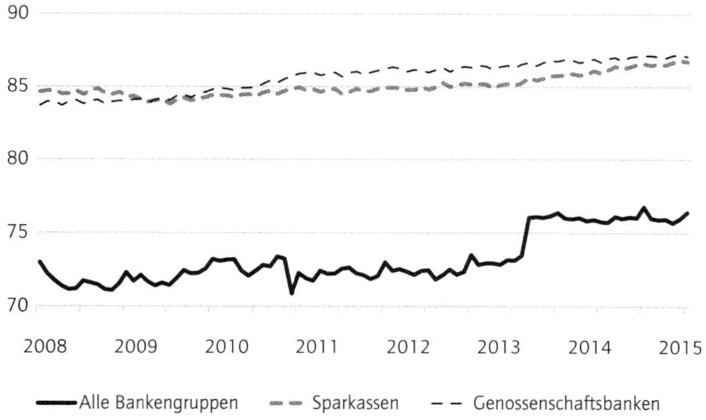

Quelle: Eigene Darstellung nach Daten der Deutschen Bundesbank, Statistisches Beiheft zur Bankenstatistik, diverse Ausgaben.

Gleichzeitig trug die Ausweitung der Laufzeiten im Kreditgeschäft auf der Aktivseite zu einer Erhöhung der Fristentransformation bei (Deutsche Bundesbank 2015c: 33). Abbildung 5 zeigt die Entwicklung des Anteils der Buchkredite mit einer Laufzeit von über fünf Jahren an den gesamten an Nichtbanken vergebenen Buchkrediten.

Auswirkungen auf das Zinsänderungsrisiko

Wie in Abschnitt 2 erläutert, geht mit der nunmehr umfangreicheren Fristentransformation auch ein entsprechend höheres ZÄR einher. Gemessen wird dieses im Aufsichtsrecht durch den Baseler Zinsrisikokoeffizienten, der vierteljährlich an die Deutsche Bundesbank zu berichten ist. Hierbei ermitteln Institute auf Basis ihrer internen Modelle den Barwertverlust der Zinspositionen im Anlagebuch, der bei einer Parallelverschiebung der Zinsstrukturkurve um 200 Basispunkte (nach unten und nach oben) entsteht.[4] Überschreitet dieser Barwertverlust 20 Prozent der regulatorischen Eigenmittel, werden diese Institute als „Institute mit erhöhtem Zinsänderungsrisiko" eingestuft (Deutsche Bundesbank 2012: 59 f.). Nach den neuen Standards des Baseler Ausschusses zu ZÄR im Anlagebuch werden sechs unterschiedliche Szenarien zur Entwicklung der Zinsstrukturkurve unterstellt, die neben einer Parallelverschiebung auch einen Anstieg beziehungsweise eine Abflachung sowie eine Drehung der Zinsstrukturkurve beinhalten. Gemäß den neuen Standards hat ein Kreditinstitut ein erhöhtes ZÄR bei einem Barwertverlust von 15 Prozent des Kernkapitals in einem der sechs Szenarien (BCBS 2016). Obwohl ein Überschreiten des Schwellenwertes keine direkten Konsequenzen nach sich zieht, dient er der Aufsicht als Indikator, um Institute mit vergleichsweise hohen ZÄR zu identifizieren (Deutsche Bundesbank 2012: 62 f.).

4 Wird die Zinsstrukturkurve steiler, kann sich der Barwerteffekt noch vergrößern.

Abbildung 6

Arithmetisches Mittel des Baseler Zinsrisikokoeffizienten
In Prozent

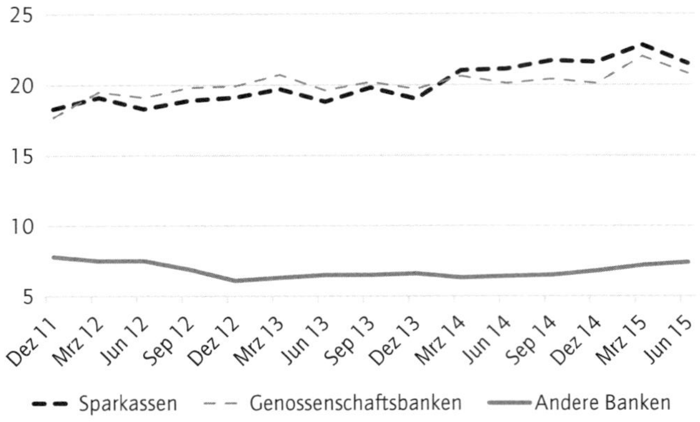

Quelle: Eigene Darstellung in Anlehnung an Deutsche Bundesbank (2015c: 34).

Die oben angeführte Erhöhung der Fristentransformation ging auch mit einer entsprechenden Erhöhung des Baseler Zinsrisikokoeffizienten deutscher Kreditinstitute einher. Wie in Abbildung 6 ersichtlich ist, stieg dieser insbesondere für Sparkassen und Genossenschaftsbanken im Zeitablauf von Ende 2011 bis Mitte 2015.

Lag der Zinsrisikokoeffizient im arithmetischen Mittel für Sparkassen Ende 2011 noch bei 18,3 Prozent, so ist er bis Mitte 2015 auf 21,5 Prozent gestiegen (im ersten Quartal 2015 lag er sogar bei 22,8 Prozent). Für die Genossenschaftsbanken zeigt sich ein ähnliches Bild. Hier stieg der Zinsrisikokoeffizient im selben Zeitraum von 17,7 Prozent auf 20,8 Prozent. Für sämtliche anderen Kreditinstitute in Deutschland hat sich diese Kennziffer kaum verändert und lag im Beobachtungszeitraum in einem Korridor zwischen sechs Prozent und acht Prozent, was darauf zurückzuführen ist, dass diese Institute, wie bereits in Abschnitt 2 beschrieben, ihre ZÄR größtenteils absichern (Deutsche Bundesbank 2015c: 24).

Gemäß dem Baseler Rahmenwerk müssen ZÄR im Anlagebuch nicht mit Eigenkapital der Säule 1 unterlegt werden, eine Berücksichtigung dieser Risikoart erfolgt lediglich im Rahmen der Säule 2. Auch nach den neuen Standards des Baseler Ausschusses zu ZÄR im Anlagebuch wird dies unverändert bleiben (BCBS 2016). Ein wichtiger Aspekt hinsichtlich des Baseler Zinsrisikokoeffizienten ist deshalb, dass die ausgewiesenen ZÄR im Anlagebuch eines Instituts nicht isoliert betrachtet werden, sondern im Kontext der gesamten Risikotragfähigkeit zu sehen sind. Sofern ein Institut in der Gesamtschau über eine angemessene Risikotragfähigkeit verfügt, können Institute auch erhöhte ZÄR eingehen (Deutsche Bundesbank 2012: 63). Aufgrund der fehlenden Säule 1 Kapitalanforderungen und der schwachen Konsequenzen einer erhöhten Risikoübernahme, liegt die Vermutung nahe, dass Institute, die sich ihrem vorhandenen Eigenkapitallimit nähern, verstärkt ZÄR im Anlagebuch eingehen, um zusätzliche Erträge bei gleichzeitiger Einhaltung der Mindestkapitalanforderungen zu generieren (Deutsche Bundesbank 2014b: 39).

3.2 Volumenausweitung der Kreditvergabe

Wie eingangs erwähnt, hat nicht nur die erhöhte Fristentransformation, mit der eine Stabilisierung der Strukturmarge sowie gleichzeitig eine Erhöhung des ZÄR einherging, sondern auch die Volumenausweitung der Kreditvergabe zu einer Stabilisierung der Zinserträge deutscher Kreditinstitute beigetragen. Das Kreditvolumen an inländische Unternehmen und Privatpersonen ist Mitte 2015 gegenüber dem Vorjahreszeitpunkt über alle Bankengruppen um 1,9 Prozent gestiegen. Bei Sparkassen und Genossenschaftsbanken hat es sich sogar um 2,9 Prozent beziehungsweise 4,6 Prozent erhöht.

Auswirkungen auf das Ausfallrisiko

Falls im Zuge dieser Volumenausweitung die Kreditvergabestandards abgesenkt wurden, um im Niedrigzinsumfeld mehr Kredite vergeben zu können, so steigt für die Institute auch das Kreditausfallrisiko. Wird das durchschnittliche Risikogewicht des Vorjahres als Kriterium zur Identifizierung einer gelockerten Kreditvergabepraxis und eines damit einhergehenden erhöhten Kreditausfallrisikos herangezogen, so ist eine differenzierte Betrachtung erforderlich. Denn falls der Bonitätseinschätzung der Point-in-Time-Ansatz zugrunde liegt, werden die positiven Entwicklungen der wirtschaftlichen Rahmenbedingungen des vergangenen Jahres, bei sonst gleichbleibenden Merkmalen der Kreditnehmer, durch geringere Risikogewichte abgebildet. Der Through-the-Cycle-Ansatz, der konjunkturelle Einflüsse ausklammert, ist vor dem Hintergrund der Aussagefähigkeit der durchschnittlichen Risikogewichte auf die Kreditvergabestandards besser geeignet.

In ihrem Finanzstabilitätsbericht 2015 sieht die Deutsche Bundesbank bei Sparkassen und Genossenschaftsbanken anhand der durchschnittlichen Risikogewichte derzeit keine Anzeichen für eine verstärkte Risikoübernahme aus dem Kreditgeschäft. In der Untersuchung verwenden 99 Prozent der Sparkassen und 95 Prozent der Genossenschaftsbanken den Kreditrisiko-Standardansatz, sodass die aus den Risikogewichten abgeleitete Einschätzung der Deutschen Bundesbank zu den Kreditvergabestandards angebracht sein dürfte. Die Risikogewichte für Forderungen gegenüber Privatpersonen werden dabei pauschal angesetzt. Jene gegenüber Unternehmen leiten sich aus externen Ratings ab, die wiederum hauptsächlich auf dem Through-the-Cycle-Ansatz basieren. Das Risikogewicht ist im Vergleich zum Vorjahr für Unternehmen bei Sparkassen um einen Prozentpunkt zurückgegangen und bei Genossenschaftsbanken gleich geblieben. Im Mengengeschäft, das die Kreditvergabe an Privatkunden beinhaltet, ist diese Kennziffer bei Sparkassen um vier Prozentpunkte und bei Genossenschaftsbanken um vier Prozentpunkte gesunken (Deutsche Bundesbank 2015c: 35).

Auch eine gesonderte Betrachtung des privaten Wohnungsbaus, der im Jahr 2015 knapp 50 Prozent der inländischen Kreditvergabe an private Haushalte und Unternehmen ausmachte, lässt keine erhöhte Risikoübernahme erkennen. So liefert eine Sonderumfrage der Bundesbank zur privaten Wohnimmobilienfinanzierung über den Zeitraum 2009 bis 2013 keine Hinweise auf eine Lockerung der Kreditvergabestandards und auch die Ergebnisse des aktuellen Bank Lending Survey des Eurosystems (Stand April 2016) zeigen ein ähnliches Bild. Vielmehr wurden die Kreditrichtlinien für Wohnungsbaukredite an private Haushalte seit 2009 tendenziell eher verschärft als gelockert (Deutsche Bundesbank 2015c: 34 f.).

Tabelle 2

Auswirkungen auf das aggregierte Ergebnis vor Steuern in Prozent der Bilanzsumme

Szenario	Planszenario	Niedrigzins-umfeld	Positiver Zinsschock	Negativer Zinsschock (statisch)	Negativer Zinsschock (dynamisch)
Bilanzstruktur	Dynamisch	Statisch (per 31.12.2014)			Dynamisch
Zinsstruktur	Instituts-annahmen	konstant per 31.12.2014	+200bp per 31.12.2014	-100bp per 31.12.2014	-100bp per 31.12.2014
Relative Änderung 2019 gegenüber 2014	-25 Prozent	-50 Prozent	-10 Prozent	-75 Prozent	-60 Prozent

Das Planszenario spiegelt die internen Zinserwartungen für alle Laufzeitpunkte der Zinsstrukturkurve der Kreditinstitute wider, während in Bezug auf die Zinsschockszenarien eine Parallelverschiebung der Zinsstrukturkurve angenommen wurde.
Quelle: Eigene Darstellung in Anlehnung an Deutsche Bundesbank und BaFin (2015).

Gemäß den angeführten Untersuchungen kam es also infolge der Niedrigzinsphase bislang zu keiner Erhöhung des Ausfallrisikos. Allerdings plant laut einer Umfrage der Deutschen Bundesbank rund ein Viertel aller Sparkassen und Genossenschaftsbanken ihre Kreditvergabestandards anzupassen, falls das Niedrigzinsumfeld weiter anhalten sollte (Deutsche Bundesbank 2015c: 35).

3.3 Ergebnisaussichten und Widerstandsfähigkeit kleiner und mittelgroßer Institute

Die anhaltende Niedrigzinsphase belastet insbesondere kleine und mittelgroße Banken, die einen hohen Anteil ihrer Ergebnisse durch den Zinsüberschuss generieren. Um die Ergebnisaussichten und die Widerstandsfähigkeit dieser Institute im aktuellen Niedrigzinsumfeld einzuschätzen, haben die Deutsche Bundesbank und die Bundesanstalt für Finanzdienstleistungsaufsicht (BaFin) eine Umfrage unter rund 1500 kleinen und mittelgroßen Banken (Less Significant Institutions, LSI) durchgeführt, bei der eine Einschätzung über die Ertragsentwicklung von 2014 bis 2019 in fünf Zinsszenarien getroffen wurde.[5] Wie in Tabelle 2 ersichtlich, wird demnach in allen Szenarien im Aggregat ein Rückgang der Profitabilität erwartet.

Negativ wirkt sich dabei vor allem das rückläufige Ergebnis aus dem passivischen Konditionsbeitrag aus, der im Planszenario (im Verhältnis zur Bilanzsumme) bis 2019 um über 40 Prozent sinkt, da die Einlagenzinsen bereits auf einem Tiefstand sind. Es wäre zwar auch ein negativer Zinssatz für Einlagen denkbar, der bereits von manchen Instituten im Bereich der Firmenkunden und für vermögende Privatkunden umgesetzt wird. Jedoch stellt sich hier die Frage, ob dies auch für das breite Einlagengeschäft realisiert werden kann, da der Wettbewerb im deutschen Bankensystem sehr groß ist. Stabilisierend auf den Zinsüberschuss wirkt der aktive Konditionsbeitrag, der im selben Szenario um zehn Prozent steigt. Ob eine Erhöhung der Kreditzinsen zur Ergebnissteigerung umgesetzt werden kann, ist jedoch fraglich. So ist alternativ denkbar, dass Banken ihre Kreditvolumina erhöhen, um den Negativzinsen für Einlagen bei der Europäischen

5 Als LSI werden die Institute bezeichnet, die von nationalen Behörden beaufsichtigt werden. Abgegrenzt werden sie nach fünf Kriterien, unter anderem einem Bilanzsummenkriterium von unter 30 Milliarden Euro (Amtsblatt der Europäischen Union 2013: 75 f.).

Zentralbank zu entgehen und aufgrund des starken Wettbewerbs dabei ihre Kreditkonditionen nach unten anpassen (Deutsche Bundesbank und BaFin 2015: 4).

Die verminderte Profitabilität wirkt sich zunächst nicht direkt auf die Widerstandsfähigkeit der Banken aus, allerdings wird deren Möglichkeit begrenzt, intern Eigenkapital durch thesaurierte Gewinne zu generieren. Insbesondere für Sparkassen und Genossenschaftsbanken ist dies von Bedeutung, da der Eigenkapitalaufbau bei diesen Instituten fast ausschließlich durch Gewinnthesaurierung erfolgt (Deutsche Bundesbank 2015a: 55). Auch vor dem Hintergrund der Ertragsstabilisierung durch eine gesteigerte Kreditvergabe spielt der Eigenkapitalaufbau eine Rolle, da zusätzliche Kredite durch regulatorisches Eigenkapital unterlegt werden müssen. Die Umfrage verdeutlicht jedoch auch, dass kleine und mittelgroße Banken über einen ausreichenden Kapitalpuffer und stille Reserven verfügen, um Verluste aus dem Niedrigzinsumfeld im Prognosezeitraum verkraften zu können (Deutsche Bundesbank und BaFin 2015: 5).

Die Ergebnisse der Umfrage stützen somit die naheliegende empirische Erkenntnis, dass Banken, die Reserven bilden, weniger anfällig für finanzielle Notlagen und krisenfester aufgestellt sind (Bornemann et al. 2014). Diese Erkenntnisse sind auch in einer aktuellen Debatte bei einer Sparkasse in einer deutschen Großstadt relevant, bei der die Reservenbildung durch die Dotierung offener Vorsorgereserven durch den Vorstand, gegen den Willen von Teilen des Verwaltungsrates, in Frage steht (Mussler 2015). Nichtsdestotrotz wird die Widerstandsfähigkeit der Institute auf Dauer beeinträchtigt und die Anfälligkeit gegenüber makroökonomischen Schocks steigt, falls sie über einen längeren Zeitraum kein ausreichendes Eigenkapital aufbauen können. Darüber hinaus ist denkbar, dass Banken, wie in der Vergangenheit bereits geschehen, stille Reserven auflösen, um ihre Erträge zu glätten (Bornemann et al. 2012). Die Widerstandsfähigkeit wird dabei jedoch nur beeinträchtigt, wenn auch eine entsprechende Gewinnausschüttung erfolgt.

Neben der oben angeführten Umfrage zum Niedrigzinsumfeld unter kleinen und mittelgroßen Banken hat die Deutsche Bundesbank Mitte 2014 bei diesen Instituten einen Makrostresstest über einen Zeithorizont von zehn Jahren durchgeführt, um die Folgen von vier unterschiedlichen Zinsszenarien auf die Ertragsaussichten der Banken in der langen Frist einzuschätzen. Im Basisszenario wird eine marktbasierte Prognose der Zinsentwicklung unterstellt, bei der die kurz- und langfristigen Zinsen ansteigen und sich langsam annähern. In Szenario 1 wird von einer unveränderten Zinsstrukturkurve ausgegangen, wohingegen diese in Szenario 2 als vollkommen flach angenommen wird. In Szenario 3 kommt es zu einer Drehung der Zinsstrukturkurve und die kurzfristigen Zinsen steigen abrupt um 3,5 Prozentpunkte, die langfristigen erhöhen sich im Anschluss nur langsam. Die Auswirkungen auf die Zinsspanne werden in Abbildung 7 illustriert.

Offenbar hat das Szenario eines abrupten Anstiegs der Zinsen die deutlichsten Auswirkungen auf die Ertragslage der betrachteten Institute. In diesem Szenario fallen im Prognosezeitraum maximal neun Prozent der betrachteten Banken aus, wobei es sich hierbei überproportional häufig um Institute aus dem privatwirtschaftlichen Sektor handelt (Deutsche Bundesbank 2014b: 48 ff.).

Insgesamt lässt sich demnach festhalten, dass kleine und mittelgroße Banken zunehmend durch das Niedrigzinsumfeld belastet werden. Zwar sind bisher keine Anzeichen für eine erhöhte Risikoübernahme in der Kreditvergabe ersichtlich, jedoch wurden durch die Erhöhung der Fristen-

Abbildung 7

Median der Zinsspanne kleiner und mittlerer deutscher Banken
In Prozent

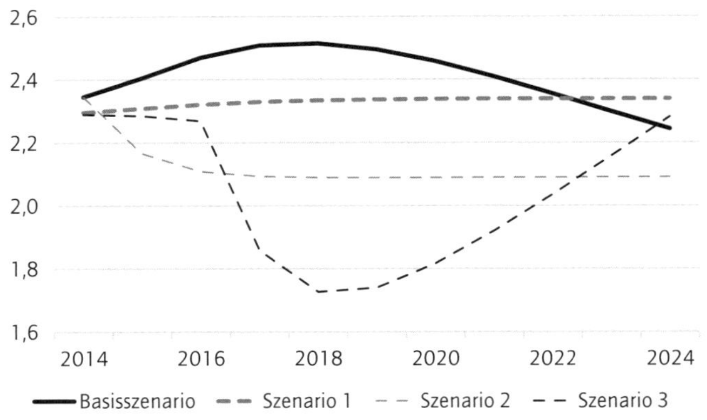

Quelle: Eigene Darstellung in Anlehnung an Deutsche Bundesbank 2014b, S. 49.

transformation die am Baseler Zinsrisikokoeffizienten gemessenen ZÄR erhöht. Hierdurch sind die Institute verwundbarer gegenüber einem Zinsschock.

4 Handlungsoptionen

Im anhaltenden Niedrigzinsumfeld sind sowohl Kreditinstitute als auch Aufsichtsbehörden gefordert, aktiv nach Handlungsoptionen zu suchen. Andreas Dombret, Vorstand der Deutschen Bundesbank und zuständig für die Bankenaufsicht, fordert die Banken zum Gegensteuern auf: „*Ein Aussitzen der derzeitigen Lage* [wäre] *für die befragten Kreditinstitute verantwortungslos, für manche davon ja sogar gefährlich*" (Deutsche Bundesbank 2015d).

4.1 Handlungsoptionen aus der Sicht der Kreditinstitute

Aufgrund der geminderten Zinsmarge verliert der Zinsüberschuss als Ertragsquelle für Kreditinstitute an Bedeutung. Erträge müssen zukünftig aufgrund der aktuellen und vielleicht noch länger andauernden Niedrigzinssituation vermehrt unabhängig vom Zinsniveau erwirtschaftet werden. Da sich die (risikobehaftete) Strukturmarge, wie bereits beschrieben, bestenfalls stabilisieren lassen würde, werden in diesem Abschnitt die Frage der möglichen Reduktion der Zinsabhängigkeit des Geschäfts im Allgemeinen und andere Wege zur Verbesserung der Ertragslage behandelt.

Eine Möglichkeit ist der Ausbau des bereits in Abschnitt 2 beschriebenen risikoärmeren Provisionsgeschäfts, das in den letzten Jahren durchschnittlich zu circa 21 Prozent zu den operativen Erträgen beitrug. Wenngleich die Zinserträge derzeit noch stabil sind, liegt der Anteil des

Provisionsüberschusses mit 24,6 Prozent aktuell bereits über dem langfristigen Durchschnitt (Deutsche Bundesbank 2015b: 53 f.). Das Provisionsgeschäft gewinnt vor allem für Sparkassen und Genossenschaftsbanken an Bedeutung. In den vier Feldern Wertpapiere, Versicherungen, Zahlungsverkehr und Kartengeschäft lassen sich hierbei Zusatzerträge generieren (Mihm 2014). Die Attraktivität von Versicherungen ist im Zuge des Niedrigzinses und des gesunkenen Garantiezinses zurückgegangen; Investitionen in Wertpapiere steigen. Auf lange Sicht müssen sich Firmen- und Privatkunden auf steigende Gebühren für Bankdienstleistungen einstellen, wobei das Ertragspotenzial der Kreditinstitute bedingt durch den Wettbewerb in der Finanzbranche jedoch begrenzt ist. Erhöhte Gebühren für Kreditkarten, höhere Zinsen für Dispositionskredite oder kostenpflichtige Girokonten sind langfristig nur durchsetzbar, wenn die Gebührenerhöhung in der Finanzbranche geschlossen durchgeführt wird. Durch den demografischen Wandel sinkt die zahlungsbereite Bevölkerung und online-affine Kunden wechseln zu oftmals preisgünstigeren Direktbanken.

Neben dem Ausbau des Provisionsgeschäfts zur Stabilisierung der Ertragsseite suchen Kreditinstitute in ihren Organisationsstrukturen und Prozessen nach Kostensenkungspotenzialen. Die Anzahl an Filialen und Zweigstellen ist in den letzten Jahren gewiss nicht allein als Reaktion auf das niedrige Zinsniveau zurückgegangen. Auch die rückläufige Kundennachfrage, der demografische Wandel und das veränderte Kundenverhalten im Zuge der Digitalisierung sind Gründe für den Filialrückgang (Dapp 2014). Betroffen ist das dichte Netz der regional fokussierten Sparkassen und Genossenschaftsbanken, aber auch bei den Kreditbanken ist eine Ausdünnung zu beobachten. Seit Senkung des Leitzinses im Jahr 2009 sind absolut betrachtet insgesamt 2 149 Bankstellen in Deutschland geschlossen worden. Das Netz der Sparkassen ist am stärksten betroffen. Sie verzichteten im Zeitraum von 2009 bis 2014 auf ungefähr sieben Prozent ihrer Filialen. Die genossenschaftlichen Institute bauten bislang 1,4 Prozent ab (Deutsche Bundesbank 2014a; Deutsche Bundesbank 2009). Verbunden mit dem Schließen zahlreicher Filialen ist der Personalabbau. Stellen werden gestrichen oder in Servicegesellschaften ausgelagert. Die beiden größten deutschen Institute kündigten derartige Maßnahmen an. Die Commerzbank streicht deutschlandweit 3 900 Stellen (Hübner 2014). Die Deutsche Bank baut 3 200 Stellen im Privat- und Firmenkundengeschäft ab und bündelt zusätzlich Stellen in einer Dienstleistungsgesellschaft (o. V. 2015).

Grundsätzlich kann es mit länger andauerndem Niedrigzinsumfeld zu Anpassungen in der Struktur des Finanzsektors kommen. Über Fusionen können Kosten reduziert und Institute wettbewerbsfähiger gemacht werden. Nach Ansicht der Aufsichtsbehörden wird die Vielfalt im Bankensektor erhalten bleiben, aber die Anzahl an Instituten, vor allem an globalen Instituten, zurückgehen. Generell werden eher strategisch begründete Zusammenschlüsse von Instituten mit ähnlichem Geschäftsmodell zu beobachten sein, wie die geplante Fusion der WGZ Bank und der DZ Bank. Von der Aufsicht soll ein effizienzfördernder Wettbewerb im Bankensektor forciert werden, der auch zu Marktaustritten von ertragsschwachen Instituten mit Solvenzproblemen führen kann (Deutsche Bundesbank 2015a: 58, Hübner und Jones 2014).

Vor diesem Hintergrund müssen die Geschäftsmodelle der Banken neu ausgerichtet werden. Noch profitieren Institute von den langfristig vergebenen Krediten zu hohen Zinsen, jedoch werden die Auswirkungen der fehlenden Zinsmarge mit der Zeit stärker spürbar. Im Jahr 2014 betrug die Brutto-Zinsmarge über alle Kreditsegmente im Bestandsgeschäft 3,2 Prozent. Die des Neugeschäfts lag mit zwei Prozent deutlich darunter (Deutsche Bundesbank 2015b: 49). Es ist zu erwarten, dass sich die Zinsmarge des Bestandsgeschäfts mit länger anhaltendem Niedrigzinsumfeld an die des Neugeschäfts annähert. Das in großen Teilen auf Fristentransformation basierende Geschäftsmodell der Sparkassen und Genossenschaftsbanken ist am stärksten von den niedrigen Zinsen betroffen. Die Sparkassen versorgen gemäß ihres öffentlichen Auftrags die Bevölkerung mit geld- und kreditwirtschaftlichen Leistungen. Die Genossenschaftsbanken haben einen Auftrag zur Förderung ihrer Mitglieder. Eine Umstrukturierung dieser Geschäftsmodelle auf Verbandsebene ist im Vergleich zu Großbanken daher nur begrenzt möglich. Sie werden weiterhin in großem Maße von ihrem Kerngeschäft, dem Einlagen- und Kreditgeschäft, abhängig sein. Einzelne Institute haben dennoch die Möglichkeit, den Fokus auf bestimmte Geschäftsfelder zu richten. Denkbar wäre beispielsweise die Investition in Geldmarkttitel und liquide Wertpapiere im Sinne eines Geldmarktfonds anstelle des traditionellen Kreditgeschäfts – mit den aus der Finanzkrise bekannten Risiken des „Kreditersatzgeschäfts".

4.2 Handlungsoptionen aus der Sicht der Regulatoren

Die Regulierungs- und Aufsichtsbehörden sind gefordert, auch bei andauerndem Niedrigzins die Überlebensfähigkeit der Kreditinstitute sicherzustellen. Die Aufsicht wird besonders risikoanfällige Kreditinstitute einem intensiven Monitoring unterziehen. Falls notwendig, werden gesonderte Risikoanalysen durchgeführt und in Einzelfällen zusätzliche aufsichtliche Maßnahmen ergriffen, wie die Festlegung von Kapitalaufschlägen, Verbote von Ausschüttungen oder Boni.

Mit den im April 2016 erschienenen neuen Standards „Interest Rate Risk in the Banking Book" des Baseler Ausschusses (2016) wird für die Behandlung von ZÄR nun nach ungefähr zehn Jahren ein überarbeiteter Regulierungsansatz vorgeschrieben. Die Regelungen sind spätestens 2018 von allen großen, international tätigen Banken anzuwenden. Es bleibt den nationalen Aufsichtsbehörden überlassen, die Standards gleichermaßen für kleinere Institute vorzuschreiben.

Maßgeblich für das Risikomanagement des Anlagebuchs sind bislang die im Jahre 2004 vom Baseler Ausschuss und von der Europäischen Bankenaufsicht erlassenen Anforderungen „Principles for the Management and Supervision of Interest Rate Risk". Auch nach den neuen Standards ist das ZÄR im Anlagebuch im Rahmen des Überwachungsprozesses Säule 2 zugeordnet. Demnach müssen Banken ein durch die Aufsicht genehmigtes, internes Risikomesssystem etablieren, um ZÄR adäquat identifizieren, messen, überwachen und steuern zu können. In Säule 2 werden keine expliziten Vorgaben hinsichtlich der Quantifizierung des ZÄR gemacht, sondern lediglich grundlegende Konzepte beschrieben, nach denen die Adäquanz der internen Modelle im Überprüfungsprozess beurteilt werden kann. Zur Identifikation von Instituten mit vergleichsweise hohen ZÄR im Anlagebuch, nutzt die Aufsicht, wie bereits in Abschnitt 3 beschrieben, die Methode des Baseler Zinsrisikokoeffizienten (BCBS 2004).

Im vorangegangenen Konsultationspapier „Interest Rate Risk in the Banking Book" des Baseler Ausschusses (2015) wurde eine zusätzliche Erfassung des ZÄR im Anlagebuch in Säule 1 und somit eine obligatorische Unterlegung mit Eigenkapital vorgeschlagen. Es werden nun aber weiterhin lediglich die ZÄR im Handelsbuch als Marktpreisrisiken in die Berechnung regulatorischer Mindestkapitalanforderungen entsprechend der ersten Säule des Baseler Rahmenwerks einbezogen. Durch die einseitige Unterlegungspflicht besteht je nach Zuordnung einzelner Zinspositionen die Möglichkeit zur Einflussnahme auf das erforderliche Eigenkapital. Der Vorschlag des Konsultationspapiers wäre in Anbetracht der aus sachlicher Perspektive fehlenden Begründung für eine Zuordnung zu Säule 2 zu begrüßen gewesen (Pfingsten et al. 2005: 491 f.). Die

Möglichkeit zu Regulierungsarbitrage durch Zuordnung von Finanzinstrumenten zum Handels- beziehungsweise Anlagebuch hätte so beseitigt werden können.

Die wesentlichen Neuerungen des beschlossenen erweiterten Säule-2-Ansatzes (sogenannter „harter Säule-2-Ansatz“) bestehen in genaueren Vorgaben zum Management von ZÄR im Anlagebuch, zu den Offenlegungspflichten und zum aufsichtlichen Überwachungsprozess. Die Ermittlung des ZÄR im Anlagebuch hat wie bisher auf Basis eines internen Modells zu erfolgen. Statt des bisher geforderten Standardzinsschocks in Höhe von 200 Basispunkten werden jetzt die Auswirkungen sechs verschiedener Zinsszenarien auf die Cashflows analysiert. Jedes Szenario muss mit speziell von der Aufsicht vorgegebenen Parametern kalibriert werden. Dies stellt für die Institute einen größeren Aufwand dar. Eine weitere Neuerung ist die vorgeschriebene Berechnung und Offenlegung des ZÄR für die verschiedenen Zinsszenarien nicht allein mittels einer ökonomischen Risikokennzahl (Economic Value of Equity, EVE), sondern der kombinierten Anwendung mit einer periodischen Kennzahl (Net Interest Income, NII). NII untersucht die Auswirkungen auf das periodische Zinsergebnis, wobei die Betrachtung lediglich statisch erfolgt. Die Risikogröße wird daher mit einem Basisrisikoaufschlag adjustiert. Der bislang vorgeschriebene EVE nutzt zur Risikomessung eine Barwertbetrachtung des Zinsbuches mit den aktuellen Zinskurven. Durch diese Vorgehensweise werden Bewertungseffekte eines Finanzinstruments auf das periodische Ergebnis vernachlässigt. Um die Vorteile beider Methoden zu nutzen, werden sie parallel angewendet. Ziel ist es, trotz institutsspezifischer Modelle eine konsistente Basis zu schaffen und somit eine bessere Vergleichbarkeit herzustellen (BCBS 2016).

Alternativ zu der Verwendung interner Modelle gibt der Baseler Ausschuss ein Standardverfahren zur Quantifizierung von ZÄR im Anlagebuch vor, das von nationalen Aufsichtsbehörden für einzelne Institute vorgeschrieben werden kann. Insgesamt steht fest, dass die Institute mit Umsetzung der neuen Standards mit deutlich höheren Anforderungen hinsichtlich der internen Risikomessung und -steuerung des ZÄR im Anlagebuch rechnen müssen, diese jedoch geringer sind als nach dem Konsultationspapier zu erwarten gewesen wäre.

Momentan zeigen sich das Zinsergebnis und das operative Ergebnis stabil, jedoch ist abzusehen, dass das niedrige Zinsniveau das Ergebnis mit der Zeit stärker beeinflussen wird. Im ohnehin problematischen Niedrigzinsumfeld drohen den Kreditinstituten durch die stärkere Regulierung weitere Kosten und mit der eingeschränkten Fristentransformation einhergehende weitere Ertragsminderungen. Die Aufgabe der Regulierungs- und Aufsichtsbehörden ist es, die Institute auf ihrem Weg durch das Niedrigzinsumfeld zu begleiten. Die Eigenkapitalausstattung kleiner und mittelgroßer Institute wird angesichts der drohenden Verluste aus der Niedrigzinsphase als ausreichend beurteilt. Demnach ist darauf zu achten, dass die zusätzlichen regulatorischen Anforderungen als Reaktion auf die Niedrigzinsphase zur Stärkung der Widerstandsfähigkeit der Institute beitragen und keine übermäßige Belastung darstellen. Eine erste Maßnahme ist mit dem schnellen Beschluss der neuen Baseler Standards auf den Weg gebracht.

5 Fazit und Ausblick

In diesem Beitrag wurde untersucht, welche Auswirkungen die anhaltende Niedrigzinsphase vor dem Hintergrund von ZÄR, vor allem im Anlagebuch, auf die Ertragslage und Bestandsfestigkeit deutscher Kreditinstitute tatsächlich hat. Diese Fragestellung erwies sich insbesondere für den

Sparkassen- und den Genossenschaftssektor als bedeutend, für die das Zinsgeschäft die zentrale Ertragsquelle darstellt. Dabei hat vor allem auch die Strukturmarge aus dem Kredit- und Einlagengeschäft einen hohen Stellenwert.

Es zeigte sich, dass trotz der seit 2009 anhaltend niedrigen Zinsen die Ertragslage deutscher Banken bislang insgesamt robust blieb. Es ist jedoch abzusehen, dass die Zinsspanne zukünftig noch stärker unter Druck geraten wird. Derzeit profitieren Banken noch von den höheren Margen der langfristigen Kredite aus dem Bestandsgeschäft, welche jedoch sukzessive auslaufen und mit der Zeit durch das geringer verzinste Neugeschäft ersetzt werden. Um stabile Zinsmargen zu erzielen, haben Kreditinstitute deswegen zuletzt bereits verstärkt Fristentransformation betrieben und damit höhere ZÄR in Kauf genommen.

Vor allem bei Sparkassen und Genossenschaftsbanken ist der Baseler Zinsrisikokoeffizient, durch den sich ZÄR, vor allem im Anlagebuch, quantifizieren lassen, in den letzten Jahren deutlich (um drei Prozentpunkte) angestiegen. Für Kreditbanken hingegen hat sich der Zinsrisikokoeffizient trotz des niedrigen Zinsniveaus kaum geändert. Dies vermag insbesondere in der intensiven Nutzung von derivativen Instrumenten zur Absicherung von ZÄR durch letztgenannte Banken begründet liegen.

Die Handlungsoptionen für Kreditinstitute sind indes begrenzt. Zwar ließe sich der operative Ertrag in Teilen durch eine Erhöhung des Provisionsüberschusses aufbessern, doch sind steigende Gebühren in dem aktuellen Wettbewerbsumfeld der Finanzdienstleistungsbranche und aufgrund einer geringen Zahlungsbereitschaft der Bankkunden nur in Maßen durchsetzbar. Ein zukünftig vermehrter Wechsel von online-affinen Kunden zu preisgünstigeren Direktbanken oder zu den immer stärker in den Markt dringenden FinTechs könnte eine mögliche Konsequenz sein.

Wenngleich gezeigt wurde, dass es bei der Ausweitung des Kreditvolumens bisher noch zu keiner Herabsenkung der Kreditvergabestandards gekommen ist, kann sich dieser Bereich in Zukunft dennoch kritisch in Bezug auf die Risikotragfähigkeiten von Banken entwickeln. Denn hält die Niedrigzinsphase weiter an, besteht für Banken der Anreiz, Kredite an Kunden mit geringerer Bonität zu vergeben und damit ein höheres Ausfallrisiko einzugehen. Folglich zeichnet sich auch vor diesem Hintergrund ein deutlicher Handlungsbedarf ab.

Insgesamt hat besonders die Regulierung von ZÄR im Anlagebuch stark an Bedeutung gewonnen. Bisher ist keine Eigenmittelunterlegung im Rahmen der Säule 1 der Baseler Regelungen vorgesehen. Dies wird sich auch mit den jüngst im April 2016 eingeführten Standards des Baseler Ausschusses nicht ändern. Vielmehr wurde der Säule-2-Ansatz verschärft, der ab 2018 zumindest durch große, international tätige Banken verbindlich anzuwenden ist. Obwohl die im vorangegangenen Konsultationspapier diskutierte Säule-1-Regulierung von ZÄR im Anlagebuch potenziell mit hohen Kosten für Kreditinstitute verbunden ist, kann, wie der Makrostresstest gezeigt hat, eine obligatorische Unterlegung mit Eigenkapital für die Bestandsfestigkeit einiger Banken wesentlich sein. Ein Szenario vergleichbar mit dem der US-amerikanischen Savings-and-Loan-Krise der 1980er Jahre ist im Rahmen der Niedrigzinsphase sonst durchaus nicht ausgeschlossen.

Literaturverzeichnis

- Amtsblatt der Europäischen Union (2013): Verordnung (EU) Nr. 1024/2013 des Rates vom 15. Oktober 2013 zur Übertragung besonderer Aufgaben im Zusammenhang mit der Aufsicht über Kreditinstitute auf die Europäische Zentralbank.
- Baseler Ausschuss für Bankenaufsicht (BCBS) (2004): Principles for the management and supervision of interest rate risk. Bank für Internationalen Zahlungsausgleich, Download unter: www.bis.org/publ/bcbs108.pdf (Stand: 29.04.2016).
- Baseler Ausschuss für Bankenaufsicht (BCBS) (2014): Basel III: the Net Stable Funding Ratio. Bank für Internationalen Zahlungsausgleich, Download unter: www.bis.org/bcbs/publ/d295.pdf (Stand: 08.02.2016).
- Baseler Ausschuss für Bankenaufsicht (BCBS) (2015): Interest rate risk in the banking book – consultative document. Bank für Internationalen Zahlungsausgleich, Download unter: www.bis.org/bcbs/publ/d319.pdf (Stand: 08.02.2016).
- Baseler Ausschuss für Bankenaufsicht (BCBS) (2016): Interest rate risk in the banking book. Bank für Internationalen Zahlungsausgleich, Download unter: www.bis.org/bcbs/publ/d368.pdf (Stand: 26.04.2016).
- Bornemann, Sven, Susanne Homölle, Carsten Hubensack, Thomas Kick und Andreas Pfingsten (2014): Visible Reserves in Banks – Determinants of Initial Creation, Usage and Contribution to Bank Stability. In: Journal of Business Finance & Accounting, 41 (5-6), 507–544.
- Bornemann, Sven, Thomas Kick, Christoph Memmel und Andreas Pfingsten (2012): Are Banks Using Hidden Reserves to Beat Earnings Benchmarks? Evidence from Germany. Journal of Banking & Finance, 36 (8), 2403–2415.
- Branger, Nicole und Christian Schlag (2004): Zinsderivate – Modelle und Bewertung. Berlin u. a. O., Springer.
- Busch, Ramona und Christoph Memmel (2014): Quantifying the components of the banks' net interest margin. Deutsche Bundesbank Discussion Paper No 15/2014.
- Dapp, Thomas-Frank (2014): Der digitale Strukturwandel im Finanzsektor. Deutsche Bank Research, 20. November 2014.
- Deutsche Bundesbank (2009): Bankstellenbericht 2009. Frankfurt am Main.
- Deutsche Bundesbank (2012): Die Rolle des „Baseler Zinsschocks" bei der bankaufsichtlichen Beurteilung von Zinsänderungsrisiken im Anlagebuch. Monatsbericht Juni 2012, 55–65.
- Deutsche Bundesbank (2014a): Bankstellenbericht 2014. Frankfurt am Main.
- Deutsche Bundesbank (2014b): Finanzstabilitätsbericht 2014. Frankfurt am Main.
- Deutsche Bundesbank (2015a): Strukturelle Entwicklungen im deutschen Bankensektor. Monatsbericht April 2015, 33–59.
- Deutsche Bundesbank (2015b): Die Ertragslage der deutschen Kreditinstitute im Jahr 2014. Monatsbericht September 2015, 43–77.
- Deutsche Bundesbank (2015c): Finanzstabilitätsbericht 2015. Frankfurt am Main.
- Deutsche Bundesbank (2015d): Ergebnisse der Umfrage zur Ertragslage und Widerstandsfähigkeit deutscher Kreditinstitute im Niedrigzinsumfeld, Pressenotiz. Download unter: www.bundesbank.de/Redaktion/DE/Pressemitteilungen/BBK/2015/2015_09_18_bafin_bbk.html (Stand: 30.5.2016).
- Deutsche Bundesbank und BaFin (2015): Ertragslage und Widerstandsfähigkeit deutscher Kreditinstitute im Niedrigzinsumfeld, Download unter: www.bundesbank.de/Redaktion/DE/Pressemitteilungen/BBK/2015/2015_09_18_bafin_bbk.html (Stand: 9.2.2016).

— Hartmann-Wendels, Thomas, Andreas Pfingsten und Martin Weber (2015): Bankbetriebslehre. 6. Aufl. Berlin u. a. O., Springer.
— Hellwig, Martin (1994): Liquidity Provision, Banking, and the Allocation of Interest Rate Risk. European Economic Review, 38 (7), 1363–1389.
— Hübner, Alexander (2014): Commerzbank streicht bis 2016 mehr als 5000 Stellen. Download unter: http://de.reuters.com/article/deutschland-commerzbank-idDEBEE95I04B20130619 (Stand: 16.2.2016).
— Hübner, Alexander und Kathrin Jones (2014): Deutschlands Banken erwarten lange Durststrecke. Download unter: http://de.reuters.com/article/europa-banken-konsolidierung-idDEKCN0J11OW20141117 (Stand: 5.3.2016).
— Kaufman, George (2004): What Have We Learned from The Thrift and Banking Crisis of the 1980s? In: James R. Barth, Susanne Trimbath und Glenn Yago (Hrsg.): The Savings and Loan Crisis: Lessons from a Regulatory Failure. Milken Institute, Santa Monica, CA, 1–14.
— Levey, Ken (2008): Beyond Funds Transfer Pricing to Actionable Decision-Making. Journal of Performance Management, 21, 10–20.
— Memmel, Christoph (2011): Banks' exposure to interest rate risk, their earnings from term transformation, and the dynamics of the term structure. Journal of Banking & Finance, 35 (2), 282–289.
— Mihm, Oliver (2014): Zinstief verlangt von Banken neue Ideen im Privatkundengeschäft. Download unter: www.boersen-zeitung.de/index.php?li=1&artid=2014008007 (Stand: 19.2.2016).
— Mussler, Hanno (2015): Die Sparkassen als Spielball der Politik. Frankfurter Allgemeine Zeitung. Download unter: www.faz.net/aktuell/finanzen/sparkassen-check/sparkassen-check-die-sparkassen-als-spielball-der-politik-13902948.html (Stand: 22.2.2016).
— o. V. (2015): Deutsche Bank, Institut streicht jeden vierten Job in Privatkundensparte. Download unter: www.wiwo.de/unternehmen/banken/deutsche-bank-institut-streicht-jeden-vierten-job-in-privatkundensparte/12635918.html (Stand: 18.2.2016).
— Pfingsten, Andreas, Rolf Böve und Dennis Herberg (2005): Die Behandlung der Zinsänderungsrisiken des Anlagebuchs in Basel II. Die Unternehmung, 59 (6), 489–502.
— Schierenbeck, Henner, Michael Lister und Stefan Kirmße (2014): Ertragsorientiertes Bankmanagement – Band 1: Messung von Rentabilität und Risiko im Bankgeschäft. 9. Aufl. Wiesbaden, Springer.
— Schnabel, Isabel (2014): Das europäische Bankensystem: Bestandsaufnahme und Herausforderungen. Wirtschaftsdienst, 94 (13), 6–10.
— White, Lawrence J. (2004): The Savings and Loans Debacle: A Perspective from the Early Twenty-First Century. In: James R. Barth, Susanne Trimbath und Glenn Yago (Hrsg.): The Savings and Loan Crisis: Lessons from a Regulatory Failure. Milken Institute, Santa Monica, CA, 15–30.

Versicherungswirtschaft und Niedrigzinsumfeld: Risiken, Nebenwirkungen und Anpassungsstrategien

KLAUS WIENER UND ROLF KETZLER

Klaus Wiener, Gesamtverband der Deutschen Versicherungswirtschaft, E-Mail: k.wiener@gdv.de
Rolf Ketzler, Gesamtverband der Deutschen Versicherungswirtschaft, E-Mail: r.ketzler@gdv.de

Zusammenfassung: In Deutschland, aber auch im Euroraum hat die historisch beispiellose expansive Geldpolitik der Europäischen Zentralbank den rückläufigen Zinstrend beschleunigt und zu einem ausgeprägten Niedrigzinsumfeld geführt. Mittlerweile gehen von der Geldpolitik aber kaum noch realwirtschaftliche Impulse aus, während gleichzeitig die Risiken für das Finanzsystem und die Alterssicherung zunehmend sichtbarer werden. Auch im Euroraum kommt es deshalb darauf an, eine behutsame Normalisierung der Geldpolitik einzuleiten. Für die deutsche Versicherungswirtschaft – und hier insbesondere die Lebensversicherer – sind mit den niedrigen Zinsen vielfältige Herausforderungen verbunden. Dabei sind die Versicherer nicht nur direkt in ihrer Kapitalanlage betroffen; vielmehr hat auch die nachlassende Vorsorgebereitschaft der privaten Haushalte indirekt Auswirkungen. Insgesamt haben die Versicherer – flankiert durch Politik und Aufsichtsbehörden – bereits zahlreiche Maßnahmen zur Anpassung an das Niedrigzinsumfeld getroffen.

Summary: The historically unprecedented ultra-loose monetary policy stance of the European Central Bank has accelerated the downward trend in capital market rates, thereby resulting in a pronounced low-yield environment not only in Germany, but also in the euro area. However, while monetary policy has steadily become less effective in terms of stimulating the real economy, the resulting risks for the financial system and old-age provision are becoming increasingly more severe. For this reason, it is vital to initiate a gradual normalisation of monetary policy in the euro area now. German insurance companies, particularly life insurers, are facing numerous challenges due to the extreme yield environment with negative rates in most maturity buckets. The industry is not only directly affected in its investment strategy—there are also indirect effects caused by the declining willingness of private households to make financial old-age provisions. In order to adapt to the low interest rate environment, the insurance industry has already implemented various measures over and beyond the provisions policy-makers and supervisory authorities have put in place.

→ JEL Classification: G22, E21, E52.
→ Keywords: Life insurance, old-age provisions, monetary policy, low interest rate environment.

1 Einleitung

Die makroökonomischen Rahmenbedingungen für die Versicherungswirtschaft haben sich im Zuge der globalen Finanzkrise 2008/09 sowie der sich anschließenden Staatsschuldenkrise im Euroraum ab dem Jahr 2012 grundlegend verändert. Insbesondere die sehr expansive Geldpolitik der Europäischen Zentralbank (EZB) als Reaktion auf diese Krisen hat den rückläufigen langfristigen Zinstrend nochmals deutlich verschärft. Diese Geldpolitik hat vor allem in Deutschland zu einem extremen Niedrigzinsumfeld geführt. Mittlerweile stößt der geldpolitische Kurs der EZB aber deutlich an seine Grenzen. Gleichzeitig erwachsen aus der anhaltenden Niedrigzinsphase zunehmend Risiken für das Finanzsystem und die Alterssicherung. Die Risiken weiterer geldpolitischer Lockerungen dürfen daher nicht unterschätzt werden. Auch im Euroraum kommt es darauf an, eine behutsame Normalisierung der Geldpolitik einzuleiten.

Das Niedrigzinsumfeld bringt auch für die Versicherungswirtschaft vielfältige Herausforderungen mit sich. Auswirkungen ergeben sich für die Versicherer – und dabei insbesondere für die Lebensversicherer – zum einen indirekt über eine nachlassende Sparneigung auf die Nachfrage nach Vorsorgeprodukten. Zum anderen sind die Unternehmen direkt gefordert, für den Umgang mit dem Niedrigzinsumfeld neue Strategien zu entwickeln. Mit der Weiterentwicklung des Produktspektrums und neuen Ansätzen in der Kapitalanlagepolitik wurden dabei bereits wichtige Schritte unternommen. Zudem wurden Maßnahmen zur Stärkung der Risikotragfähigkeit getroffen.

Abbildung 1

Europäischer Anleihemarkt – Marktanteil von Anleihen mit negativer Rendite, in Billionen Euro

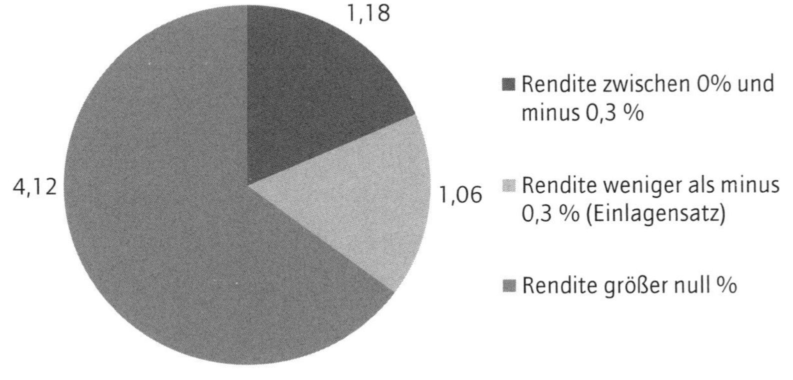

Stand 28.01.2016

2 Niedrigzinsumfeld durch expansive Geldpolitik künstlich verstärkt

Die Zinsen – nominal wie real – befinden sich derzeit auf einem äußerst niedrigen Niveau. Teilweise liegen die Kapitalmarktzinsen sogar im negativen Bereich. Insgesamt sind die Ursachen vielfältig. Einen wesentlichen Einfluss auf das extreme Niedrigzinsumfeld hat dabei die sehr expansive Geldpolitik der Zentralbanken – im Euroraum wie auch in anderen Industrieländern. Als Reaktion auf die globale Finanz- und Wirtschaftskrise in den Jahren 2008/09 und die sich anschließende Staatschuldenkrise ab dem Jahr 2012 im Euroraum sind die Zentralbanken weit über die konventionelle Geldpolitik – die Steuerung der kurzfristigen Zinsen – hinausgegangen. So hat etwa die EZB parallel zur Absenkung des Leitzinses bis zur Nullzinsgrenze zusätzlich umfangreiche „unkonventionelle" Maßnahmen ergriffen, mit dem Ziel die langfristigen Zinsen zu drücken. Dieses Krisenmanagement der EZB hat zweifellos einen wesentlichen Beitrag zur Bekämpfung der globalen Finanzkrise und zur Eindämmung der Staatsschuldenkrise im Euroraum beigetragen; unter anderem in Deutschland hat es jedoch auch zu einem ausgeprägten Niedrigzinsumfeld geführt.

Aufgrund der anhaltend niedrigen Inflation sah sich die EZB im weiteren Verlauf erneut dazu veranlasst, ihren geldpolitischen Kurs massiv weiter zu lockern. Mit der Einführung negativer Einlagenzinsen sowie eines umfassenden Wertpapierankaufprogramms (Quantitative Easing) Anfang des Jahres 2015 nach Vorbild der amerikanischen Fed hat sich das Niedrigzinsumfeld weiter verfestigt (Abbildung 2). Dies und eine sehr starke „Flucht in die Qualität" haben dazu beigetragen, dass Renditen von deutschen Staatsanleihen mit einer Restlaufzeit von bis zu neun Jahren zeitweise in den negativen Bereich fielen. Auch wenn die Schätzungen bezüglich der

Abbildung 2

Zinsstruktur am deutschen Rentenmarkt

Restlaufzeit in Jahren, in Prozent

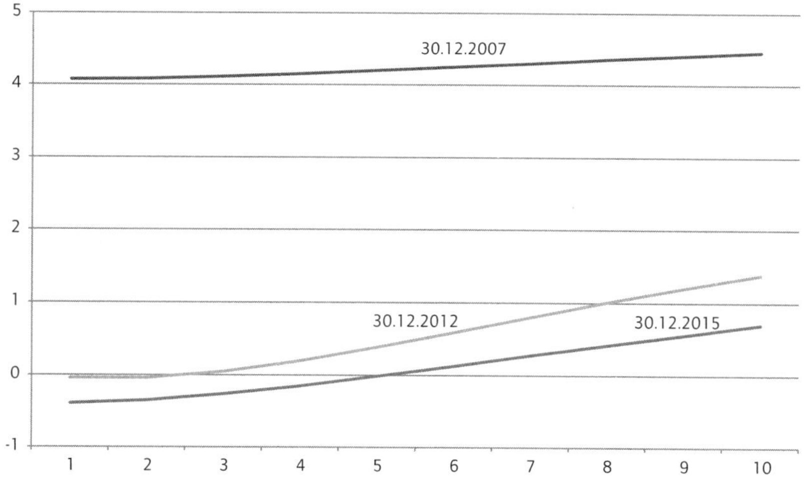

Quelle: Deutsche Bundesbank.

genauen Höhe variieren, kommen zahlreiche empirische Studien zu dem Schluss, dass ein statistisch signifikanter Einfluss des Anleihekaufprogramms auf die langfristigen Zinsen besteht. Die EZB selbst beziffert den Effekt für den Euroraum auf etwa 0,5 Prozentpunkte (European Central Bank 2015).[1]

Neben der lockeren Geldpolitik wird das allgemeine Zinsniveau in Deutschland zudem von den immer wieder aufkommenden Unsicherheiten über die globale Entwicklung gedämpft, die zu erheblichen Kapitalzuflüssen („Save haven flows") nach Deutschland führen. Der Rückgang der Zinsen ist zudem kein neues Phänomen. Vielmehr wiesen die langfristigen Zinsen aufgrund struktureller Veränderungen bereits zuvor einen rückläufigen Trend auf. Neben der „Great Moderation" sind hier die demografischen Umbrüche in vielen Ländern zu nennen. Auch der wirtschaftliche Aufstieg der Schwellenländer und damit verbunden eine erhöhte Ersparnisbildung ist dafür verantwortlich, da es dadurch zu höheren Kapitalmarktstandards und zu mehr Zuflüssen in die Industrieländer kam (International Monetary Fund 2014).

Aktuell spiegeln die niedrigen Zinsen aber auch das schwache makroökonomische Umfeld in den Industrieländern wider, für das unter anderem niedrige Investitionsquoten charakteristisch sind. Teilweise werden die niedrigen Zinsen ausschließlich mit der unzureichenden Kreditnachfrage für Investitionszwecke im Vergleich zu einem zu hohen Kapitalangebot aus Ersparnis in Verbindung gebracht. Die Vertreter dieser These einer „säkularen Stagnation" machen dafür eine insgesamt zu geringe gesamtwirtschaftliche Nachfrage verantwortlich, die zu einem Absinken des natürlichen Gleichgewichtszinses geführt hat (Summers 2014).[2] In welchem Ausmaß dieses Phänomen das aktuelle Niedrigzinsumfeld erklärt, ist derzeit offen. Die aktuell zurückhaltende Investitionsneigung dürfte dabei auch im Zusammenhang mit den Anpassungsprozessen nach der globalen Finanzkrise stehen und kein Ausdruck mangelnder Investitionsmöglichkeiten sein. Zu den notwendigen Maßnahmen zählt dabei vor allem die Rückführung der hohen Verschuldungsquoten auf ein nachhaltiges Niveau (Deleveraging), ein Prozess, der in vielen Ländern noch nicht abgeschlossen ist. Diese auch als „Bilanzrezession" bezeichnete Entwicklung ist typischerweise mit einem Rückgang der gesamtwirtschaftlichen Nachfrage verbunden. Umgekehrt führt eine Verbesserung der Angebotsbedingungen zu einer Steigerung der Wachstumsperspektiven und setzt damit zusätzliche Investitionsanreize. Der Reformprozess in Spanien, der eine Verbesserung der Wettbewerbsfähigkeit zum Ziel hatte, ist hierfür ein Beispiel (Deutsche Bundesbank 2016).[3] Die Entwicklung in Japan zeigt dagegen, dass eine Wirtschaftspolitik, die vor allem expansive fiskalpolitische Impulse sowie eine lockere Geldpolitik in den Vordergrund stellt, nicht zu einer Überwindung der Wachstumsschwäche führt (Schnabl 2013).

Aktuell ist davon auszugehen, dass vor allem die Geldpolitik mit ihren außergewöhnlich expansiven Maßnahmen einen großen Anteil an dem extrem ausgeprägten Niedrigzinsumfeld hat und die Zinsen damit auf einem künstlich niedrigen Niveau hält. Daher spricht vieles dafür, dass es sich bei den aktuell niedrigen Zinsen nicht um „natürliche" Gleichgewichtszinsen handelt (Bank für Internationalen Zahlungsausgleich 2015).

---

1 Dabei ist allerdings zu beachten, dass bei Ankündigung des Quantitative Easing-Programms Ende 2014 die Zinsen bereits auf einem sehr niedrigen Niveau lagen.

2 Die geringe gesamtwirtschaftliche Nachfrage kann bspw. eine Folge des langsameren technologischen Fortschritts sein.

3 Insgesamt liegt das Investitionsniveau in Spanien aufgrund der notwendigen Korrektur der Übertreibungen bei den Bauinvestitionen aber weiterhin unterhalb des Vorkrisenniveaus, so dass aus dem Anstieg der Unternehmensinvestitionen aktuell kaum Zinseffekte resultieren.

3 Auswirkungen des Niedrigzinsumfelds: Zunahme der Risiken für Finanzstabilität und Alterssicherung

Aufgrund der Marktverzerrungen durch die expansive Geldpolitik birgt das Niedrigzinsumfeld substantielle Risiken für die Stabilität des Finanzsystems und bedroht die Alterssicherung. Für die Volkswirtschaft ist der Zinssatz aufgrund seiner zentralen Allokationsfunktion grundsätzlich von großer Bedeutung. Diese Lenkungsfunktion wird aufgrund des massiven Einflusses der Geldpolitik auf die Zinsbildung am Kapitalmarkt zunehmend außer Kraft gesetzt, so dass es zu Verzerrungen in den Entscheidungen der Marktteilnehmer kommt. Dabei verstärken sich die negativen Effekte mit zunehmender Dauer des Niedrigzinsumfelds gegenseitig.

Die quantitative Geldmengenlockerung der EZB hat in den letzten Jahren zum Aufbau neuer Ungleichgewichte an den Finanz- und Immobilienmärkten beigetragen. Eine große Rolle spielt in diesem Zusammenhang der zum Teil von den Zentralbanken auch gewünschte Anstieg der Risikobereitschaft der globalen Finanzmarktakteure („Search for Yield“), die damit einen Boom an den Kapitalmärkten befeuerten.[4] Insgesamt war in den letzten Jahren ein starker Einfluss der geldpolitischen Entscheidungen auf die Entwicklung der Finanzmärkte festzustellen. Zwar wurde die Entwicklung an den Kapitalmärkten Anfang 2016 von anderen Faktoren wie etwa der Sorge um die weitere wirtschaftliche Entwicklung in China geprägt. Die mit der expansiven Geldpolitik verbundenen Risiken für die Finanzstabilität dürfen dennoch auch weiterhin nicht unterschätzt werden. Ein weiterer Unsicherheitsfaktor vor allem für das Kreditgewerbe ist die zunehmende Verbreitung negativer Zinsen.

Daneben hat das Niedrigzinsumfeld erhebliche Umverteilungseffekte zwischen Gläubigern und Schuldnern zur Folge. Auf der einen Seite stellen die niedrigen Zinsen für Schuldner eine finanzielle Entlastung dar. So hat der deutsche Staat durch die günstigere Refinanzierung in erheblichem Maße von der Niedrigzinspolitik profitiert. Gleichzeitig sinkt damit aber auch der Anreiz zur Konsolidierung der öffentlichen Haushalte. Gerade für einige Staaten des Euroraums mit ihren teilweise hohen Schuldenständen besteht deshalb die Gefahr, dass – gestützt durch die EZB-Geldpolitik – die notwendige Rückführung der Verschuldung auf ein auch bei „normalem“ Zinsniveau tragfähiges Niveau unterbleibt bzw. nicht konsequent verfolgt wird. Auch hier können erneut Marktverwerfungen die Folge sein.

Auf der anderen Seite hat das Niedrigzinsumfeld negative Auswirkungen auf die Ersparnisbildung der privaten Haushalte. Zwar wäre theoretisch zur Kompensation der entgangenen Zinserträge auch eine Ausweitung der Ersparnisbildung denkbar, tatsächlich haben die Sparanstrengungen in Deutschland aber in den letzten Jahren nachgelassen (Abbildung 3). Die durchschnittliche Sparquote für die Jahre 2010 bis 2015 betrug nur noch 9,5 Prozent. Noch in den 1990er Jahren lag die Sparquote mit durchschnittlich elf Prozent deutlich höher. Der zuletzt leichte Anstieg der Sparquote deutet dabei keine Trendumkehr an. Indiz hierfür ist bspw. das weiterhin niedrige Niveau des GfK-Sparklimas.[5] Vielmehr dürfte es sich hierbei um ein temporäres Phänomen handeln, das vor allem auf die Zunahme der real verfügbaren Einkommen durch den Verfall der Energiepreise und die sehr gute Lage auf dem Arbeitsmarkt zurückzuführen ist.

4 Für die deutsche Versicherungswirtschaft werden aktuell keine Tendenzen zu einer deutlich riskanteren Kapitalanlagestrategie festgestellt (siehe hierzu auch unten).

5 Anfang 2016 lag das durch die Gesellschaft für Konsumforschung erhobene Sparklima deutlich unter seinem langjährigen Durchschnitt.

Abbildung 3

Sparquote der privaten Haushalte in Deutschland
in Prozent

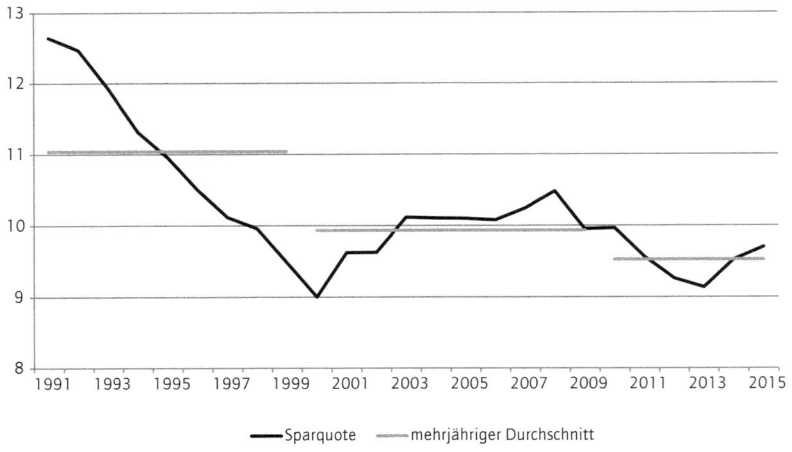

Quelle: Statistisches Bundesamt.

Analog zur Entwicklung in Japan, das sich bereits seit Jahren in einer ausgeprägten Niedrigzinsphase befindet, ist vielmehr damit zu rechnen, dass auch in Deutschland perspektivisch die Sparquote weiter sinkt.[6]

Angesichts der ungünstigen demografischen Perspektiven für Deutschland – an der nach Berechnungen des Statistischen Bundeamtes auch die aktuell hohe Zuwanderung wenig ändert – wird die nachlassende Sparneigung nicht ohne Folgen bleiben. Durch die Leistungseinschränkungen der gesetzlichen Rente kommt einer ausreichenden privaten sowie der betrieblichen Altersvorsorge eine immer größere Bedeutung zu (Handelsblatt Research Institute und Prognos 2014). Zusätzlich wirkt sich das Niedrigzinsumfeld auch auf die Struktur der Geldvermögensbildung der privaten Haushalte aus. Dabei geht die Umschichtung von Termineinlagen in kurzfristige, liquide Geldanlagen zulasten eines längerfristig angelegten Vermögensaufbaus. Diese Entwicklung dürfte unter anderem auch im Zusammenhang mit der gestiegenen Unsicherheit an den Finanzmärkten stehen.

Die Notwendigkeit zur Eigenvorsorge wird durch das Niedrigzinsumfeld noch verstärkt. Vor allem die kaum noch vorhandene Wirkung des Zinseszinseffektes hat dabei spürbare Auswirkung auf den Vermögensaufbau. Den privaten Haushalten in Deutschland ist die Bedeutung der zusätzlichen privaten Altersvorsorge laut repräsentativen Umfragen zwar bewusst. Relativiert wird dieses Ergebnis allerdings zum einen durch die gedämpfte Altersvorsorgeersparnis infolge der gestiegenen Unsicherheit sowie zum anderen durch die Tatsache, dass die Mehrheit der Haushalte keine Angaben zur Höhe der zu erwartenden Versorgungslücke machen kann (Allensbach Umfrage 2015).

6 In Japan ist die Sparquote seit Ende der 1990er Jahre von gut 9 Prozent auf knapp 1 Prozent im Jahr 2014 gefallen. Neben dem Niedrigzinsumfeld dürfte hierbei auch die demografische Entwicklung wesentlich zum Rückgang der Sparquote beigetragen haben.

Eine Möglichkeit, auf die niedrigen Zinsen zu reagieren, besteht darin, möglichst frühzeitig mit dem Aufbau eines Altersvorsorgevermögens zu beginnen. Dabei sind die Voraussetzungen für eine Ausweitung der Sparanstrengungen vor dem Hintergrund der positiven wirtschaftlichen Lage aktuell sehr günstig. Ohne eine zusätzliche Altersvorsorge in der Rentenphase drohen empfindliche Einbußen beim Lebensstandard. Gleichzeitig ist aber auch die Politik gefordert, die Rahmenbedingungen für die private Altersvorsorge weiterzuentwickeln. Andernfalls ist eine steigende Unterversorgung ein nahezu sicheres Ereignis.

4 Normalisierung der expansiven Geldpolitik beginnen

Die amerikanische Zentralbank hat im Dezember 2015 ihren Leitzins erstmals seit Juni 2006 um 0,25 Prozentpunkte erhöht und damit – nach langem Zögern – einen ersten Schritt zur Normalisierung der Geldpolitik unternommen. Im Euroraum wurde die Geldpolitik dagegen von der EZB u. a. mit der Verlängerung des Ankaufprogramms bis März 2017 und den Maßnahmen vom März 2016, zu denen u.a. die Absenkung des Leitzinses auf null gehört, erneut gelockert.

Angesichts des beispiellosen Expansionsgrades der Geldpolitik stellt sich daher grundsätzlich – auch vor dem Hintergrund der zunehmenden Risiken – die Frage nach der Wirksamkeit der getroffenen Maßnahmen. Eine belastbare Analyse hierzu wird dadurch erschwert, dass es bisher wenig Erfahrung mit dem Einsatz der neuen geldpolitischen Instrumente gibt. Die EZB hatte für ihren geldpolitischen Kurs zuletzt vor allem die schwache Inflationsdynamik und die damit verbundenen Abwärtsrisiken angeführt.

Aktuell steht die niedrige Inflation im Euroraum, die zuletzt eine leicht aufwärtsgerichtete Tendenz zeigte, überwiegend im Zusammenhang mit dem drastischen Rückgang des Ölpreises. Die Kerninflation, die unter Ausklammerung der volatilen Preise für Energie und Nahrungsmittel berechnet wird, erreichte im ersten Halbjahr 2016 Werte von knapp unter 1 Prozent. Dies ist zwar immer noch deutlich weniger als das Ziel von „nahe 2 Prozent", aber doch deutlich oberhalb der kritischen Nulllinie. Konjunkturell betrachtet stellt der Rückgang der Energiepreise für die Konsumenten aber auch für die Unternehmen eine große Entlastung dar. Die Konjunktur im Euroraum hat vor allem durch den Anstieg des privaten Verbrauchs davon profitiert. Hinweise auf eine Kaufzurückhaltung der Verbraucher oder Zweitrundeneffekte infolge einer rückläufigen Inflation gibt es derzeit nicht. Zudem zeigen empirische Studien, dass deflationäre Phasen nur vereinzelt zu einem Rückgang der Wirtschaftsleistung führen (Borio et al. 2015).

Gemessen am Inflationsziel der EZB hat das seit März 2015 laufende Wertpapierankaufprogramm damit bisher kaum zu substantiellen Erfolgen geführt. Die starke Fokussierung der Geldpolitik auf die durch Sonderfaktoren geprägte Entwicklung der kurzfristigen Inflationsrate scheint daher wenig überzeugend. Hinzu kommt, dass die Inflation auch jenseits des Ölpreises zunehmend stärker von globalen Faktoren beeinflusst wird und damit die Steuerungsmöglichkeiten der nationalen Zentralbanken schrittweise nachlassen. Anstelle der kurzfristigen Orientierung spricht daher einiges dafür, die Geldpolitik verstärkt an mittelfristigen Preisentwicklungen auszurichten und damit auch temporäre Abweichungen vom Inflationsziel zu tolerieren, sofern hiermit keine Deflationsgefahren verbunden sind. Andernfalls fördert die Geldpolitik eine Erwartungshaltung, der sie im aktuellen makroökonomischen Umfeld kaum gerecht werden kann.

Für eine abschließende Wertung des Quantitative-Easing-Programms (QE) der EZB ist es zwar aktuell noch zu früh. Dennoch zeichnet sich ab, dass sich die Effekte des Ankaufprogramms in erster Linie auf die Abwertung des Euro beschränken. Dadurch hat das QE-Programm sicher auch zur konjunkturellen Erholung des Euroraums beigetragen, allerdings überwiegend in den wirtschaftlich starken Kernländern. Weitere geldpolitische Transmissionskanäle des QE-Programms haben dagegen kaum Wirkung entfalten können (zu den Transmissionskanälen siehe Gern et al. 2015). Die Verbesserung der Finanzierungsbedingungen hat nicht zu einer spürbaren Belebung der Investitionsaktivität geführt. Der leichte Anstieg der Kreditvergabe an Unternehmen dürfte dabei vor allem auch mit dem besseren konjunkturellen Umfeld im Zusammenhang stehen. Teilweise wird die verhaltene Kreditvergabe der Banken an Unternehmen auch auf die strengen Eigenkapitalanforderungen zurückgeführt (Hüther und Demary 2015). Insgesamt wurden die gewünschten Effekte der Quantitativen Lockerung damit nur sehr begrenzt erreicht.

Trotz ihres beispiellosen Expansionsgrads hat die Geldpolitik in der aktuellen Phase der moderaten wirtschaftlichen Erholung deutlich an Wirkungskraft verloren (Jannsen et al. 2015). Signifikante Impulse für Konjunktur und Inflation gingen von der expansiven Geldpolitik zuletzt nicht aus.[7] So hat das Wachstumstempo im Euroraum im letzten Jahr – trotz eines drastischen Einbruchs der Ölpreise – gerade einmal 1,5 Prozent erreicht und im laufenden Jahr ist sogar mit einer leichten Verlangsamung zu rechnen. Auch eine weitere Lockerung der Geldpolitik dürfte damit keinen großen Beitrag zur wirtschaftlichen Erholung und damit zu einer anziehenden Preisdynamik im Euroraum liefern. Vielmehr droht bei einer Ausweitung des Programms eine weitere Verschärfung von Stabilitätsrisiken und Marktverwerfungen durch das Niedrigzinsumfeld, unter anderem verbunden mit Verdrängungseffekten am Kapitalmarkt. Stattdessen sollte die EZB als ersten Schritt zu einer Normalisierung der Geldpolitik ein klares Ende des Ankaufprogramms kommunizieren und schrittweise die Ankaufvolumina zurückführen. Schlussendlich könnte dies dann auch in einen Anstieg der Leitzinsen münden. Gleichzeitig würde den Staaten im Euroraum damit signalisiert werden, dass die Phase extrem niedriger Zinsen endlich ist und strukturelle Probleme nicht dauerhaft von der Geldpolitik überdeckt werden können.

Ein absehbares Ende der EZB-Niedrigzinspolitik verbunden mit der Erwartung eines baldigen behutsamen Anstiegs der Leitzinsen hätte den Vorteil, dass dadurch auch die Folgen einer Zinswende im Euroraum beherrschbarer sind. Verharrt der Leitzins dagegen zu lange an der Nullzinsgrenze, steigt das Risiko, dass sich die EZB bei einer Veränderung der gesamtwirtschaftlichen Rahmenbedingungen zu einem schnelleren Zinsanstieg gezwungen sieht, der Marktverwerfungen zur Folge haben könnte. Umgekehrt droht bei einer Fortsetzung des sehr expansiven geldpolitischen Kurses die Handlungsfähigkeit der Geldpolitik immer stärker verloren zu gehen, so dass eine angemessene Reaktion auf eine rezessive konjunkturelle Entwicklung oder gar krisenhafte Szenarien kaum noch möglich wären.

5 Auswirkungen der Niedrigzinsen auf die Versicherungswirtschaft

Das Niedrigzinsumfeld bringt für die Versicherungswirtschaft große Herausforderungen mit sich. Die größten Auswirkungen ergeben sich hier für die Lebensversicherer, dem wichtigsten

7 Anders ist wohl auch der zu Jahresbeginn häufiger zu vernehmende Vorschlag zum „Helikopter-Geld" – also der direkten Geldversorgung der Bürger durch die Zentralbank – nicht zu erklären.

institutionellen Träger der privaten Altersvorsorge in Deutschland. Die Unternehmen sind dabei gefordert, Anpassungsstrategien an das Niedrigzinsumfeld zu finden, um den Versicherten auch unter den Bedingungen des Niedrigzinsumfelds ein attraktives Vorsorgeprodukt bieten zu können. Betroffen sind hier vor allem die Kapitalanlagepolitik und das Produktspektrum. Hinzu kommt ein effektives Kostenmanagement. Aufgabe der Politik ist es zudem, den Regulierungsrahmen in geeigneter Weise an das Niedrigzinsumfeld anzupassen. Zusätzlich ergeben sich indirekte Auswirkungen bspw. auf die Versicherungsnachfrage. Mittlerweile rückt das Niedrigzinsumfeld aber auch stärker in den Fokus der übrigen Versicherungssparten.

5.1 Neue Entwicklungen am Markt für Lebensversicherungen

Der Markt für Lebensversicherungen befindet sich seit einiger Zeit auch in Folge der Niedrigzinsphase im Wandel. Dabei zeichnen sich u. a. neue Trends in der Nachfrage nach Lebensversicherungspolicen ab. Die Beiträge in der Lebensversicherung haben sich vor allem aufgrund der im Vergleich mit alternativen Produkten weiterhin sehr attraktiven Verzinsung, aber auch des hohen Sicherheitsbedürfnisses seit der globalen Finanzkrise, solide entwickelt. Allerdings hat die Nachfrage nach Verträgen gegen laufende Beitragszahlung, mit der typischerweise ein Altersvorsorgevermögen aufgebaut wird, in den vergangenen Jahren nachgelassen. Im Neugeschäft waren die Beiträge sogar teilweise rückläufig, insgesamt stagniert das Volumen der laufenden Beiträge (Abbildung 4). Dagegen hat die Nachfrage nach Verträgen gegen Einmalbeitrag, zu der die Generation der über 50-Jährigen beiträgt, in der Tendenz deutlich an Dynamik gewonnen. In diesem typischerweise schwankenden Geschäftsfeld wurden dabei teilweise über Jahre zweistellige Wachstumsraten erzielt. Die sinkenden Anreize zum langfristigen Vermögensaufbau durch die Niedrigzinspolitik werden sich auch in der Lebensversicherung zukünftig stärker bemerkbar machen.

Neben diesen nachfrageseitigen Veränderungen haben sich auch die Angebotsbedingungen geändert. So haben die Lebensversicherer auf Ebene der Produkte eine Reihe von Maßnahmen getroffen, um ihr Geschäftsmodell an eine lange Phase niedriger Zinsen anzupassen. Aufgrund des Wunsches der Versicherungsnehmer nach Sicherheit haben Leistungsgarantien in der deutschen Lebensversicherung traditionell eine hohe Bedeutung. Auch die in Deutschland weniger verbreitete fondsgebundene Lebensversicherung, bei denen der Versicherungsnehmer prinzipiell das Kapitalanlagerisiko trägt, verfügt häufig über Garantielemente. Langfristige Garantiezusagen können in einem extremen Niedrigzinsumfeld grundsätzlich nur schwer bereitgestellt werden. Mit dem Wechsel auf das neue Aufsichtssystem Solvency II zum Jahresbeginn 2016 wurden für langfristige Garantiezusagen hohe Anforderungen an die Eigenmittelunterlegung gestellt. Viele Versicherer setzen daher auch auf die Entwicklung neuer innovativer Produkte. Dies hat inzwischen zu einem vielfältigen Produktangebot mit neuen Garantiemodellen geführt, die teilweise als „Neue Klassik" bezeichnet werden. Charakteristisch für diese neuen Produkte ist dabei, dass Garantien stärker auf das Ende der Ansparphase ausgerichtet werden, dafür aber im Gegenzug dem Kunden eine höhere erwartete Verzinsung in Aussicht stellen können.

Insgesamt hat die Produktvielfalt am Markt für Lebensversicherungen damit weiter zugenommen. Perspektivisch zeichnet sich ab, dass die klassische Lebensversicherung mit ihrer für die gesamte Laufzeit festgelegten jährlichen Zinsgutschrift Marktanteile verlieren wird, auch da eine Reihe von Versicherern ihr Geschäft mit klassischen Policen „alter Art" vollständig eingestellt hat. Garantiezusagen dürften am Markt allerdings auch zukünftig ihre Bedeutung behalten. Der

Abbildung 4

Beitragsentwicklung in der Lebensversicherung – aufgeteilt in laufende Beiträge und Einmalbeiträge

Gebuchte Bruttobeiträge in Milliarden Euro

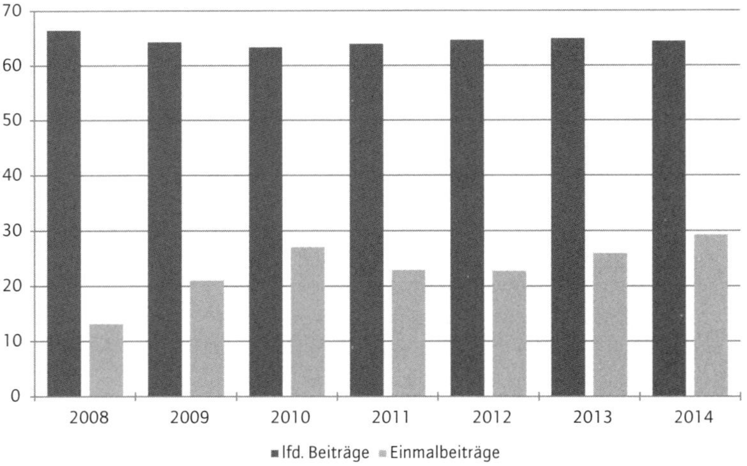

Quelle: GDV.

Kunde profitiert dabei insgesamt von dem differenzierteren Angebot an Verträgen mit unterschiedlichem Rendite-Risiko-Profil.

5.2 Anpassungen in der Kapitalanlagepolitik

Das Vorsorgesparen der privaten Haushalte in der Lebensversicherung führt im Rahmen des Kapitaldeckungsverfahrens zum Aufbau eines substantiellen Kapitalstocks. Nach dem gleichen Prinzip werden Finanzpolster unter anderem auch bei der Absicherung weiterer personenbezogener Risiken beispielsweise des Krankheitsrisikos gebildet. Insgesamt verfügt die Versicherungswirtschaft derzeit über Kapitalanlagen in Höhe von circa 1,45 Billionen Euro. Sie ist damit in Deutschland die bedeutendste institutionelle Investorengruppe. Mit gut 820 Milliarden Euro entfällt dabei der größte Anteil auf die Lebensversicherer. Aber auch die Privaten Krankenversicherer, die Schaden-/Unfallversicherer und die Rückversicherer haben substantielle Kapitalanlagebestände. Grundsätzlich kommt der Versicherungswirtschaft in ihrer Rolle als langfristiger Investor damit eine wichtige Funktion zur Finanzierung der Realwirtschaft zu.

Aufgrund der aus heutiger Perspektive hohen Garantieversprechen in der Vergangenheit beträgt der durchschnittliche Garantiezins im Versicherungsbestand der Lebensversicherung Ende 2015 circa 3,0 Prozent (Assekurata 2016). Zwar können mit dem für Versicherungen charakteristischen kollektiven Ansparvorgang temporäre Renditeschwankungen gut abgefedert werden. Zusätzlich stehen den Versicherern substantielle finanzielle Reserven zur Verfügung. Hinzu kommt, dass Versicherer in ihren Portfolios weiterhin auf ältere Wertpapiere zurückgreifen können, die im Vergleich zum aktuellen Marktumfeld noch eine höhere Rendite abwerfen. Um jedoch in einem länger anhaltenden Niedrigzinsumfeld ihre Verpflichtungen bedienen zu können, sind in Ergänzung zu diesen Ausgleichsmechanismen zusätzliche Anpassungen in der Kapitalanlagepolitik erforderlich.

Aufgrund der hohen aufsichtsrechtlichen Sicherheitsanforderungen zum Schutze der Versicherungsnehmer ist die Kapitalanlagepolitik des Versicherungsgeschäfts an strenge Rahmenbedingungen gebunden. Diese verfolgen das Ziel, dass Versicherer auch bei schwierigen Marktsituationen ihre Verpflichtungen jederzeit in vollem Umfang erfüllen können. Daher verfolgen Versicherer eine sehr konservative Anlagepolitik, die sich überwiegend auf Investitionen in bonitätsstarke Rentenpapiere konzentriert. Riskantere Anlagen bspw. in Aktien spielen nur eine untergeordnete Rolle im Portfolio der Versicherer.

Eine grundlegende strategische Neuausrichtung der langfristig orientierten Kapitalanlagepolitik der Versicherer, die eine deutliche Ausweitung des Anteils riskanter Wertpapiere zur Folge hätte, schließt sich aufgrund der hohen Volatilität dieser Investments sowie der damit verbunden beträchtlichen Eigenmittelanforderungen aus. Dennoch gibt es auch im Rahmen der bisherigen Anlagestrategie eine Reihe von Handlungsoptionen, die es den Versicherern ermöglichen, die Effekte des Niedrigzinsumfelds in der Neu- bzw. Wiederanlage abzumildern. Ein wesentliches Element dabei ist die stärkere Diversifizierung der Portfolien sowohl nach Anlageklassen als auch regional. Deutlich ausgeweitet wurde z. B. das Engagement in Unternehmensanleihen (Abbildung 5), dessen Anteil einschließlich der indirekt über Fonds gehaltenen Anleihen inzwischen mehr als 10 Prozent am Gesamtbestand der Kapitalanlagen der Lebensversicherer beträgt. Zudem haben in den letzten Jahren indirekte Investments in Rentenfonds typischerweise im Investment Grade-Bereich an Bedeutung gewonnen (Abbildung 6). Den Versicherern wird dadurch auch kurzfristig ein vereinfachter Zugang zu speziellen Anlageklassen bzw. -regionen ermöglicht, ohne hierfür selbst eine entsprechende Expertise vorhalten zu müssen. Im Gegenzug haben die Versicherer ihr Engagement in Pfandbriefe reduziert. An dieser Situation dürfte sich angesichts der Wertpapierkäufe der EZB, die auch Pfandbriefe umfasst, wenig ändern.

Daneben wurden Investitionen in Rentenpapiere mit längeren Laufzeiten in größerem Umfang ausgeweitet, die aufgrund der so genannten „Laufzeitprämie" auch weiterhin höher rentieren. Dies hat zur Folge, dass die durchschnittliche Restlaufzeit der Anleihen in den Portfolios der Lebensversicherer inzwischen deutlich auf 12,4 Jahre angestiegen ist. Im Sinne eines „Duration-Matchings" werden damit auch die Forderungen gegenüber dem Kapitalmarkt besser mit den langfristigen Verpflichtungen der Versicherer in Einklang gebracht, so dass damit das Wiederanlagerisiko sinkt.

In den Blickpunkt sind zudem Investitionen in Infrastruktur sowie Erneuerbare Energien gerückt, die vor allem aufgrund der typischerweise langen Laufzeiten und planbaren sowie stabilen Rückflüsse von großem Interesse für die Versicherungswirtschaft sind. Versicherer können dabei für die Übernahme von Risiken in Infrastrukturanlagen eine angemessene Rendite erwirtschaften. Das Investitionsvolumen liegt allerdings bisher auf einem niedrigen Niveau.[8] Ein größeres Engagement der Versicherer an Infrastrukturprojekten setzt vor allem einen sachgerechteren Regulierungsrahmen voraus. Hier zeichnen sich erste positive Ansätze beispielsweise bei der Eigenmittelunterlegung von Infrastruktur-Investments ab, die sich in der praktischen Anwendung

8 Investitionen der Versicherer in Infrastruktur beliefen sich 2014 auf rund 10 Mrd. Euro. Insgesamt beläuft sich der Anteil der Infrastrukturinvestitionen an den gesamten Kapitalanlagen der Versicherer auf weniger als ein Prozent.

Abbildung 5 und 6

Kapitalanlage: Entwicklung in der Lebensversicherung
in Prozent

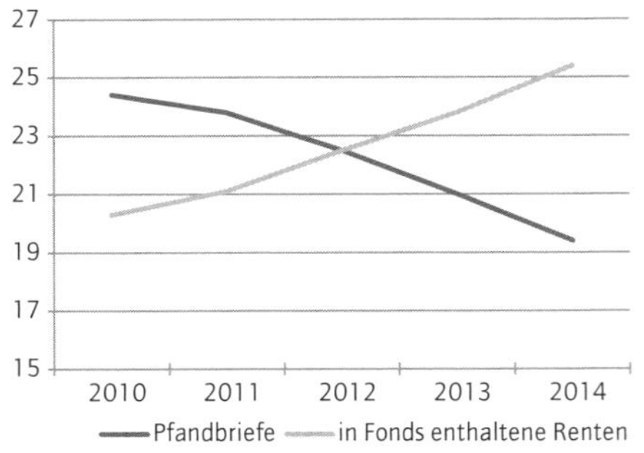

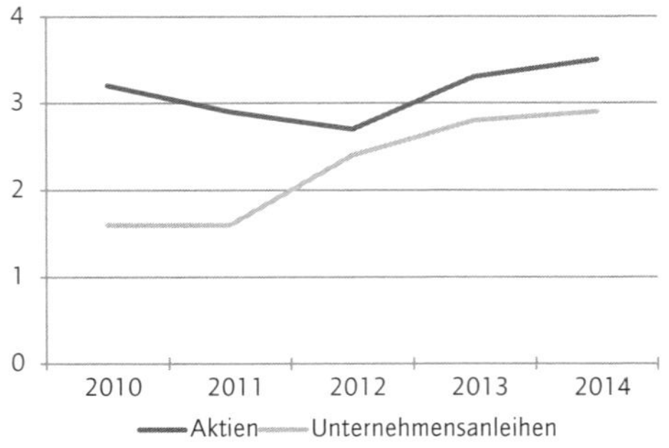

Quelle: BaFin, GDV.

aber noch bewähren müssen. Entscheidend sind zudem eine verbindliche Planungs- und Rechtssicherheit sowie die Schaffung eines Investitionsfahrplans. Zusätzlich sollten auch einige von der Fratzscher-Kommission (Expertenkommission „Stärkung der Investitionen in Deutschland") unterbreitete Vorschläge weiter verfolgt werden (Stärkung der Investitionen in Deutschland 2015). Positiv ist in diesem Zusammenhang die jüngste Investitionsoffensive der Europäischen Kommission zu bewerten. Die ambitionierten Pläne, dabei verstärkt institutionelle Investoren einzubeziehen, blieben aber bisher hinter den Erwartungen der Versicherungswirtschaft zurück.

5.3 Stärkung der Risikotragfähigkeit

Das Niedrigzinsumfeld hat daneben auf regulatorischer Seite bereits frühzeitig zu einer Reihe von Anpassungsmaßnahmen geführt. In Deutschland wurde angesichts der niedrigen Zinsen 2011 die Zinszusatzreserve als zusätzlicher Sicherheitspuffer eingeführt, damit die Erfüllung der Garantieverpflichtungen dauerhaft gewährleistet werden kann. Die Bildung der Zinszusatzreserve ist dann erforderlich, wenn der Referenzzinssatz unterhalb des Garantiezinses des Vertrags fällt. Ende 2015 belief sich die Zinszusatzreserve bereits auf rund 32 Milliarden Euro und dürfte in den kommenden Jahren weiter signifikant steigen.

Ein zentraler Schritt war daneben das im August 2014 in Kraft getretene Lebensversicherungsreformgesetz (LVRG). Unter den zahlreichen Maßnahmen hat vor allem die Reform der Beteiligung der Lebensversicherten an den Bewertungsreserven in festverzinslichen Wertpapieren des Versicherers zu einer maßgeblichen Verbesserung der Risikotragfähigkeit beigetragen. Mit der Neuregelung wird ein Abfließen (temporärer) stiller Reserven, die vor allem bei festverzinslichen Wertpapieren entstehen können, an eine geringe Zahl ausscheidender Versicherungsnehmer zulasten des Versicherungskollektivs verhindert.[9] Die Neuregelung gewährleistet jetzt eine faire Verteilung der verfügbaren Reserven zwischen den Versichertengenerationen. Daneben hat das Gesetz auch die Möglichkeiten zum Risikoausgleich zwischen verschiedenen Überschussquellen

9 Damit hat der Gesetzgeber eine Fehlkonstruktion der ursprünglichen Regelung korrigiert.

verbessert. Als weitere Maßnahme wurde zusätzlich die Absenkung des Höchstrechnungszinses beschlossen. Für Neuverträge in der klassischen Lebensversicherung gilt seit Anfang 2015 eine maximale garantierte Verzinsung von 1,25 Prozent. Zum 1. Januar 2017 erfolgt eine erneute Absenkung des „Garantiezinses" auf 0,9 Prozent. Altverträge sind von dieser Absenkung nicht betroffen.

Einen wichtigen Beitrag zur Sicherung der Risikotragfähigkeit der Versicherer leistet grundsätzlich auch das Anfang 2016 in Kraft getretene EU-weite neue Aufsichtssystem Solvency II. Der risikobasierte Ansatz von Solvency II soll dabei sicherstellen, dass Versicherer auch ein extremes Marktumfeld bewältigen können. Zudem hat die nach der globalen Finanzkrise stark ausgebaute makroprudenzielle Überwachung dazu geführt, dass die Risiken im Finanzsystem – aktuell vor allem Stabilitätsrisiken im Zusammenhang mit dem Niedrigzinsumfeld – unter kontinuierlicher Beobachtung sind und ein Handlungsbedarf frühzeitig erkannt werden kann.

Insgesamt sind damit sowohl von der Aufsicht aber auch den Lebensversicherern selbst bereits vielfältige Schritte unternommen worden, um die Widerstandsfähigkeit der deutschen Lebensversicherung auch in einem länger andauernden Niedrigzinsumfeld zu erhöhen. Dies bestätigen etwa Ergebnisse der BaFin vom Juli 2015 zur Eigenmittelausstattung im Vorfeld der Einführung von Solvency II, aber auch jüngste Untersuchungen der Ratingagentur Fitch (FitchRatings 2016). Ergänzend sind hier die regelmäßigen Stresstests der Versicherungsaufsicht anzuführen, die auch für extreme Kapitalmarktszenarien mögliche Risiken auf Unternehmensebene erkennen sollen, um dann ggf. weitere Maßnahmen zur Stärkung der Risikotragfähigkeit einzuleiten.

Ungeachtet der bereits erfolgten Anpassungen bleiben die Herausforderungen durch das Niedrigzinsumfeld für die Versicherungswirtschaft aber groß. Wegen des erneuten Zinsrückgangs seit Jahresanfang 2016 sind weitere Maßnahmen zur Stärkung der Risikotragfähigkeit erforderlich. Parallel dazu muss aber auch eine regelmäßige Überprüfung der gesetzlichen Aufsicht stattfinden, damit Anpassungen vorgenommen werden können, sofern sich bestimmte Regelungen als nicht mehr sachgerecht erweisen. Dies betrifft etwa die geltenden Anforderungen zur Bildung der Zinszusatzreserve, die die Leistungsfähigkeit der Versicherer zu beeinträchtigen droht. Trotz gewisser Erleichterungen führt das 2011 konzipierte Verfahren im derzeitigen Marktumfeld zu einem unverhältnismäßig schnellen Reserveaufbau. Aus ökonomischer Sicht ist dabei vor allem problematisch, dass die Wiederanlage der realisierten Kapitalerträge zur Finanzierung der Zinszusatzreserve nur noch zu den Bedingungen des Niedrigzinsumfelds erfolgen kann. Hinzu kommt, dass nach dem derzeitigen Verfahren auch im Falle eines Zinsanstiegs weiterhin Zuführungen zur Zinszusatzreserve zu erfolgen haben.

Zunehmend stärker werden auch Risiken in Verbindung mit einem möglichen abrupten Zinsanstieg thematisiert. Im Mittelpunkt stehen dabei Sorgen, dass sich für viele Kunden in diesem Szenario eine Vertragskündigung lohnen könnte, mit der Folge einer Stornowelle der Kunden und einem massiven Abfluss von Geldern bei den Versicherern (Feodoria und Förstermann 2015 und Bundesbank 2015). Allerdings gibt es vielfältige Gründe, die dieses Extremszenario als wenig realistisch erscheinen lassen (Ifa informiert 2015). Unberücksichtigt bleibt dabei etwa, dass Anleger nur eingeschränkt finanzrational handeln, nicht alle Verträge über ein Rückkaufsrecht verfügen und bei einem Storno zum Teil auch der Schutz vor biometrischen Risiken wie etwa Langlebigkeit, vorzeitiger Tod oder Berufsunfähigkeit sowie Steuervorteile entfallen. Dennoch bestehen unter den derzeitigen Gegebenheiten Risiken durch ein erhöhtes Stornoverhalten. Ursache ist dabei die aktuelle gesetzliche Regelung zu den garantierten Mindestrückkaufswerten nach § 169 VVG. Bei klassischen Lebensversicherungen sieht die Regelung vor, dass dem Versicherungsnehmer über die gesamte Vertragslaufzeit ein garantierter Rückkaufswert auf Basis seiner verzinsten Sparanteile zusteht, die unabhängig vom aktuellen Marktzinsumfeld sind. Hier ist aus ökonomischer Perspektive eine Anpassung erforderlich, damit zukünftig bei der Bestimmung der Rückkaufswerte auch die Kapitalmarktentwicklung einbezogen werden kann. Auch wenn ein plötzlicher starker Zinsanstieg derzeit kaum wahrscheinlich ist, weist die Bundesbank in ihrem Finanzstabilitätsbericht damit auf eine Risikoquelle hin, die sich bei einer Veränderung der Lage an den Finanzmärkten zumindest in abgeschwächter Form materialisieren könnte (Bundesbank 2015).

6 Ausblick

Das ausgeprägte Niedrigzinsumfeld im Euroraum und insbesondere in Deutschland ist zu einem erheblichen Teil Folge der sehr expansiven Geldpolitik der EZB. Dabei war der konjunkturelle Nutzen der lockeren Geldpolitik zuletzt eher gering, während gleichzeitig die mit den Niedrigzinsen verbundenen Risiken deutlich angestiegen sind. Die deutsche Versicherungswirtschaft hat durch zahlreiche Maßnahmen – flankiert durch Politik sowie Aufsichtsbehörden – bereits wichtige Schritte zur Anpassung an das Niedrigzinsumfeld unternommen. Anlass zur Sorge bereiten vor dem Hintergrund der ungünstigen demografischen Perspektiven aber die negativen Effekte auf die Sparkultur in Deutschland. Damit deutet sich perspektivisch für breite Bevölkerungsschichten eine zunehmende Versorgungslücke in der Rentenphase an. Viel spricht deshalb dafür, die Alterssicherung unter den Rahmenbedingungen des Niedrigzinsumfelds bspw. durch zusätzliche Anreize für die private bzw. betriebliche Altersvorsorge zu modernisieren.

Ein Ende der extrem lockeren Geldpolitik der Zentralbanken zählt auch im globalen Kontext aktuell zu den größten wirtschaftspolitischen Herausforderungen. Die Fed ist hier bereits erste Schritte gegangen. Dabei kann eine zu schnelle Normalisierung der Geldpolitik ebenso die konjunkturelle Entwicklung gefährden wie ein zu langsamer Ausstieg. Die zögerliche geldpolitische Straffung nach der Dot-Com-Krise in den USA, die letztlich zum Ausbruch der globalen Wirtschaftskrise führte, ist hierfür nur ein Beispiel.

Vor diesem Hintergrund sollte daher stärker als bisher die Frage nach möglichen Ausstiegsperspektiven der expansiven Geldpolitik in den Mittelpunkt der Diskussion rücken. Bei einer Fortsetzung der moderaten Konjunkturdynamik sowie eines sich abzeichnenden zunehmenden Preisauftriebs sollte die EZB deshalb den Mut aufbringen, das Anleiheankaufprogramm zurückzufahren und eine Normalisierung der Geldpolitik einzuleiten. Dennoch dürfte aber nur ein langsamer Anstieg der Leitzinsen zu erwarten sein. Ein Ende des Niedrigzinsumfelds und eine Rückkehr zu einem deutlich höheren nominalen Zinsniveau wie etwa zu Beginn der 2000er Jahre sind nicht abzusehen.

Literaturverzeichnis

— Allensbach-Umfrage (2015): Generation Mitte. Umfrage im Auftrag des GDV. www.gdv.de/2015/10/altersabsicherung-ist-fuer-generation-mitte-sehr-wichtig/ und www.gdv.de/2015/06/knapp-zwei-drittel-der-deutschen-kennen-ihr-alterseinkommen-nicht/

— Assekurata Marktstudie (2016): Die Überschussbeteiligung in der Lebensversicherung.
— Bank für Internationalen Zahlungsausgleich (2015): 85. Jahresbericht 2014/2015.
— Borio, Claudio, Magdalena Erdem, Andrew Filardo und Boris Hofmann (2015): The cost of deflations: a historical perspective. BIS Quarterly Review, März 2015.
— Deutsche Bundesbank (2015): Finanzstabilitätsbericht.
— Deutsche Bundesbank (2016): Monatsbericht Januar 2016.
— European Central Bank (2015): Ecoomic Bulletin. Issue 7/2015.
— Feodoria Mark und Till Förstermann (2015): Lethal lapses – How a positive interest rate shock might stress German life insurers, Diskussionspapier der Deutschen Bundesbank 12/2015.
— FitchRatings (2016): Low Interest Rate Put Pressure on German Life Insurance. Press Release. www.fitchratings.com/site/fitch-home/pressrelease?id=999572 (abgerufen am 17.2.2016).
— Gern, Klaus-Jürgen, Nils Jannsen, Stefan Kooths und Maik Wolters (2015): Quantitative Easing: What are the key policy messages relevant for the euro area? Intereconomics, 50 (4), 206–212.
— Handelsblatt Research Institute, Prognos (2014): Die Zukunft der Altersvorsorge. Studie im Auftrag des GDV. www.gdv.de/wp-content/uploads/2014/04/GDV-HRI-Prognos-Studie-Zukunft-Altersvorsorge-2014.pdf (abgerufen am 15.2.2016).
— Hüther, Michael und Markus Demary (2015): IW Monetary Outlook 2015 – Weak Credit Growth Hinders Eurozone Inflation to Increase. IW Policy Paper 37/2015.
— Ifa informiert (2015): Stornorisko nach Zinsanstieg – Anmerkungen zur derzeit viel diskutierten Bundesbank-Studie. www.ifa-ulm.de/index.php?id=283 (abgerufen am 15.2.2016).
— International Monetary Fund (2014): World Economic Outlook, Chapter 3, April 2014.
— Jannsen, Nils, Galina Potjagailo und Maik Wolters (2015): Monetary Policy During Financial Crisis: Is the Transmission Mechanism Impaired. Kiel Working Paper No 2005.
— Schnabl, Gunther (2013): Die japanischen Lehren für die europäische Krise. Zeitschrift für Wirtschaftspolitik, 62 (1), 1–22.
— Stärkung der Investitionen in Deutschland (2015): Bericht der Expertenkommission im Auftrag des Bundesministers für Wirtschaft und Energie, Sigmar Gabriel
— Summers, Larry (2014): Reflections on the „New Secular Stagnation Hypothisis". In: C. Teuling und R. Baldwin (2014): Secular Stagnation: Facts, Causes and Cures. London, CEPR Press.

Risiken der Niedrigzinspolitik für die Finanzstabilität im Euroraum

MARCO BARGEL

Marco Bargel, Postbank, E-Mail: marco.bargel@postbank.de

Zusammenfassung: Die Geldpolitik hat mit unkonventionellen Maßnahmen wie Negativzinsen und dem Ankauf von Anleihen maßgeblich zur Eindämmung der Finanz- und Staatsschuldenkrise im Euroraum beigetragen. Eine lang anhaltende Niedrigzinspolitik beinhaltet allerdings erhebliche Risiken für die Finanzstabilität. So stehen Banken und Lebensversicherer unter einem starken Ertragsdruck. Hierdurch kann es zu einem ungewollten Aufbau von Risiken oder einer verringerten Risikotragfähigkeit bei Finanzinstituten kommen. Gleichzeitig steigt die Gefahr von Vermögenspreis- und Kreditblasen, wenn die Geldpolitik asymmetrisch auf Auf- und Abschwünge reagiert, indem sie potenzielle Verluste durch eine Lockerung der Geldpolitik immer wieder abmildert. Letztendlich kann eine solche Geldpolitik in einen sich selbstverstärkenden Prozess münden und den Handlungsspielraum der Notenbank bei der Bekämpfung der Inflation einengen.

Summary: By means of unconventional measures such as negative policy rates and bond purchases, monetary policy has made a significant contribution to contain financial and public sector debt crisis in the euro zone. However, a long lasting policy of ultra-low interest rates generates substantial risks for financial stability. Thus, profitability of banks and life insurer is under pressure, leading to excessive risk-taking or reduced resilience. At the same time, there is a growing likelihood of asset price and debt bubbles when monetary policy reacts in an asymmetric way to financial booms and busts, promoting speculative behavior in markets. Low interest rates can ultimately become self-reinforcing, impairing the central bank's ability to fight inflation.

→ JEL Classification: E43, E58, G01, G21
→ Keywords: Monetary policy, low interest rate environment, asset price bubbles, financial stability, bank profitability

1 Krisenbekämpfung mit Sondermaßnahmen und Niedrigzinspolitik

Im Zuge der Finanzkrise und der darauffolgenden Staatsschuldenkrise hat die Geldpolitik eine zentrale Rolle bei der Eindämmung der Krisen übernommen. Zur Vermeidung einer Liquiditätskrise wie nach dem Zusammenbruch der US-Bank Lehman Brothers stellte die Europäische Zentralbank (EZB) den Geschäftsbanken zunächst über zahlreiche Sondermaßnahmen Liquidität zur Verfügung, nachdem die normalen Finanzierungskanäle nicht mehr funktionierten (European Central Bank 2013: 10 ff.). Zwischen Mitte 2009 und Mitte 2010 kaufte die EZB darüber hinaus gedeckte Schuldverschreibungen (Covered Bonds) an, um den für die Refinanzierung der Banken sehr wichtigen Markt wiederzubeleben. Im Frühjahr 2010, als sich infolge der Finanzkrise und der darauffolgenden Rezession massive Belastungen in den Staatshaushalten zeigten und einzelne Segmente des Staatsanleihemarktes austrockneten, implementierte die EZB schließlich ein Ankaufprogramm für Staatsanleihen (Securities Markets Programme – SMP). Nachdem das SMP auslief, verkündete die EZB im Sommer 2012 ein neues Ankaufprogramm für Staatsanleihen (Outright Monetary Transactions – OMT), das bis dato nicht genutzt wurde.

In den darauffolgenden Jahren wurden von der EZB schrittweise weitere unkonventionelle Maßnahmen beschlossen. Während die zuvor verabschiedeten Instrumente im Wesentlichen auf eine „Heilung" der infolge der Finanzkrise gestörten Transmissionsmechanismen der Geldpolitik zielten, verfolgt die Notenbank mit den neuen Maßnahmen vor allem das Ziel, das geldpolitische Umfeld expansiver zu gestalten (European Central Bank 2015: 32 f.). Die EZB reagiert

Abbildung 1

Leitzinsen der EZB auf Rekordtief

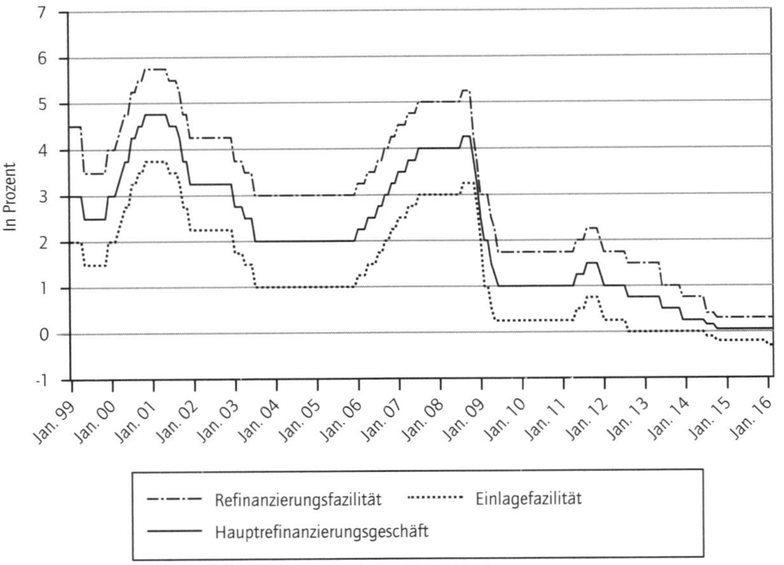

Quelle: Europäische Zentralbank.

damit auf die anhaltend niedrige Inflation sowie eine schwache Konjunktur- und Kreditdynamik im Euroraum. Zu den neuen Maßnahmen zählen die zweckgebundenen Langfristtender (die sogenannten TLTRO's), die im September 2014 erstmals durchgeführt wurden. Durch eine Kopplung der Inanspruchnahme langfristiger Refinanzierungsmittel an das Kreditvolumen soll für Geschäftsbanken ein Anreiz geschaffen werden, ihre Kreditvergabe auszuweiten. Im September 2014 verkündete die EZB zwei neue Ankaufprogramme für Anleihen, das Asset-Backed Securities Purchase Programme (ABSPP) sowie das inzwischen dritte Covered Bond Purchase Programme (CBPP3). Im Januar 2015 entschied die EZB schließlich, im Rahmen eines Public Sector Purchase Programme (PSPP) künftig auch Anleihen des öffentlichen Sektors anzukaufen.

Zu den unkonventionellen Maßnahmen kann auch die Einführung negativer Leitzinsen gezählt werden. So senkte die EZB den Satz für die Einlagefazilität im Juni 2014 erstmals in den negativen Bereich. Es folgten weitere Absenkungen des Satzes bis auf aktuell −0,4 Prozent. Auch der für die Bankenrefinanzierung bei der EZB traditionell bedeutsame Satz für die Hauptrefinanzierungsgeschäfte wurde zuletzt noch einmal reduziert und liegt nun bei null Prozent. Die Absenkung von Leitzinsen in den negativen Bereich stellt aber nur das vorläufige Ende einer langen Serie von Zinssenkungen im Euroraum dar, die bereits mit der starken Rezession Ende 2008 begonnen hat (Abbildung 1).

2 Niedrigzinsumfeld als Folge der ultraexpansiven Geldpolitik

Die von der EZB beschlossenen konventionellen und unkonventionellen Maßnahmen haben die Entwicklung der Zinsen beziehungsweise Renditen am Geld- und Kapitalmarkt massiv beeinflusst. Die für die Refinanzierung von Banken traditionell wichtigen Geldmarktsätze im Interbankenhandel sind im Zuge der Leitzinssenkungen stark zurückgegangen. So liegt der Drei-Monatseuribor aktuell nur noch bei −0,3 Prozent – vor Ausbruch der Finanzkrise betrug der Satz noch gut fünf Prozent. Allerdings spielt der Geldmarkt für die Banken im Euroraum nur noch eine untergeordnete Rolle, seitdem die EZB bei ihren Refinanzierungsgeschäften auf ein System der Vollzuteilung übergegangen und die Bereitstellung von Liquidität durch die Notenbank zur dominierenden Refinanzierungsquelle für Geschäftsbanken geworden ist. Im Zuge der Bildung umfangreicher Liquiditätsreserven durch die Geschäftsbanken, vor allem in den Kernländern des Euroraums, hat der Satz für die Einlagenfazilität die Funktion eines Leitzinses übernommen.

Während der Einfluss von Leitzinsänderungen auf das Zinsniveau am Geldmarkt wegen der substitutiven Beziehung einer Refinanzierung der Geschäftsbanken über die Notenbank oder den Interbankenmarkt evident ist, sind die Zusammenhänge zwischen geldpolitischen Maßnahmen und Anleiherenditen deutlich komplexer. Die Erwartungstheorie unterstellt, dass längerfristige Zinssätze den erwarteten Pfad der kurzfristigen, von der Notenbank kontrollierten Zinssätze widerspiegeln. Wenn eine Notenbank den Leitzins verändert, bewegen sich die längerfristigen Zinssätze in dieselbe Richtung, sofern die Märkte erwarten, dass die Leitzinsänderung für längere Zeit Bestand hat. Hierbei kann der Kommunikation durch die Notenbank eine zentrale Rolle zugeschrieben werden. Die Steuerung der langfristigen Leitzinserwartungen ist in den vergangenen Jahren zu einem wichtigen Bestandteil der Kommunikationsstrategie der großen Notenbanken geworden. Die EZB hat Mitte 2013 erstmals das sogenannte Instrument der *Forward Guidance* genutzt (Praet 2013). Indem sie den Märkten signalisierte, dass sie die Leitzinsen für einen längeren Zeitraum auf einem konstant niedrigen Niveau belassen würde, hat sie eine

Abwärtskorrektur der aus ihrer Sicht zu hohen längerfristigen Leitzinserwartungen ausgelöst. Sofern langfristige Zinssätze auch eine Risikoprämie für die Unsicherheit über die künftige Entwicklung der Zinsen beinhalten, kann die *Forward Guidance* dazu beitragen, diese zu reduzieren und auch auf diesem Wege einen Beitrag zu einem Rückgang der langfristigen Zinssätze leisten. Insgesamt scheint die Strategie der *Forward Guidance* einen eher moderaten Einfluss auf die Entwicklung der Zinserwartungen gehabt zu haben (Filardo und Hofmann 2014: 42 ff.). Unabhängig davon, wurden die Leitzinssenkungen der EZB aber von einer deutlichen Abwärtskorrektur der langfristigen Leitzinserwartungen begleitet, was zum Rückgang der Renditen im Euroraum wesentlich beigetragen hat.

Daneben können auch unkonventionelle geldpolitische Maßnahmen das Zinsniveau beeinflussen. In der Theorie werden hauptsächlich zwei Transmissionskanäle unterschieden, über die ein Anleiheankauf durch eine Notenbank einen Einfluss auf Renditen nehmen kann: Der Portfolioumschichtungskanal und der Signalkanal (European Central Bank 2015: 34 f.). Empirische Untersuchungen zu verschiedenen Anleiheankaufprogrammen, die nach Ausbruch der Finanzkrise von Notenbanken implementiert wurden, kommen zum Ergebnis, dass vor allem die Ankündigung eines Anleiheankaufprogramms zu signifikant niedrigeren Renditen führen kann (Bernoth et al. 2015: 313). Die eigentliche Durchführung der Anleihekäufe sowie Folgeprogramme beziehungsweise die Erweiterung eines bestehenden Programms haben in der Regel einen weniger starken Einfluss auf die Renditen. Auch scheint die Auswirkung von Anleihekäufen tendenziell größer zu sein, wenn die üblichen Transmissionskanäle der Geldpolitik – wie zu

Abbildung 2

Starker Renditeverfall[1] infolge der EZB-Maßnahmen

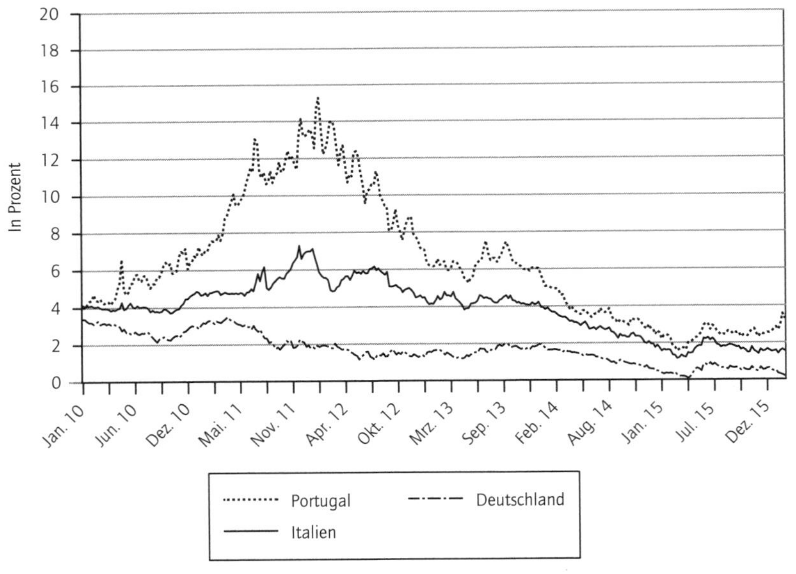

1 Zehnjährige Staatsanleihen.
Quelle: ThomsonReuters Datastream.

Zeiten der Finanzkrise – massiv gestört sind. Gleichwohl lässt sich auch für das aktuelle EZB-Anleiheankaufprogramm, das erst lange nach der Finanzkrise verabschiedet wurde, ein signifikanter Einfluss auf die Staatsanleiherenditen nachweisen. Danach sanken die Renditen zehnjähriger Anleihen der Eurostaaten infolge des Anleiheankaufs um 30 bis 50 Basispunkte, wobei der Effekt bei Anleihen von Staaten mit einem schlechteren Bonitätsrating (unter anderem Italien und Spanien) rund doppelt so groß war (Altavilla et al. 2015). Auch im Falle des EZB-Programms war nach Ankündigung der Anleiheankäufe der stärkste Renditerückgang zu beobachten. Etwa sechs Wochen nach Beginn des Ankaufs von Staatsanleihen im Rahmen des PSPP erreichten die Renditen im Euroraum einen historischen Tiefpunkt. Nachfolgend pendelten sich die Renditen trotz des fortgesetzten Anleiheankaufs durch die EZB wieder auf einem leicht höheren Niveau ein (Abbildung 2).

3 Geldpolitik nur teilweise wirksam

Die Erfolgsbilanz der Geldpolitik in den vergangenen Jahren kann als durchwachsen bezeichnet werden. So konnten Liquiditätsengpässe im Bankensektor wie in der Finanzkrise dank umfangreicher Liquiditätshilfen der Notenbank bis dato verhindert werden. Zudem wurde durch Interventionen der EZB am Anleihemarkt eine erneute Verschärfung der Staatsschuldenkrise im Euroraum vermieden. Tatsächlich sind die Renditen für Staatsanleihen der Euro-Peripheriestaaten seit der „Whetever-it-Takes“-Rede des EZB-Präsidenten im Juli 2012 (Draghi 2012) und der darauffolgenden Ankündigung des OMT im Trend zurückgegangen. Trotz einer lang anhaltenden Rezession und verschlechterter fiskalpolitischer Kennzahlen in vielen Euro-Mitgliedsländern sowie einer zeitweisen Zunahme der politischen Unsicherheiten, die sich in einer wachsenden Opposition gegen Konsolidierungsmaßnahmen und einer Verschleppung dringend notwendiger Reformmaßnahmen in den Krisenländern äußerten, kam es seitdem nicht mehr zu einem signifikanten Anstieg der Risikoprämien und Renditen bei den betroffenen Staatsanleihen. Selbst die erneute Verschärfung der Griechenlandkrise im Jahr 2015 hat nur noch zu einer begrenzten Ausweitung der Risikoprämien am Anleihemarkt geführt.

Weniger klar ist der Befund allerdings mit Blick auf die konjunkturellen Effekte der Geldpolitik. Zwar befinden sich die meisten EWU-Staaten nach jahrelanger Rezession inzwischen in einer konjunkturellen Erholungsphase. Bis auf wenige Ausnahmen ist der Konjunkturaufschwung aber eher verhalten und die Zuwächse beim BIP bleiben weit hinter denen früherer Erholungsphasen zurück. Gleichzeitig liegt die Arbeitslosigkeit in vielen Ländern weiterhin auf einem außerordentlich hohen Niveau. Ein wesentlicher Grund, warum die Geldpolitik in den vergangenen Jahren nicht zu einer stärkeren konjunkturellen Belebung geführt hat, dürfte in der Beeinträchtigung wichtiger Transmissionskanäle zu finden sein. Da sich viele Staaten in einer sogenannten Bilanzrezession befinden, die unter anderem durch einen Schuldenabbau bei Unternehmen und Privathaushalten sowie einer Bereinigung von Kreditrisiken in Bankbilanzen gekennzeichnet ist, wird der sonst übliche Transmissionskanal der Geldpolitik in Richtung Realwirtschaft blockiert. Leitzinssenkungen kommen dann wegen der mangelnden Kreditvergabefähigkeit der Banken nicht bei Unternehmen und Privathaushalten an. Eine Rückkehr zu alter Wachstumsstärke ist erst nach Beendigung der Bilanzbereinigung im Bankensektor und einer Reduzierung des Verschuldungsgrads von Unternehmen und Privathaushalten zu erwarten. Gleichwohl diente das Argument gestörter Transmissionskanäle der EZB wiederholt als wichtiges Argument zur Recht-

Abbildung3

Trotz Niedrigzinsen in der EWU keine Ausweitung der Kredite an den Privatsektor

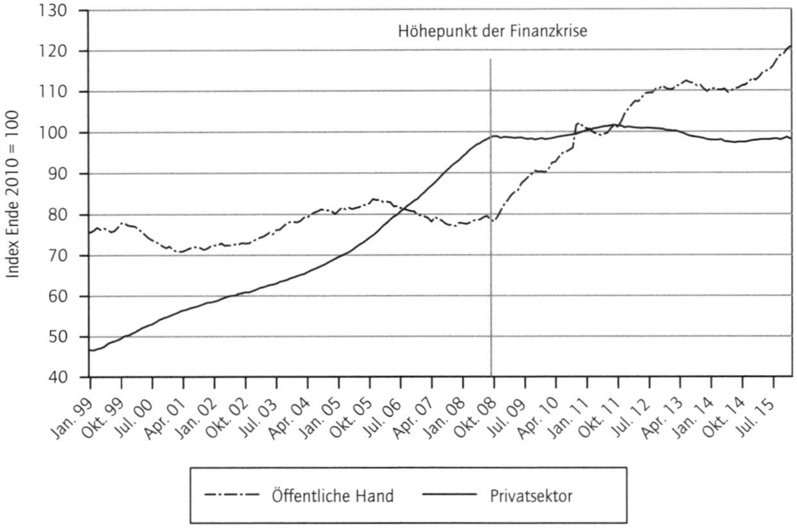

Quelle: Europäische Zentralbank.

fertigung ihres immer expansiveren Kurses (vergleiche zum Beispiel European Central Bank 2011) (Abbildung 3).

Die schwache Konjunkturentwicklung in den Krisenjahren und der später einsetzende Ölpreisverfall führten zu einem Rückgang der Inflationsraten in den EWU-Ländern. Dies hat es aus Sicht der Geldpolitik erleichtert, am ultraexpansiven Kurs festzuhalten, ohne dass eine Verfehlung des Preisniveaustabilitätsziels befürchtet werden musste. Angesichts wiederholt negativer Inflationsraten im Euroraum hat die Sorge vor einer deflatorischen Entwicklung bei der EZB zugenommen, was auch ein wesentlicher Anlass für die weitere Lockerung der Geldpolitik in 2015 sowie zuletzt im März 2016 gewesen sein dürfte.

4 Risiken der ultraexpansiven Geldpolitik

Die erkennbaren Erfolge der Geldpolitik bei der Bekämpfung der Banken- und Finanzkrise dürfen aber nicht den Blick dafür verstellen, dass der von den Notenbanken eingeschlagene Weg auf lange Sicht erhebliche Risiken birgt. Gefahren für die Finanzstabilität, die mit einer lang anhaltenden Niedrigzinspolitik in Verbindung gebracht werden, sind:

- Destabilisierung des Finanzsektors
- Blasenbildung an den Finanzmärkten
- eine wachsende Tendenz zur Überschuldung

Je tiefer die Leitzinsen gesenkt werden und je länger die Niedrigzinsphase anhält, desto größer ist das Risiko, dass eine der genannten unerwünschten Nebenwirkungen eintritt. Die Notenbanken sehen die Risiken eines lang anhaltenden Niedrigzinsumfelds durchaus, nehmen sie angesichts der Notwendigkeit unkonventioneller geldpolitischer Maßnahmen in einer Krise aber in Kauf (vergleiche zum Beispiel Asmussen 2013).

5 Destabilisierung des Finanzsektors

Banken stehen in einem lang anhaltenden Niedrigzinsumfeld unter wachsendem Ertragsdruck, da mit dem Zinsniveau und einer Verflachung der Zinsstrukturkurve in der Regel auch die Zinsmarge sinkt (Busch und Memmel 2015). Zwar gibt es auf der Ertrags- und Kostenseite einige gegenläufige Effekte, welche die durch ein niedrigeres Zinsniveau generierten Belastungen zumindest teilweise kompensieren. So ist beispielsweise zu beobachten, dass sich bei sinkendem Zinsniveau andere Ertragskomponenten tendenziell positiv entwickeln. Dies gilt beispielsweise für Erträge aus Finanzanlagen, wenn steigende Kurse zu Veräußerungsgewinnen oder einer höheren Bewertung von Wertpapierbeständen führen. Auch ist bei sinkendem Zinsniveau meist eine Abnahme der Kreditausfälle in den Bankbilanzen zu beobachten. Allerdings zeigen Analysen, dass die negativen Effekte sinkender Zinsen auf die Erträge die genannten positiven Effekte überwiegen (Borio et al. 2015: 14 ff.). Darüber hinaus weist die Beziehung zwischen Zinsniveau und Steilheit der Zinsstrukturkurve auf der einen Seite und Ertragskraft bei Banken auf der anderen Seite einen konkaven Verlauf auf. Dies bedeutet, dass die Zinserträge ab einem bestimmten Punkt überproportional sinken, wenn das Zinsniveau weiter zurückgeht. Denn befinden sich die Zinsen – wie aktuell – nahe an der Nulllinie oder bereits darunter, bestehen für Banken kaum mehr Spielräume weiter sinkende Zinsen im Aktivgeschäft durch eine Absenkung der Konditionen auf der Einlagenseite auszugleichen.

Wird die Ertragssituation durch ein anhaltendes Niedrigzinsumfeld nachhaltig beeinträchtigt, besteht ein Risiko, dass Banken systematisch höhere Risiken eingehen oder ihren Verschuldungsgrad ausweiten (Bank for International Settlements 2012: 43). Für kleinere US-Banken wurde die Bedeutung eines solchen Risikoneigungskanals nachgewiesen (Buch et al. 2011). Danach haben Banken in Reaktion auf eine geldpolitische Lockerung ihre Kreditrisiken ausgeweitet. Auch im Euroraum deutet die Entwicklung der Kreditvergabebedingungen vor Ausbruch der Finanzkrise daraufhin, dass Banken bei rückläufigen kurzfristigen Zinsen höhere Kreditrisiken eingegangen sind (Maddaloni und Peydró 2010). Außerdem dürfte für Banken ein Anreiz bestehen, die mit einer Verflachung der Zinskurve sinkenden Ertragspotenziale über Fristentransformation durch eine verstärkte Investition in Anlagen mit einer längeren Laufzeit zu kompensieren. Damit steigt das Zinsänderungsrisiko. Für den deutschen Sparkassen- und Genossenschaftssektor gibt es bereits Hinweise auf eine Ausweitung der Zinsänderungsrisiken in den vergangenen Jahren (Deutsche Bundesbank 2015: 33). So ist der Baseler Zinskoeffizient, der den barwertigen Verlust eines Zinsanstiegs in Relation zu den Eigenmitteln angibt, bei Sparkassen von 18,3 Prozent Ende 2011 bis auf 21,5 Prozent Mitte 2015 angestiegen. Er liegt damit oberhalb des bankaufsichtlich definierten Schwellenwertes zur Feststellung eines erhöhten Zinsänderungsrisikos.

Die Verschärfung des regulatorischen Rahmens nach Ausbruch der Finanzkrise schränkt das Potenzial für eine Ausweitung der Kreditrisiken bei Banken deutlich ein. Insofern sind auch die Gefahren für die Finanzstabilität, die auf diesem Wege vom Niedrigzinsumfeld ausgehen, reduziert worden. Gleichzeitig steigt mit den regulatorischen Beschränkungen aber der Druck auf die Erträge von Banken. In der Folge kann die Widerstandsfähigkeit der Banken in Finanzkrisen leiden, wenn die Möglichkeiten der Eigenkapitalbildung durch Gewinnthesaurierung eingeschränkt sind (Deutsche Bundesbank 2015: 30). Auch besteht die Möglichkeit, dass Banken bei einer regulatorischen Begrenzung von Kreditrisiken andere, weniger stark limitierte Risiken wie zum Beispiel Zinsänderungsrisiken ausweiten, um ihre Erträge zu stabilisieren.

Lebensversicherer, die ihren Kunden fixe Zinsgarantien gegeben haben, stehen angesichts des lang anhaltenden Niedrigzinsumfelds unter starkem Druck, durch Investitionen in höherverzinsliche, aber damit auch risikoreichere Anlageformen eine höhere Rendite zu erwirtschaften. Ein Hinweis für ein verändertes Investitionsverhalten der Versicherer ergibt sich aus der Zusammensetzung der von ihnen gehaltenen Anleiheportfolien. So stieg beispielsweise bei deutschen Versicherern der Anteil der Unternehmensanleihen an den gesamten Kapitalanlagen von 3,4 Prozent Ende 2009 auf 8,2 Prozent Mitte 2015 (Deutsche Bundesbank 2015: 53). Auch scheinen Versicherer in den letzten Jahren den Anteil von Anleihen der Euro-Krisenstaaten zulasten deutscher Staatsanleihen ausgeweitet zu haben. Insofern besteht ein Risiko, dass eine lang anhaltende Niedrigzinsphase zu einer Verschlechterung der Kreditqualität in den Portfolien führt und auf diesem Wege die Stabilität der Versicherer beeinträchtigen kann. Zudem zeigen Szenarioanalysen, dass rund ein Viertel der Lebensversicherer bei einem fortgesetzten Niedrigzinsumfeld bis zum Jahr 2025 nicht mehr über ausreichend Eigenmittel gemäß Solvency I verfügen würde (Deutsche Bundesbank 2015: 50).

Abbildung 4

Sinkendes Zinsniveau stellt Lebensversicherer vor Probleme

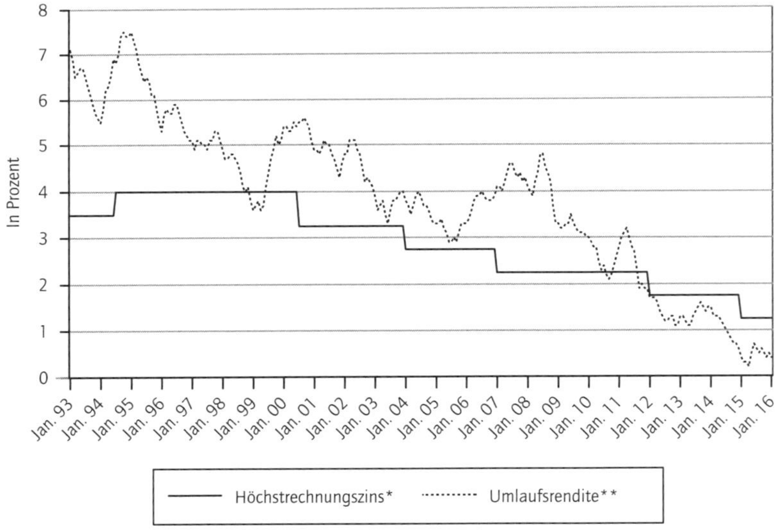

* Sogenannter Garantiezins bei Lebensversicherungen.
** Umlaufsrendite festverzinslicher Schuldverschreibungen.
Quelle: Bundesbank, Deutsche Aktuarvereinigung.

Für Versicherer besteht unter den neuen regulatorischen Vorgaben unter Solvency II ein Anreiz, die Laufzeit ihrer Kapitalanlagen auszuweiten. Da bei Versicherern – anders als bei Banken – die Passivseite der Bilanz in der Regel eine höhere Duration aufweist als die Aktivseite, trägt dies tendenziell zu einem Risikoabbau bei. Allerdings kann ein stärker durationsorientiertes Risikomanagement der Versicherer Zinsbewegungen am Markt verstärken. Denn wenn Zinsen fallen, müssen sie weitere Wertpapiere mit einer langen Laufzeit erwerben, um die dadurch entstehende Durationslücke zu schließen. Dies wiederum kann den Abwärtsdruck auf die Renditen verstärken und somit in einen selbstverstärkenden Prozess münden (Deutsche Bundesbank 2015: 54) (Abbildung 4).

6 Blasenbildung an den Finanzmärkten

Eine Lockerung der Geldpolitik kann über verschiedene Transmissionskanäle zu einem Anstieg der Preise von Vermögenswerten führen. Dies ist im Falle unkonventioneller Maßnahmen wie dem Ankauf von Anleihen durch eine Notenbank in besonderem Maße evident. Die Intervention an den Märkten hat ja gerade zum Ziel, das Renditeniveau der betreffenden Finanzwerte in eine gewünschte Richtung zu beeinflussen. Die von den Marktinterventionen der Notenbank in einem Anleihesegment ausgelösten Kurs-/Renditeänderungen wirken sich über den Portfolioumschichtungskanal auch auf das Kursniveau in anderen Märkten aus. Ein besonders starker Einfluss sinkender Zinsen auf das Preisniveau lässt sich bei Immobilien und Rohstoffen nachweisen (Bordo und Lane 2013). Letztendlich ist aber meist – wie auch aktuell beim Anleiheankaufprogramm der EZB – ein allgemeiner Verfall der Renditen beziehungsweise Preisanstieg bei Vermögenswerten zu beobachten.

Ein Preisanstieg bei Vermögenswerten stellt kein eigenständiges Ziel geldpolitischer Maßnahmen dar. Letztendlich sollen die mit den Kurssteigerungen bei Anleihen verknüpften Renditerückgänge die Finanzierungskonditionen für Unternehmen und Banken verbessern und auf diesem Wege die gesamtwirtschaftliche Investitions- und Konsumtätigkeit fördern. Ankäufe von Staatsanleihen zielen dagegen auf eine Korrektur der aus EZB Sicht verzerrten Risikoprämien am Markt sowie eine weitere Lockerung der geldpolitischen Rahmenbedingungen nach Ausschöpfen der konventionellen Instrumente. Steigende Vermögenswerte können einen direkten positiven Einfluss auf die Konsumtätigkeit haben. Ein solcher Zusammenhang lässt sich im Euroraum für einen Anstieg des Geldvermögens nachweisen. Eine Veränderung der Immobilienpreise scheint dagegen keinen signifikanten Einfluss auf die Konsumtätigkeit zu haben (Sousa 2009).

Allerdings sind im Hinblick auf die gesamtwirtschaftlichen Effekte geldpolitisch verursachter Vermögenspreisanstiege auch Verteilungswirkungen zu berücksichtigen. Da Einkommen und Vermögen in der Regel positiv korreliert sind, kann eine Geldpolitik, die mit einem Anstieg der Vermögenspreise verbunden ist, eine Umverteilung zugunsten einkommensstarker Haushalte beinhalten. Eine steigende Ungleichverteilung wiederum kann die Finanzstabilität gefährden, wenn dadurch der Verschuldungsgrad von Privathaushalten zu stark ansteigt. Der Zusammenhang zwischen Ungleichheit, Verschuldung und Krise dürfte bei der Entstehung der Suprime-Krise in den USA eine wichtige Rolle gespielt haben (Kumhof und Rancière 2010). Insgesamt sind die Verteilungswirkungen geldpolitischer Maßnahmen aber schwer einzuschätzen, da es eine Reihe von Wirkungskanälen gibt, die teilweise entgegengesetzt auf die Verteilung von Einkommen, Vermögen und Konsum wirken (vergleiche Mersch 2014).

Als für die Finanzmarktstabilität kritisch ist eine expansive Geldpolitik vor allem dann zu bewerten, wenn Preis- oder Kursanstiege in eine Vermögenspreisblase zu münden drohen, sich die Marktpreise also massiv von ihrem fundamental gerechtfertigten Niveau entfernen. Die Tatsache, dass eine geldpolitische Lockerung zu einem Vermögenspreisanstieg führen kann, ist als Erklärung für die Entstehung von Preisblasen nicht hinreichend. Geldpolitische Maßnahmen können zu einer Anpassung der Erwartungen in Bezug auf das künftige Zinsniveau oder die realwirtschaftliche Entwicklung führen und auf diese Weise das fundamental gerechtfertigte Preisniveau verändern. Erst wenn die Preise sehr viel schneller steigen als die Fundamentalwerte, ist von einer Tendenz zur Blasenbildung auszugehen.

Angesichts zahlreicher Finanzkrisen in den vergangenen Dekaden wurden eine Reihe theoretischer Ansätze entwickelt, die die Entstehung von Spekulationsblasen erklären können (Scherbina 2013). Dem Einfluss der Geldpolitik dabei wurde bisher relativ wenig Beachtung geschenkt. Weitgehend unbestritten dürfte aber sein, dass kreditfinanzierte Spekulationsblasen – wie zum Beispiel im Falle der Subprime-Kredite in den USA – ohne eine Politik des billigen Geldes in vielen Fällen nicht möglich gewesen wären. Außerdem spricht einiges dafür, dass die Geldpolitik durch ihre asymmetrische Reaktion auf Vermögenspreisblasen, was im Trend zu einer immer expansiveren Ausrichtung der Geldpolitik geführt hat, spekulatives Verhalten fördert (König und Pothier 2015). Denn Investoren konnten bisher darauf vertrauen, dass Notenbanken die Folgen einer geplatzten Vermögenspreisblase über eine Lockerung der Geldpolitik abfedern und auf diesem Wege den Schaden für Investoren begrenzen. Anhaltende oder starke Vermögenspreisanstiege führen dagegen eher selten zu einer geldpolitischen Reaktion. Dies wurde bis zum Ausbruch der Finanzkrise vor allem mit der mangelnden Identifizierbarkeit von Preisblasen begründet. Auch wurde auf die hohen gesamtwirtschaftlichen Kosten verwiesen, die entstehen können, wenn die Geldpolitik mit ihrem relativ unspezifischen Instrumentarium Spekulationskrisen einzudämmen versucht.

Im Lichte neuer Methoden und Erkenntnisse ist diese Sichtweise nicht länger haltbar. Eine Analyse vergangener Krisen zeigt, dass die gesamtwirtschaftlichen Kosten einer geplatzten Blase die Kosten einer vorausschauenden Geldpolitik meist bei Weitem übersteigen (Brunnermeier und Schnabel 2015). Platzt eine Spekulationsblase, sind die negativen Folgen für die Volkswirtschaft in der Regel erheblich. Dies gilt in besonderem Maße, wenn Vermögenspreisanstiege mit einer Kreditblase einhergehen und der Bankensektor vom Platzen der Blase dementsprechend massiv betroffen ist. Auch der Verweis auf eine mangelnde Identifizierbarkeit von Vermögenspreisblasen reicht als Argument gegen eine Geldpolitik, die Auswirkungen der Niedrigzinspolitik auf die Entwicklung von Vermögenspreisen berücksichtigt, nicht aus. Zwar ist das Problem, dass der Fundamentalwert von Vermögenswerten kaum zuverlässig bestimmt und somit eine Tendenz zu spekulativer Übertreibung nicht immer nachgewiesen werden kann, kaum zu lösen. Allerdings stehen (geld-)politischen Entscheidungsträgern heute eine Vielzahl neuer methodischer Ansätze zur Identifikation krisenhafter Tendenzen an den Märkten zur Verfügung, die unter anderem im Zusammenhang mit der Schaffung einer makroprudenziellen Aufsicht entwickelt wurden (Schoenmaker und Wierts 2016). Historische Erfahrungen zeigen darüber hinaus, dass sich Vermögenspreisblasen mit einer Kombination aus geldpolitischen und makroprudenziellen Instrumenten (zum Beispiel engere Beleihungsgrenzen bei Immobilienfinanzierungen) besonders effektiv verhindern lassen. Makroprudenzielle Instrumente alleine reichen dagegen häufig nicht aus.

7 Ausweitung der Verschuldung

Fast alle Vermögenspreisblasen sind zu einem erheblichen Teil kreditfinanziert (Brunnermeier und Schnabel 2015: 8). Allerdings ist für eine Ausweitung der Verschuldung in der Regel nicht alleine ein niedriges Zinsniveau beziehungsweise eine lockere Geldpolitik verantwortlich. Vielmehr ist eine hohe Kreditdynamik häufig auch die Folge von Finanzinnovationen oder einer Deregulierung des Finanzsektors. Gleichwohl sollte der Beitrag einer lockeren Geldpolitik zur Entstehung von Vermögenspreisblasen nicht unterschätzt werden, da niedrige Zinsen eine Ausweitung der Verschuldung häufig erst ermöglichen.

So wäre der Anstieg der öffentlichen Verschuldung im Euroraum in den vergangenen Jahren ohne die Maßnahmen der EZB in dem beobachteten Ausmaß wohl kaum möglich gewesen. Zwar ist die Verschlechterung der Verschuldungsrelationen in den meisten EWU-Mitgliedsländern in erster Linie auf die Rettungsmaßnahmen im Zuge der Finanzkrise und die schwachen wirtschaftlichen Rahmenbedingungen zurückzuführen. Dennoch dürfte das im Trend rückläufige Zinsniveau den Druck zur Konsolidierung des Staatshaushaltes stark verringert haben. In fast allen Euro-Staaten sind die Schulden seit 1999 stärker gestiegen als die Zinsausgaben der öffentlichen Hand, so dass die Zinsbelastung in Relation zum Bruttoinlandsprodukt bis auf wenige Ausnahmen trotz deutlich höherer Verschuldung kaum zugenommen hat. Ob die für Staaten niedrigen Kapitalmarktzinsen Ergebnis fallender Leitzinsen oder einer Intervention der Notenbank am Staatsanleihemarkt sind, spielt dabei keine Rolle (Abbildung 5).

Inwieweit eine lockere Geldpolitik in eine Überschuldung und damit eine Kreditblase mündet, hängt von verschiedenen weiteren Faktoren ab. Das Risiko hierfür dürfte insbesondere dann sehr groß sein, wenn Banken, Versicherer oder andere Gläubiger bereit sind, ihre Kreditstandards aufzuweichen beziehungsweise höhere Kreditrisiken einzugehen. Dass ein solches Verhalten im Zusammenhang mit einem Umfeld anhaltend niedriger Zinsen häufig zu beobachten ist, wurde an anderer Stelle bereits dargelegt. Auch wenn marktbasierte Sanktionsmechanismen nicht mehr oder nur noch eingeschränkt wirksam sind, droht eine Überschuldung. Dies ist aktuell vor allem mit Hinblick auf den Markt für Anleihen der öffentlichen Hand der Fall. Wegen der Interventionen (dem Ankauf von Anleihen) durch die EZB findet eine Sanktionierung stabilitätspolitischen Fehlverhaltens in Form steigender Zinsen nicht mehr in ausreichendem Maße statt. Daher ist es für die Eindämmung der Verschuldungsdynamik auch so wichtig, die nicht mehr wirksame Sanktion über den Markt durch andere glaubwürdige institutionelle Sanktionsmechanismen, wie den europäischen Stabilitäts- und Wachstumspakt, zu ersetzen.

Eine Geldpolitik, die auf Krisen mit einer immer weiteren Lockerung der geldpolitischen Rahmenbedingungen reagiert und dadurch eine Schuldenkonsolidierung verzögert oder verhindert, kann zu einer Art „Schuldenfalle“ führen. Für Notenbanken ist es in einer solchen Situation nicht mehr möglich, die Zinsen ohne massiven Schaden für die Gesamtwirtschaft zu erhöhen (Borio und Disyatat 2014). Niedrige Zinsen können in diesem Sinne einem sich selbst verstärkenden Prozess folgen. Im Ergebnis schränkt die Geldpolitik ihre eigene Handlungsfähigkeit durch eine fortgesetzte Absenkung der Zinsen und Ausweitung des unkonventionellen Inst-

Abbildung 5

Zinslast der öffentlichen Hand in Italien trotz hoher Schuldendynamik nicht gestiegen

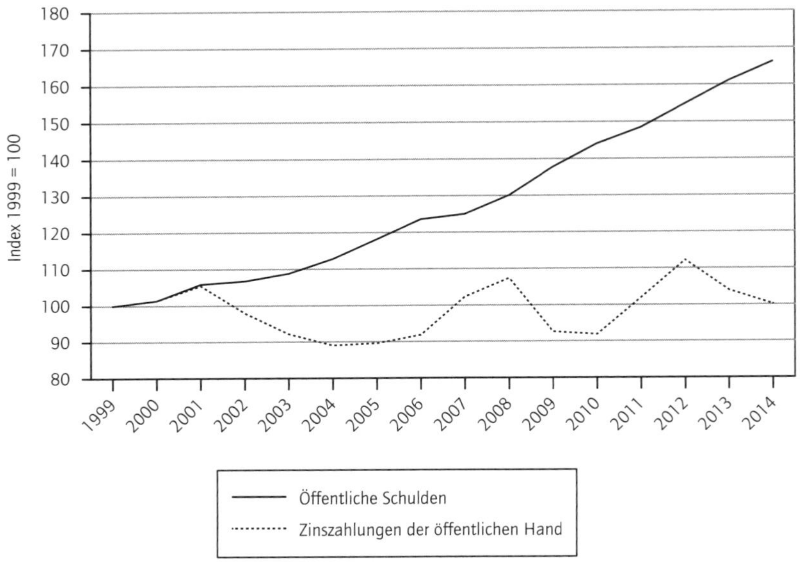

Quelle: Eurostat.

rumentariums immer weiter ein. Die mangelnde Fähigkeit Inflation zu bekämpfen und der Verlust an Glaubwürdigkeit stellen dabei nur zwei Risiken dar, denen sich eine Notenbank beim Ausstieg aus der ultraexpansiven Geldpolitik ausgesetzt sieht.

8 Schlussfolgerungen

Mit zunehmender Dauer der Niedrigzinsphase werden die Risiken einer solchen Geldpolitik für die Finanzstabilität immer stärker in den Vordergrund treten. Letztendlich können sich die mit einer ultraexpansiven Geldpolitik intendierten positiven Wirkungen auf die Finanzmärkte und die Realwirtschaft in ihr Gegenteil verkehren. Aus gesamtwirtschaftlicher Sicht kann es dann sehr teuer werden, den mit einer Destabilisierung des Finanzsektors oder einer Kredit- beziehungsweise Vermögenspreisblase verbundenen Schaden abzufedern. Um die Wahrscheinlichkeit derartiger Nebenwirkungen der Niedrigzinspolitik zu minimieren, sollte die EZB nicht zu lange am Krisenmodus festhalten und Spielräume zu einer Normalisierung ihrer Geldpolitik daher möglichst zeitnah nutzen. Andernfalls besteht das Risiko, dass die Niedrigzinspolitik immer mehr zu einer Einbahnstraße wird, aus der es für die Geldpolitik kein Entrinnen mehr gibt.

Literaturverzeichnis

- Altavilla, Carlo, Giacomo Carboni und Roberto Motto (2015): Asset Purchase Programmes and Financial Markets: Lessons from the Euro area. ECB Working Paper Series, No. 1864. Frankfurt a. M.
- Asmussen, Jörg (2013): Saving the Euro. Rede auf The Economist's Bellwether Europe Summit, London, 25. April 2013. www.ecb.europa.eu/press/key/date/2013/html/sp130425.en.html (abgerufen am 3.2.2016).
- Bank for International Settlements (2012): The Limits of Monetary Policy. 82nd Annual Report, Chapter IV, 34–49.
- Belke, Ansgar (2013): Impact of Low Interest Rate Environment – Global Liquidity Spillovers and the Search-for-Yield. Brüssel. www.europarl.europa.eu/studies
- Bernoth, Kerstin, Philipp König, Carolin Raab und Marcel Fratzscher (2015): Unbekanntes Terrain: Anleihekäufe der Europäischen Zentralbank. DIW Wochenbericht Nr. 13/2015, 307–316.
- Bordo, Michael D. und John Landon Lane (2013): Does Expansionary Monetary Policy Cause Asset Price Booms; Some Historical and Empirical Evidence. NBER Working Paper, No. 19585. Cambridge, MA.
- Borio, Claudio und Piti Disyatat (2014): Low Interest Rates and Secular Stagnation: Is Debt the Missing Link? VOX CEPR's Policy Portal. www.voxeu.org/article/low-interest-rates-secular-stagnation-and-debt (abgerufen am 3.2.2016).
- Borio, Claudio, Leonardo Gambacorta und Boris Hofmann (2015): The Influence of Monetary Policy on Bank Profitability. BIS Working Papers, No. 514.
- Brunnermeier, Markus K. und Isabel Schnabel (2015): Bubbles and Central Banks: Historical Perspectives.
- Buch, Claudia M., Sandra Eickmeier und Esteban Prieto (2011): In Search for Yield? New Survey-Based Evidence in Bank Risk Taking. CESifo Working Papers, No. 3375.
- Busch, Ramona und Christoph Memmel (2015): Banks' Net Interest Margin and the Level of Interest Rates. Deutsche Bundesbank, Discussion Paper No. 16/2015.
- Deutsche Bundesbank (2013): Finanzstabilitätsbericht 2013.
- Deutsche Bundesbank (2015): Risikolage im deutschen Finanzsystem. Finanzstabilitätsbericht 2015, 15–69.
- Draghi, Mario (2012): Speech by Mario Draghi, President of the European Central Bank, at the Global Investment Conference in London, 26 July 2012. www.ecb.europa.eu/press/key/date/2012/html/sp120726.en.html (abgerufen am 3.2.2016).
- European Central Bank (2011): The ECB's Non-Standard Measures – Impact and Phasing-Out. Monthly Bulletin, July, 55–69.
- European Central Bank (2013): The ECB's Non-standard Monetary Policy Measures. The Role of Institutional Factors and Financial Structure. ECB Working Paper Series, No. 1528. Frankfurt a. M.
- European Central Bank (2015): The Transmission of the ECB's Recent Non-standard Monetary Policy Measures. Economic Bulletin, 7/2015, 32–51.
- Filardo, A. und B. Hofmann (2014): Forward Guidance at the Zero Lower Bound. BIS Quarterly Review, March, 37–53.
- König, Philipp und David Pothier (2015): Bubbles and Monetary Policy: To Burst or Not to Burst. DIW Roundup, Nr. 55. Berlin.
- Kumhof, Michael und Romain Rancière (2010): Inequality, Leverage and Crises. IMF Working Paper, WP/10/268. Washington, D. C.

— Maddaloni, Angela und José-Luis Peydró (2010): Bank Risk-Taking, Securitization, Supervision and Low Interest Rates. Evidence from the Euro Area and the U. S. Lending Standards. ECB Working Paper Series, No. 1248. Frankfurt a. M.
— Mersch, Yves (2014): Monetary Policy and Economic Inequality. Speech by Yves Mersch, Member of the Executive Board of the ECB, Corporate Credit Conference, Zurich, 17 October 2014. www.ecb.europa.eu/press/key/date/2014/html/sp141017_1.en.html (abgerufen am 14.3.2016).
— Praet, Peter (2013): Forward Guidance and the ECB. VOX CEPR's Policy Portal. www.voxeu.org/article/forward-guidance-and-ecb (abgerufen am 03.02.2016).
— Scherbina, Anna (2013): Asset Price Bubbles: A Selective Survey. IMF Working Paper, WP/13/45. Washington, D. C.
— Schoenmaker, Dirk und Peter Wierts (2016): Macroprudential Supervision: From Theory to Policy. European Systemic Risk Board Working Paper Series, No. 2/February 2016. Frankfurt a. M.
— Sousa, Ricardo M. (2009): Wealth Effects on Consumption. Evidence from the Euro Area. ECB Working Paper Series, No. 1050. Frankfurt a. M.

Anlageverhalten privater Haushalte in Deutschland: Die Rolle der realen Renditen

CHRISTINE ANNUSS UND MANUEL RUPPRECHT*

Christine Annuß, Deutsche Bundesbank, E-Mail: Christine.Annuss@bundesbank.de
Manuel Rupprecht, Deutsche Bundesbank, E-Mail: Manuel.Rupprecht@bundesbank.de

Zusammenfassung: Die nominalen Zinsen in Deutschland sind insbesondere bei Bankeinlagen in den vergangenen Jahren auf ein historisch niedriges Niveau gesunken und können damit die Zinseinkommen der privaten Haushalte schmälern. Vor diesem Hintergrund leitet dieser Beitrag die Berechnung der realen Gesamtportfoliorendite der Privathaushalte in Deutschland her. Diese Rendite wird neben Bankeinlagen auch von renditeträchtigeren Anlageformen wie Versicherungsansprüchen und Wertpapieren bestimmt und fällt derzeit nicht außerordentlich niedrig aus. Die reale Rendite ist für die Privathaushalte jedoch kein zentraler Faktor bei der Wahl der Geldanlage; neben demografischen und institutionellen Faktoren sind dafür vielmehr die Präferenzen bezüglich Risiko und Liquidität bedeutend. Im Euroraum-Vergleich stellen die Präferenzen der Haushalte in Deutschland dabei keine Ausnahme dar.

Summary: Nominal interest rates in Germany have fallen to historically low levels in the past years, particularly for bank deposits, thereby potentially reducing households' interest incomes. Against this backdrop, this article establishes the computation of the real total portfolio return of households in Germany. Besides bank deposits, this return is also determined by higher-yielding forms of investment such as insurance claims and securities and is not exceptionally low at the current stage. The real return, however, is not the central determinant of the financial investment decision. In addition to demographic and institutional factors, preferences concerning the liquidity and riskiness, in fact, are more important determinants. Compared to other euro area countries, German households' preferences do not constitute an exception in this respect.

→ JEL Classification: E21, E29, G11
→ Keywords: Households, wealth, portfolio, rate of return

* Der Beitrag gibt die persönliche Einschätzung des Autors und der Autorin wieder, die nicht notwendigerweise mit der Meinung der Deutschen Bundesbank übereinstimmen muss. Die Autoren danken insbesondere Mark Weth, Andreas Eisenbraun und Alexander Erler für ihre Unterstützung.

1 Motivation

Im Lichte der Leitzinssenkungen des Eurosystems seit Ausbruch der Finanz- und Wirtschaftskrise sind die nominalen Zinsen in den vergangenen Jahren in Deutschland auf ein historisches Tief gesunken. Dies betrifft unter anderem Bankeinlagen, die in Deutschland traditionell einen beträchtlichen Anteil des Geldvermögens der privaten Haushalte, also der Sparer ausmachen. Da die nominale Einlagenverzinsung mittlerweile zum Teil bei null liegt, werden in Deutschland bisweilen Zweifel daran laut, ob sich Sparen in einem solchen Umfeld noch lohnt.

Ein Blick auf das gesamte Geldvermögen des Sektors der Privathaushalte in Deutschland zeigt jedoch, dass die Portfoliostruktur aller privaten Haushalte insgesamt neben Bankeinlagen auch von anderen Anlageformen wie Versicherungsansprüchen und Wertpapieren geprägt wird. Deren Erträge umfassen neben Zinseinkünften auch Kursveränderungen und Dividendenzahlungen, so dass diese Anlageformen renditeträchtiger sein können als Bankeinlagen. Um inflationsbedingten Wertschwankungen Rechnung zu tragen, ist zudem die reale Betrachtung der Renditen notwendig.

Vor diesem Hintergrund leiten wir im vorliegenden Beitrag zunächst konzeptionell und anschließend empirisch die reale Gesamtportfoliorendite für die Privathaushalte in Deutschland unter Berücksichtigung aller wesentlichen Anlageformen her. Der Blickwinkel ist dabei stets ein makroökonomischer, unterschiedliche Portfoliostrukturen einzelner Haushalte werden nicht betrachtet. Zur Einschätzung ihres aktuellen Niveaus ordnen wir diese Gesamtrendite in den historischen Kontext ein. Dabei zeigt sich zum einen, dass das reale Renditeniveau seit Krisenausbruch im Mittel höher war, als es allein die Einlagenzinsen suggerieren. Zum anderen wird aber auch deutlich, dass es in der Vergangenheit phasenweise sogar spürbar niedriger ausfiel als aktuell.[1] Aussagen über die künftige Entwicklung der realen Gesamtrendite sind damit indes nicht verbunden, und es ist durchaus vorstellbar, dass ihr Niveau bei einem länger anhaltenden Umfeld niedriger Nominalzinsen weiter sinkt.

Daran anschließend diskutieren wir aus makroökonomischer Perspektive grundlegende Trends sowie wesentliche Determinanten des Anlageverhaltens der privaten Haushalte in Deutschland seit den 90er Jahren. Reale Renditen haben die Wahl der Geldanlage demnach nicht zentral beeinflusst. Stattdessen waren demografische sowie institutionelle Faktoren und insbesondere auch Präferenzen bezüglich der Liquidität und des Risikos weitaus wichtigere Faktoren, auch und gerade in der jüngeren Vergangenheit. Ein kurzer internationaler Vergleich des Anlageverhaltens zeigt zudem, dass die Präferenzen der deutschen Privathaushalte kein Einzelfall sind, sich aber durchaus von einigen südlichen Euroraum-Ländern unterscheiden.

---

1 Dieser Beitrag basiert zum Teil auf den Ausführungen der Deutschen Bundesbank (2015).

2 Reale Renditen

2.1 Konzeptionelle Überlegungen

Nominale Einlagenzinsen stellen für Sparer eine besonders greifbare Ertragsform dar, da die entsprechenden Zinssätze den Konditionen der Geldanlage meist direkt zu entnehmen sind. Die nominale Betrachtungsweise spiegelt jedoch nicht die tatsächliche Kaufkraft der Verzinsung der Geldanlage wider. Aus der Differenz des Nominalzinses und der über die Laufzeit erwarteten Inflationsrate ergibt sich näherungsweise der in diesem Zusammenhang relevantere Realzins.[2] Dieser misst letztlich die Entlohnung für den Verzicht auf heutigen Konsum zugunsten zukünftigen Konsums (Zeitpräferenz-Theorie) oder – anders ausgedrückt – für die temporale Überlassung von Zahlungsmitteln (Liquiditätspräferenz-Theorie).

Während bei Bankeinlagen Erträge lediglich in Form von Zinszahlungen anfallen, kommen bei anderen Anlageformen weitere Ertragselemente hinzu. So erzielen beispielsweise Schuldverschreibungen zusätzlich zu den Zinsen Erträge aus Kursänderungen,[3] bei anderen Wertpapierarten wie Aktien und Anteilen an einschlägig investierenden Investmentfonds können außerdem Dividenden anfallen. Da die privaten Haushalte hier in ihrer Gesamtheit betrachtet werden, ist die Verteilung der jeweiligen Aktiva auf die einzelnen Haushalte unerheblich.[4] Der aus diesen Komponenten resultierende Gesamtertrag – in Relation zu den investierten Mitteln – entspricht der jeweiligen Rendite einer Geldanlage. Bereinigt um die erwartete Inflationsrate ergibt sich näherungsweise die reale Rendite. Der gesamte Ertrag des Geldvermögens der Privathaushalte im Aggregat wird somit nicht nur von den Zinszahlungen auf Bankeinlagen, sondern auch von den weiteren Anlageformen im Portfolio und deren Erträgen determiniert.

In den nachfolgenden Berechnungen werden alle wesentlichen Anlageformen im Geldvermögen der privaten Haushalte berücksichtigt und deren jeweilige Rendite ermittelt.[5] Die Betrachtung ist dabei durchweg eine makroökonomische; mikroökonomische Aspekte sind nicht Gegenstand der Diskussion. Gemäß den Angaben der gesamtwirtschaftlichen Finanzierungsrechnung der Deutschen Bundesbank umfassen diese Anlageformen vor allem Bankeinlagen (im Folgenden einschließlich Bargeld), Ansprüche gegenüber Versicherungen, Aktien, Investmentfondsanteile und Schuldverschreibungen.[6] Die Berechnungen erfolgen für den Zeitraum 1991 bis 2014 auf Vierteljahresbasis. Dabei entsprechen Einlagenrenditen in der Praxis einem für einen be-

2 Formal lässt sich der Zusammenhang von Nominal- und Realzins anhand der Fisher-Gleichung $i_t \approx r_t + \pi^e_{t+1}$ (approximativ) darstellen, die die Bedingung für ein Vermögensgleichgewicht ist, in dem der Ertrag einer Geldanlage jenem einer realwirtschaftlichen Investition entspricht. Vergleiche dazu Fisher (1896).

3 Im Fall der Umlaufrendite hängt die Höhe der Rendite von Schuldverschreibungen mit der Restlaufzeit zusätzlich von einer zeitlichen Komponente ab.

4 Laut der Bundesbank-Studie „Private Haushalte und ihre Finanzen" hat beispielsweise nur knapp ein Viertel aller Haushalte in Deutschland Anteile an Investmentfonds im Portfolio (Deutsche Bundesbank 2013). Ähnliches zeigen andere einschlägige Umfragen wie beispielsweise die Einkommens- und Verbrauchsstichprobe des Statistischen Bundesamtes oder das SOEP des DIW Berlin.

5 Immobilien wurden bei dieser Betrachtung aufgrund verschiedener Datenprobleme, unter anderem in Form abweichender Bewertungsansätzen, nicht einbezogen.

6 Die weiterhin ausgewiesenen sogenannten Sonstigen Anteilsrechte (GmbH-Anteile, Anteile an Genossenschaften etc.) sowie die Sonstigen Forderungen (die unter anderem die verzinslich angesammelten Überschussanteile privater Haushalte gegenüber Versicherungen enthalten) werden aufgrund ihrer vergleichsweise geringen Bedeutung im Weiteren vernachlässigt.

stimmten Zeitraum vereinbarten Zinssatz und sind meist zukunftsgerichtet. Die Renditen von Versicherungsansprüchen und Wertpapieren spiegeln hingegen primär die über einen festen Zeitraum in der Vergangenheit erwirtschafteten Erträge wider. Die Berechnung realer Ex-ante-Renditen ist in der Praxis mit einer Reihe von Schwierigkeiten verbunden: Letztlich wären dafür Kenntnisse des beabsichtigten Anlagehorizonts,[7] der künftig erwarteten Renditen sowie der diesem Zeithorizont entsprechenden Inflationserwartungen erforderlich. Derartige Informationen sind jedoch weder in adäquater Form noch im benötigten Umfang verfügbar.[8] Um eine konsistente Berechnung sicherzustellen, werden daher sowohl bei den nominalen (Wertpapier-) Renditen als auch bei der Inflationsrate (Verbraucherpreisindex für Deutschland) die ex post realisierten Werte verwendet.

2.2 Berechnung der realen Renditen

Datengrundlage für die Berechnung der Renditen von Bankeinlagen ist für die Jahre vor 2003 die im selben Jahr eingestellte Zinsstatistik[9] und im Anschluss daran die harmonisierte MFI-Zinsstatistik[10] der Deutschen Bundesbank.[11] Bankeinlagen beinhalten wiederum Sicht-, Termin- und Spareinlagen sowie hier auch Bargeld. Vor 2003 liegen den Einlagenrenditen Schätzungen auf Basis der alten Zinsstatistik zugrunde. Im Anschluss daran wird auf den Zinssatz für täglich fällige Einlagen, Zinssätze für Einlagen mit vereinbarter Laufzeit (bis zu zwei Jahren sowie über zwei Jahre) beziehungsweise Zinssätze für Einlagen mit vereinbarter Kündigungsfrist (bis zu drei Monaten sowie über drei Monate) gemäß MFI-Zinsstatistik zurückgegriffen. Zusammen mit Bargeld, für das eine nominale Rendite von null Prozent angesetzt wird, werden die Renditen für die einzelnen Einlagenarten mit ihren aus der Finanzierungsrechnung abgeleiteten, zeitvariablen Portfolioanteilen gewichtet und zu einem aggregierten Einlagenzinssatz zusammengefasst. Die resultierende Zeitreihe ist damit ein Maß für die durchschnittliche Verzinsung des Einlagenbestandes privater Haushalte in Deutschland.

Die Grundlage für die Rendite der Ansprüche privater Haushalte gegenüber Versicherungen wird primär von der von Assekurata ermittelten laufenden Verzinsung von Lebensversicherungsverträgen gebildet, die ab 1999 verfügbar ist.[12] Da Lebens- und private Rentenversicherungen einen bedeutenden Anteil der Versicherungsansprüche privater Haushalte ausmachen, entspricht die laufende Verzinsung dieser Verträge näherungsweise der Verzinsung der gesamten Versicherungsansprüche. Für den vorangegangenen Zeitraum wird die Zeitreihe unter anderem mithilfe

---

7 Hier wird lediglich zwischen kurz- und langfristigen Laufzeiten und Kündigungsfristen unterschieden, eine differenziertere Erfassung der jeweiligen Laufzeiten und Kündigungsfristen erfolgt aufgrund unzureichender Daten nicht.

8 Dem Consensus Forecast lassen sich lediglich Inflationserwartungen für verschiedene Zeitpunkte in der Zukunft entnehmen; deren Berücksichtigung ändert aber nichts Wesentliches am Gesamtbild und ist der Berechnung der Ex-post-Renditen vor allem aufgrund der fehlenden Informationen zum Anlagehorizont nicht überlegen.

9 Erhebung über Soll- und Habenzinsen ausgewählter Kredit- und Einlagenarten; ungewichtete Durchschnittszinssätze in nominaler Rechnung.

10 Volumengewichtete Durchschnittszinssätze und Effektivzinssätze.

11 Aufgrund der unterschiedlichen Datenquellen sind die beiden Zeiträume allerdings nur eingeschränkt vergleichbar. Vergleiche dazu auch Deutsche Bundesbank (2004).

12 Für eine ausführliche Darstellung der unterschiedlichen Verzinsungsarten von Versicherungen vergleiche Deutsche Bundesbank (2014).

von Angaben des Gesamtverbands der Deutschen Versicherungswirtschaft zur jährlichen Nettoverzinsung der Kapitalanlagen von Versicherern approximiert.

Die durchschnittliche Rendite der Aktien im Besitz der Privathaushalte wird mithilfe gängiger in- und ausländischer Total-Return-Indizes[13] berechnet. Für den Zeitraum vor 2006 wird eine Gesamtrendite aus dem CDAX errechnet. Erst ab 2006 erlaubt die Datengrundlage eine Unterscheidung nach Wertpapieremittenten, sodass für Banken, Finanzdienstleister und Versicherungen jeweils Subindizes des Prime-All-Share-Index genutzt werden. Die Rendite der von nichtfinanziellen Kapitalgesellschaften (NFK) emittierten Aktien $R_{NFK,t-1,t}$ wird – unter Berücksichtigung der relativen Marktkapitalisierung der verschiedenen Sektoren – residual berechnet. Für die vierteljährliche Ex-post-Rendite des Prime-All-Share-Index gilt:

$$R_{Prime\ All\ Share,t-1,t} = \sum_{i=1}^{3} w_{i,t} R_{i,t-1,t} + w_{NFK,t} R_{NFK,t-1,t} \ .$$

Dabei bezeichnet $R_{i,t-1,t} = \frac{Performanceindex_{i,t}}{Performanceindex_{i,t-1}} - 1$ die Rendite des Emittentensektors i und

$w_{i,t} = \frac{Marktkapitalisierung_{i,t}}{Marktkapitalisierung_{Prime\ All\ Share,t}}$ das Gewicht dieses Sektors im Gesamtindex zum Zeitpunkt t. Die Rendite der vom Ausland emittierten Papiere basiert auf dem MSCI World für Industrieländer. Die resultierenden Renditen werden dann ihrem jeweiligen von der Finanzierungsrechnung ausgewiesenen Anteil im Haushaltsportfolio entsprechend zeitvariabel gewichtet, zu einer Zeitreihe aggregiert, annualisiert und in Form einer Jahresänderungsrate dargestellt.

Der näherungsweisen Bestimmung der durchschnittlichen Rendite von Anlagen in Investmentfonds liegt vor allem die Preisentwicklung aller in Deutschland meldepflichtigen Publikumsfonds zugrunde. Entsprechende Angaben entstammen primär der Statistik über Investmentfonds der Deutschen Bundesbank. Die auf Einzeldaten basierenden Berechnungen werden dabei zunächst für jeden Fonds separat und auf Monatsebene durchgeführt. Das entsprechende Renditemaß lautet:

$$r_{i,t-1,t} = \frac{P_{i,t}}{P^*_{i,t-1}} + \frac{Ausschüttung_{i,t-1,t}}{FV_{i,t-1}} - 1 \ .$$

Dabei bezeichnen $P_{i,t}$ den aktuellen und $P^*_{i,t-1}$ den modifizierten Rücknahmepreis. Dieser entspricht dem Rücknahmepreis in der Vorperiode, ergänzt um zurückliegende Ausschüttungen. Die Rendite $r_{i,t-1,t}$ eines einzelnen Fonds i ergibt sich aus dem Verhältnis des aktuellen Rücknahmepreises und des modifizierten Rücknahmepreises des Vormonats, zuzüglich der aktuellen Ausschüttungsquote in Relation zum Fondsvermögen des Vormonats $FV_{i,t-1}$. Die einzelnen Ren-

13 Auch Performance-Indizes genannt; diese Indizes berücksichtigen auch Dividenden.

diten auf Fondsebene werden mit dem entsprechenden Fondsvermögen gewichtet und zu einer Durchschnittsrendite auf Ebene der Fondsklasse *k* zusammengefasst:[14]

$$R_{k,t-1,t} = \frac{\sum_{i=1}^{n} FV_{i,k,t}\, r_{i,t-1,t}}{\sum_{i=1}^{n} FV_{i,k,t}} \forall i \in k \; .$$

Die Berechnung einer annualisierten Durchschnittsrendite über alle Fondsklassen hinweg erfolgt mit zeitvariablen Gewichten auf Grundlage des Vermögensbestandes $X_{k,\tau}$ der einzelnen Fondsklassen am Ende des Jahres τ, wofür zusätzlich entsprechende Angaben der Statistik über Wertpapierinvestments der Deutschen Bundesbank herangezogen werden.[15] Für die einzelnen Fondsklassen ergibt sich folgendes Gewicht:

$$w_{k,\tau} = \frac{X_{k,\tau}}{\sum_{k=1}^{n} X_{k,\tau}} \; .$$

Die Gesamtrendite der Investmentfondsanteile privater Haushalte lässt sich dann folgendermaßen ausdrücken:

$$R_{t-1,t} = \sum_{k=1}^{n} w_{k,\tau} R_{k,t-1,t} \quad \forall t \in \tau \; .$$

Für Anteile an ausländischen Fonds, die in Deutschland keiner Meldepflicht unterliegen, aber dennoch von privaten Haushalten gehalten werden können, wird mangels vergleichbarer Datengrundlage die vereinfachende Annahme getroffen, dass diese dieselbe Rendite erzielen wie inländische Fondsanteile.

Für die Berechnung der durchschnittlichen Rendite von Schuldverschreibungen wird neben finanziellen und nichtfinanziellen Kapitalgesellschaften auch der Staat als Emittent berücksichtigt. Für den Zeitraum vor 2006 basiert die Berechnung aus Gründen der Datenverfügbarkeit ausschließlich auf dem Renten-Performance-Index REXP.[16] Ab 2006 hingegen beruht die Ermittlung der Staatsanleihenrendite auf einer Kombination verschiedener einschlägiger Indizes,[17]

14 Die berücksichtigten Fondsklassen sind Aktienfonds, Rentenfonds, gemischte Wertpapierfonds, offene Immobilienfonds, Geldmarktfonds, Dachfonds, gemischte Fonds, Altersvorsorgefonds, Derivatefonds und sonstige Fonds.

15 Diese Gewichte werden vor 2006 aus Gründen der Datenverfügbarkeit mit dem Wert aus 2006 zurückgeschrieben und sukzessive angepasst.

16 Der REXP basiert (wie auch der REX) auf gewichteten Durchschnittspreisen aus Anleihen mit Laufzeiten im Spektrum von einem Jahr bis zu zehn Jahren. Er umfasst festverzinsliche Anleihen, Obligationen und Schatzanweisungen des Bundes, des Fonds Deutsche Einheit sowie der früheren Treuhandanstalt. Darin werden nur Anleihen mit einem Mindest-Nominalvolumen in Höhe von 500 Millionen Euro berücksichtigt (Deutsche Börse AG 2014). Da er primär Papiere der öffentlichen Hand umfasst, dürfte der REXP eine näherungsweise Untergrenze für Renditen von Schuldverschreibungen aller Emittenten darstellen.

17 Dabei handelt es sich um eine Kombination des German-Government-Index von Merrill Lynch, des EMU-Germany-Index von J.P. Morgan und des WGBI-Germany-Index der Citigroup.

Abbildung 1

Entwicklung der realen Renditen verschiedener Anlageformen der privaten Haushalte in Deutschland

Prozent p.a.

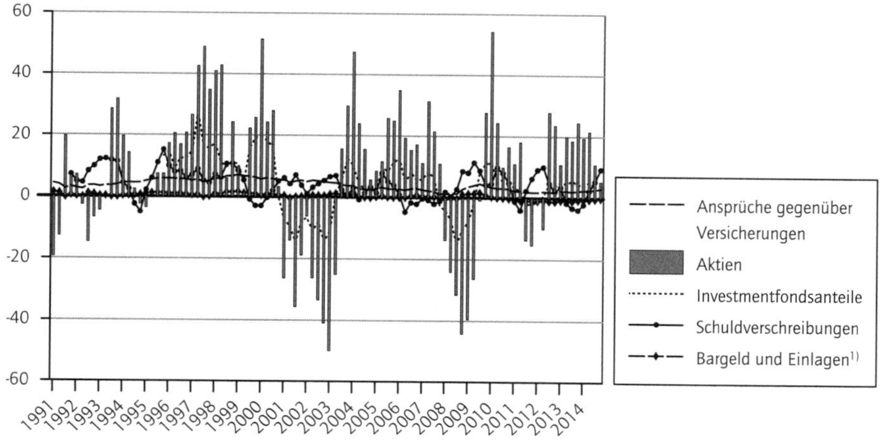

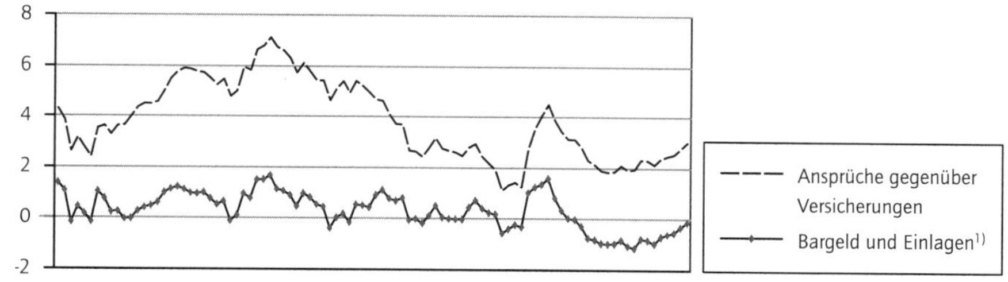

Vergrößert gegenüber obiger Teilgrafik.

1 Die Angaben zu den nominalen Einlagenzinssätzen bis 2002 basieren auf der Bundesbank-Zinsstatistik und ab 2003 auf der harmonisierten MFI-Zinsstatistik. Der Zeitraum vor 2003 ist mit den Jahren ab 2003 daher nur eingeschränkt vergleichbar.
Quelle: Deutsche Bundesbank, eigene Berechnungen.

während für Papiere inländischer Kreditinstitute der Pfandbrief-Index von FTSE[18] herangezogen wird. Für Versicherungen, Investmentfonds und Sonstige Finanzinstitute wird der Euro-Financial-Index von Merrill Lynch verwendet, während die Zahlen für nichtfinanzielle Kapitalgesellschaften auf Basis von Unternehmensanleihen der Ratingklasse BBB berechnet wurden. Ähnlich wie für Staatsanleihen wird auch bei ausländischen Papieren eine Kombination verschiedener

18 FTSE steht für Financial Times Stock Exchange.

Indizes genutzt.[19] Um ein aggregiertes Renditemaß zu bestimmen, werden die resultierenden Indizes mit den sektoralen Anleihebeständen der Privathaushalte gemäß Finanzierungsrechnung gewichtet und schließlich annualisiert.

2.3 Entwicklung der realen Renditen

Die im vorangegangenen Abschnitt beschriebenen Verfahren führen im Ergebnis zu den in Abbildung 1 dargestellten Renditen. Es wird deutlich, dass die realen Renditen der jeweiligen Anlageformen im Zeitverlauf spürbar variierten und sich zum Teil sehr unterschiedlich entwickelten. Die Einlagenrendite unterlag im gesamten Beobachtungszeitraum recht geringen Schwankungen und veränderte sich eher graduell. Ihr Niveau war dabei durchweg niedrig, zeitweise sogar negativ – wenngleich in geringerem Ausmaß und weniger persistent als in den letzten Jahren. Mit dem Rückgang der Inflationsrate seit dem Jahr 2012 verzeichnete sie indes wieder einen leichten Anstieg. Die reale Rendite von Versicherungsansprüchen ähnelte in ihrem Verlauf derjenigen von Bankeinlagen, lag aber stets einige Prozentpunkte darüber. Trotz des im Trend sinkenden Höchstrechnungszinses war diese Rendite auch im aktuellen Umfeld niedriger Nominalzinsen meist höher als zwei Prozent und erreichte damit ähnliche Niveaus wie in den 1990er und 2000er Jahren.

Im Vergleich dazu war die Aktienrendite der privaten Haushalte im gesamten Berichtszeitraum von einer deutlich höheren Volatilität gekennzeichnet. Längeren Phasen hoher Renditen (New

Abbildung 2

Geldvermögensstruktur der privaten Haushalte in Deutschland

Quartalsendstände in Prozent

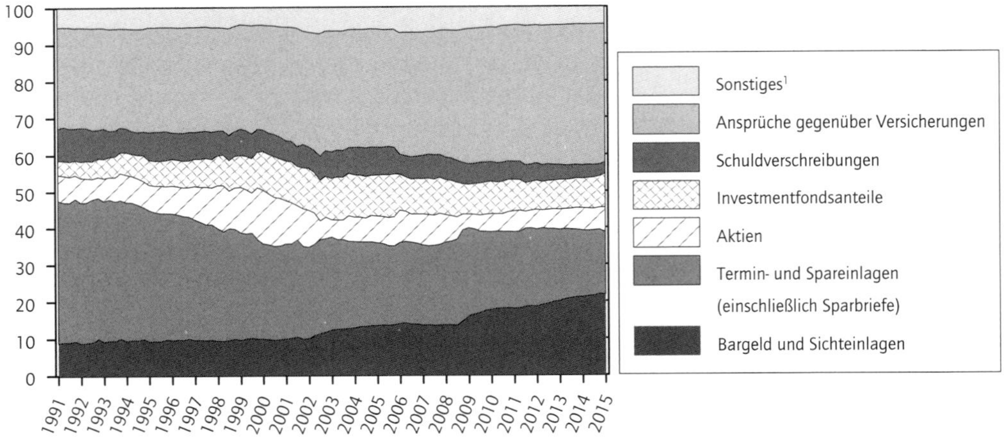

1 Umfasst hier neben sonstigen Forderungen auch sonstige Anteilsrechte.
Quelle: Deutsche Bundesbank.

19 Diese umfasst den WGBI-World-Index der Citigroup, den Global-Broad-Market-Index und den Global-Non-Sovereign-Index von Merrill Lynch.

Abbildung 3

Beitrag einzelner Anlageformen[1] zum Wachstum der realen Gesamtrendite der privaten Haushalte in Deutschland

Prozentpunkte

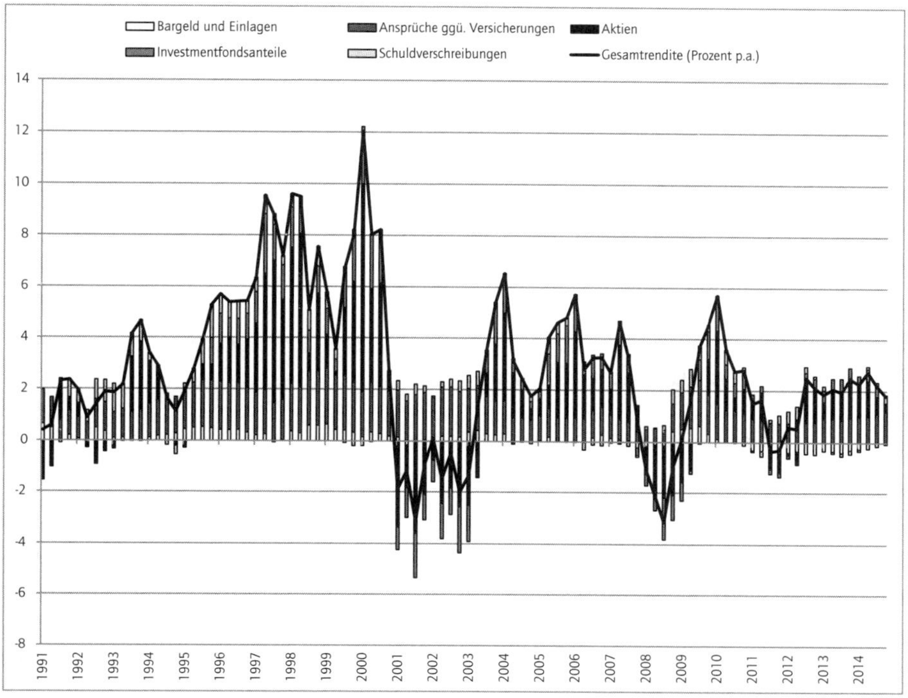

1 Gewichtet gemäß Anteil am Geldvermögen.
Quelle: Deutsche Bundesbank, eigene Berechnungen.

Economy Boom, Vorfeld der Finanzkrise) folgten nahezu ebenso ausgeprägte Renditeeinbrüche. Mit einer realen Rendite von gut acht Prozent im Durchschnitt seit 1991 bleiben Aktien dennoch die renditestärkste Anlageform im Portfolio der Privathaushalte in Deutschland. Sehr ähnlich, jedoch weniger volatil und auf einem etwas geringeren Niveau bewegte sich die Rendite von Investmentfondsanteilen, zumal es sich bei einem bedeutenden Teil der gehaltenen Publikumsfonds um Aktienfonds handelt. Bei Schuldverschreibungen dagegen unterschied sich der Verlauf sichtbar von jenem anderer Geldanlagen. Mit Blick auf ihre Volatilität und den langfristigen Durchschnitt fiel die Rendite insgesamt geringer aus als bei anderen Wertpapierarten, Schuldverschreibungen rentierten aber deutlich stärker als Bankeinlagen. Zuletzt verbuchten sie zudem einen starken, durch Kursgewinne getriebenen Renditezuwachs.

Unter Berücksichtigung der Geldvermögensstruktur der Privathaushalte, die in Abbildung 2 dargestellt ist und deren Entwicklung in Kapitel 3 näher erläutert wird, ergibt sich aus den mit ihrem Anteil am Geldvermögensportfolio gewichteten Renditen der verschiedenen Anlageklassen die Gesamtportfoliorendite (Abbildung 3).

Diese Gesamtrendite unterlag im Zeitverlauf größeren Schwankungen und war bisweilen sogar negativ. Sie fiel jedoch meist positiv – mitunter sogar zweistellig – aus und betrug zwischen 1991 und Ende 2014 im langfristigen Durchschnitt 3,0 Prozent. Versicherungsansprüche trugen durchgängig positiv und zeitweise wesentlich zur Gesamtrendite bei. Auch Investmentfondsanteile und Aktien avancierten in manchen Perioden – etwa vor dem Hintergrund des Booms der Kommunikations- und Informationstechnologie in den späten 90ern – zu zentralen Treibern der Gesamtrendite. Seit Ausbruch der Finanzkrise hingegen fielen zum einen die Wertpapierrenditen teils niedriger aus; zum anderen schlug sich aber auch eine Veränderung in der Geldvermögensstruktur der privaten Haushalte, die sich von Termin- und Spareinlagen hin zu den geringer oder sogar negativ verzinsten Sichteinlagen verschob, in der Gesamtrendite nieder. Die Entwicklung der Gesamtrendite war somit in den letzten Jahren verhalten, auf lange Sicht stellte das aber keine Ausnahme dar. Seit 2008 betrug die Gesamtrendite im Mittel 1,5 Prozent.

3 Anlageverhalten deutscher Privathaushalte – Entwicklung, Determinanten und die Rolle der Rendite

Das in Abbildung 2 abgetragene Anlageverhalten der privaten Haushalte in Deutschland war in den vergangenen Jahren grundsätzlich von graduellen Änderungen geprägt. So spielten bestimmte Anlageformen durchweg eine prominente Rolle: Bankeinlagen etwa zählten stets zu den wichtigsten Anlageformen der deutschen Privathaushalte. Ihr Anteil am gesamten Geldvermögen ging seit 1991 zwar kontinuierlich zurück, und auch die Struktur der vereinbarten Laufzeiten und Kündigungsfristen veränderte sich im Zeitverlauf, zuletzt vor allem zugunsten liquider Einlagen. Mit einem Anteil von gut 39 Prozent im Herbst 2015 sind sie jedoch bis heute die wichtigste Anlageform im Portfolio. Eine vergleichbare Bedeutung haben lediglich Ansprüche gegenüber Versicherungen, insbesondere in Form von Lebensversicherungen. Seit den 1990er Jahren haben private Haushalte diese Anlageform nahezu durchweg kräftig bedient, mit dem Ergebnis, dass im Herbst 2015 knapp 38 Prozent des Geldvermögens auf sie entfielen. Ganz anders, nämlich deutlich volatiler, fiel hingegen das Engagement auf dem Kapitalmarkt aus. Investitionen in Aktien, Schuldverschreibungen und Investmentfondsanteile waren zeitweise recht populär, etwa im Rahmen des New-Economy-Booms, wurden zwischenzeitlich aber auch deutlich reduziert. Mitunter wurden bestehende Wertpapierengagements zugunsten anderer Anlageformen auch aufgelöst, etwa nach dem Ausbruch der Finanzkrise im Herbst 2008. Im Ergebnis lag der Anteil von Wertpapieren am gesamten Geldvermögen mit 17,5 Prozent im Herbst 2015 niedriger als 25 Jahre zuvor.

Vor diesem Hintergrund stellt sich die Frage, was die zentralen Determinanten dieses Anlageverhaltens sind und welche Rolle die Renditen dabei spielen. Aus portfoliotheoretischer Sicht stellt die Rendite einer Anlageform einen wichtigen Faktor für die Allokation finanzieller Mittel zwischen verschiedenen Anlageformen dar, da sie wesentlich den Nutzen beeinflusst, den die jeweilige Geldanlage dem investierenden Privathaushalt stiftet (Markowitz 1952).[20] Dabei wird für sich genommen von einer hohen positiven Korrelation zwischen der Rendite einer Geldanlage und deren Nutzen ausgegangen: je höher die Rendite, desto höher der Nutzen. Die Rendite

20 Die grundlegenden Arbeiten zur Portfoliotheorie gehen neben Markowitz (1952) auch auf Tobin (1958) zurück und wurden seitdem kontinuierlich weiterentwickelt.

wird in der Theorie allerdings nicht isoliert, sondern gemeinsam mit dem Risiko (insbesondere in Form eines Verlustrisikos) betrachtet, das mit einer bestimmten Anlageform verbunden ist und typischerweise ebenfalls positiv mit der Rendite korreliert. Unter Abwägung des jeweiligen Rendite-Risiko-Verhältnisses wird der risikoscheue private Haushalt somit eine Portfoliostruktur wählen, die aus seiner Sicht optimal ist, also den maximalen Nutzen stiftet.

Die Rendite und der Risikogehalt einer Geldanlage sind jedoch nur zwei von mehreren Faktoren, die sich gemäß ökonomischer Theorie auf das Anlageverhalten privater Haushalte auswirken können. So lässt sich beispielsweise zeigen, dass die individuellen Präferenzen, also unter anderem die Bereitschaft, bestimmte Risiken einzugehen, die Ansprüche an die Liquidität des Portfolios sowie die Höhe des vorhandenen Vermögens die individuelle Mittelallokation beeinflussen können (Gollier 2001). Auch das Alter des Investors, seine finanziellen Kenntnisse und bisherigen Erfahrungen mit Engagements in bestimmten Geldanlagen können aus theoretischer Sicht Einfluss auf die Anlageentscheidung nehmen (Thaler 1994). Weitere, gesamtwirtschaftliche Faktoren sind die institutionellen Rahmenbedingungen. So lässt sich beispielsweise zeigen, dass die Ausgestaltung der sozialen Sicherungssysteme, etwa des Rentensystems, Auswirkungen auf die private Vermögensbildung haben kann (Feldstein 1976). Auch das Steuersystem kann das Anlageverhalten beeinflussen, beispielsweise durch eine unterschiedliche Behandlung der Ertragsformen der jeweiligen Geldanlagen oder durch die Gewährung direkter Zuschüsse für Engagements in ausgewählten Anlageformen.[21] Häufig bedingen sich diese (und weitere) Determinanten zudem gegenseitig: Fundierte finanzielle Kenntnisse fördern etwa die Bereitschaft, Risiken einzugehen.

Das Ausmaß, in dem diese Faktoren das Anlageverhalten privater Haushalte letztlich beeinflussen, hängt wesentlich mit deren Anlagemotiven zusammen: Dient der Vermögensaufbau etwa der Schaffung einer Rücklage für wirtschaftlich unsichere Zeiten, dürften für die Wahl der Anlageformen andere Faktoren ausschlaggebend sein als für den Fall, dass das Kapital vor allem zur Altersvorsorge gedacht ist.[22] Das Anlageverhalten unterliegt damit insgesamt zahlreichen Einflüssen, deren jeweilige Bedeutung im Zeitverlauf und in Abhängigkeit von der konjunkturellen Lage variiert. Aus theoretischer Sicht ist damit nicht eindeutig zu sagen, welche Bedeutung die Rendite für das Anlageverhalten letztlich hat. Dies ist vielmehr eine empirische Frage.

Dieser Frage wurde im Rahmen eines sogenannten „Financial Almost Ideal Demand System" (FAIDS) nachgegangen. Dabei handelt es sich um eine Variante des sogenannten „Almost Ideal Demand System" (AIDS), das Deaton und Muellbauer (1980) zur makroökonomischen Modellierung der privaten Konsumnachfrage entwickelt haben.[23] Beim FAIDS wird nicht die Nachfrage

21 So waren etwa die Erträge von Lebensversicherungen in Deutschland, die bis Ende 2004 abgeschlossen wurden, unter bestimmten Bedingungen (Vertragslaufzeit, regelmäßige Beitragszahlung etc.) von der Steuer befreit. Darüber hinaus gab es in Deutschland in den letzten Jahrzehnten immer wieder unterschiedliche Formen zur gezielten Förderung bestimmter Anlageformen. Aktuell fallen unter anderem die staatliche Förderung der privaten Altersvorsorge („Riester-Rente") sowie die Gewährung von Zuschüssen von Bausparverträgen in Form der Wohnungsbauprämie darunter.

22 Die theoretische Diskussion der traditionellen Sparmotive, darunter auch die Bildung von Rücklagen für wirtschaftlich unsichere Zeiten („Vorsichtssparen"), lässt sich unter anderem bereits in den grundlegenden Arbeiten von Keynes (1936) sowie Modigliani und Brumberg (1954) finden.

23 Die Nutzung dieses Ansatzes zur Modellierung der privaten Portfolioentscheidung geht vor allem zurück auf Blake (2004), der auf dieser Grundlage das Anlageverhalten der privaten Haushalte in Großbritannien zwischen 1948 und 1994 untersucht hat.

nach Konsumgütern, sondern nach Anlageformen modelliert.[24] Da die Entscheidung für die Investition in eine bestimmte Anlageform immer auch verbunden ist mit der Entscheidung gegen andere Anlageformen, besteht das Nachfragesystem aus mehreren Gleichungen, die über die Renditen miteinander verbunden sind. Darüber hinaus werden alle wesentlichen der oben genannten Variablen (Altersstruktur, Einkommen etc.) berücksichtigt.[25]

Die Ergebnisse sprechen dafür, dass die realen Renditen auf makroökonomischer Ebene kein zentraler Faktor für das Anlageverhalten privater Haushalte in Deutschland sind. Wichtiger sind vielmehr die Altersstruktur der Bevölkerung, das verfügbare Einkommen sowie die Höhe des bereits vorhandenen Vermögens. An den Zusammenhängen scheint auch das seit einigen Jahren andauernde Umfeld niedriger Nominalzinsen nichts geändert zu haben. Zugenommen hat hingegen der Einfluss der Unsicherheit über die makroökonomischen und politischen Entwicklungen, der sich die privaten Haushalte seit Ausbruch der Krise im Jahr 2008 zunehmend gegenübersahen, etwa in Form stärker schwankender Aktienkurse. Ausdruck dessen sind unter anderem die nur geringen direkten Investitionen in Wertpapiere bei gleichzeitlich erheblichen Mittelzuflüssen in Sichteinlagen, die zwar kaum noch verzinst werden, dafür aber hoch liquide sind und jederzeit für Konsumzwecke eingesetzt werden können.[26] Da sich die Haushalte in anderen Ländern der Währungsunion ähnlichen Entwicklungen gegenübersahen, teils sogar in stärkerer Ausprägung, stellt sich die Frage, ob das Anlageverhalten dieser Haushalte dem deutschen Muster entspricht.

4 Das Anlageverhalten in Deutschland im internationalen Vergleich

Abbildung 4 zeigt das Anlageverhalten der privaten Haushalte in den vier großen Volkswirtschaften des Euroraums. Es wird deutlich, dass das auf Zuflüssen basierende Wachstum des Geldvermögens seit Ausbruch der Krise in Frankreich ähnlich wie in Deutschland maßgeblich von Bankeinlagen und Versicherungsansprüchen – und damit von besonders liquiden beziehungsweise als sicher geltenden Anlageformen – getrieben wurde. Die deutlich riskanteren Anteilsrechte hingegen leisteten meist einen weitaus geringeren Beitrag, und der Bestand an Schuldverschreibungen wurde meist sogar verringert, wenn auch in sehr geringem Umfang. In beiden Ländern war das Anlageverhalten zudem im Zeitverlauf vergleichsweise stabil und somit insgesamt durch ähnliche Charakteristika gekennzeichnet.

---

24 Konkret wird jeweils der Anteil einer bestimmten Anlageform am gesamten finanziellen Portfolio modelliert.

25 Zur Sicherstellung der Konsistenz des Modells unterliegen die Koeffizienten verschiedenen Restriktionen; beispielsweise wird eine symmetrische Reaktion der Nachfrage auf Renditeänderungen unterstellt, oder es wird vorgegeben, dass sich die Veränderungen der Nachfrage bei den einzelnen Anlageformen einander entsprechen (Adding-up). Der Ansatz ist jedoch mit Einschränkungen verbunden. So lassen sich unter anderem die partiellen Effekte aufgrund der hohen Multikollinearität der Renditen trotz verschiedener Modellspezifikationen nur ungenau schätzen. Insofern sind die Ergebnisse mit Vorsicht zu interpretieren. Eine ausführliche Darstellung sowohl des theoretischen als auch des empirischen Ansatzes einschließlich der damit verbundenen Einschränkungen findet sich in Avouyi Dovi et al. (2013).

26 Dabei ist jedoch zu beachten, dass die in Kapitel 2 berechneten Renditen von den Risiken der jeweiligen Anlageform abstrahieren. Eine Berücksichtigung dieser Risiken in Form risikoadjustierter Renditen könnte die Schätzergebnisse durchaus beeinflussen, ermöglichen derartige Renditen doch eine bessere Berücksichtigung von Risikoüberlegungen der Haushalte bei der Portfoliowahl. Da das primäre Ziel der Analyse in der Berechnung der realen Rendite einzelner Anlageformen sowie des gesamten Portfolios und nicht in dessen Modellierung besteht, wird an dieser Stelle auf eine derartige Adjustierung verzichtet.

Abbildung 4

Beiträge einzelner Anlageformen zur jährlichen Wachstumsrate ausgewählter Geldvermögenskomponenten der privaten Haushalte in Deutschland[1]

In Prozentpunkten

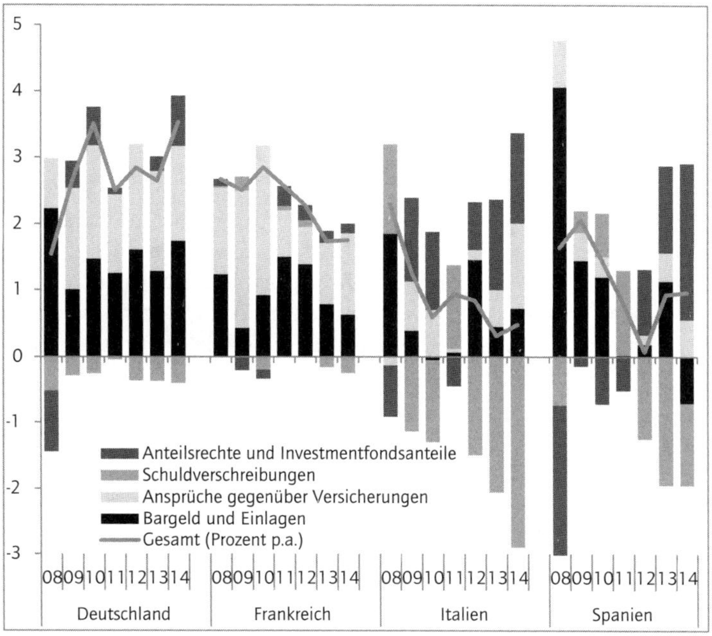

1 Die Wachstumsrate basiert auf mit Transaktionen fortgeschriebenen Beständen des Basisquartals Q4 2007 und schließt somit durch Umbewertungen verursachte Veränderungen nicht mit ein.
Quelle: Deutsche Bundesbank, eigene Berechnungen.

In Italien und Spanien fiel die Geldvermögensentwicklung hingegen deutlich volatiler aus: Zu- oder Abflüsse bei einer Anlageform wurden mitunter durch entsprechende Gegenbewegungen bei anderen Anlageformen ausgeglichen, was auf Portfolioumschichtungen hindeutet. So wurden die Bestände an Schuldverschreibungen über weite Zeiträume in großem und zuletzt zunehmendem Maß reduziert, während Anteilsrechte ins Portfolio aufgenommen wurden. Häufig weniger bedeutend als die risikoreicheren Wertpapiere waren dagegen Bankeinlagen und Versicherungsansprüche.

Das Anlageverhalten der Privathaushalte in Deutschland stellt im internationalen Vergleich damit also keine Ausnahme dar, gleichzeitig gibt es aber auch Länder, in denen sich das Anlageverhalten deutlich anders entwickelt hat. Während die Berechnung von Portfoliorenditen für andere Länder nicht Gegenstand dieses Beitrags ist, lässt sich vermuten, dass auch andere Faktoren ausschlaggebend für diese heterogenen Beobachtungen sind. Relevant könnte unter anderem die Nettovermögensposition der privaten Haushalte sein, die gemäß den Angaben des Household Finance and Consumption Survey des Eurosystems (Eurosystem 2013) insbesondere in Italien und Spanien deutlich höher ausfällt als in Deutschland und Frankreich. In diesem Zusammenhang zeigen einschlägige Untersuchungen, dass die Bereitschaft, riskantere Anlageformen in das Portfolio aufzunehmen, mit dem Nettovermögen steigt (Arrondel et al. 2014). Daneben spielt auch die Altersstruktur der Bevölkerung eine Rolle: So nimmt der Anteil von Aktien und Investmentfondsanteilen und damit von riskanteren Anlageformen mit zunehmendem Alter ab. Während Deutschland einen relativ hohen Anteil an älteren und zugleich den niedrigsten Anteil junger Menschen im Euroraum ausweist, zeigt sich in Spanien vor allem ein deutlich niedrigerer Anteil an älteren Menschen (Le Blanc et al. 2014).

5 Fazit

Die nominale Verzinsung von Bankeinlagen in Deutschland ist seit Ausbruch der Finanz- und Wirtschaftskrise im Jahr 2008 auf ein historisch niedriges Niveau gefallen. Diese Verzinsung ist jedoch kein geeignetes Maß, um das Niveau der Erträge, die die privaten Haushalte in ihrer Gesamtheit mit ihrem Geldvermögen erzielen, adäquat einzuschätzen. Dazu bedarf es vielmehr einer Berücksichtigung aller im Portfolio vorhandenen Anlageklassen sowie der Inflationsrate, die zentralen Einfluss auf die mit den nominalen Erträgen verbundene Kaufkraft hat.

Vor diesem Hintergrund zeigt sich, dass die reale Gesamtportfoliorendite der privaten Haushalte in Deutschland mit rund 1,5 Prozent seit Krisenbeginn zwar niedriger ausfällt als im historischen Durchschnitt (drei Prozent). Sie liegt aber immer noch deutlich höher, als es die niedrige, teils gen null tendierende nominale Verzinsung von Bankeinlagen vermuten lässt. Trotz der auf aggregierter Ebene weiterhin positiven Rendite kann das Niedrigzinsumfeld den Vermögensaufbau vor allem für jene Privathaushalte, die ihr Vermögen in erster Linie in Form renditeschwacher Anlageformen halten, jedoch erschweren, was zu Problemen – nicht zuletzt mit Blick auf die Altersvorsorge – führen kann.

Für die Wahl der Anlageformen ist deren jeweilige reale Rendite zudem kein zentraler Faktor. Ausschlaggebend sind vielmehr das verfügbare Einkommen, das vorhandene Vermögen, die Altersstruktur sowie Präferenzen für risikoarme und liquide Anlagen, wobei die Bedeutung letzterer seit Krisenbeginn erkennbar zugenommen hat. Während sich in Frankreich vergleichbare Entwicklungen finden, investieren private Haushalte in Italien und Spanien insgesamt deutlich stärker in riskantere Anlagen, was nicht zuletzt mit den höheren Vermögen zusammenhängen könnte. Für eine tiefergehende Modellierung der Portfolioallokation könnte es von Interesse sein, die hier vorgestellten Renditen im Rahmen weiterführender Forschung um die Risiken der jeweiligen Anlageform zu bereinigen, um auf diese Weise die Risikoüberlegungen der Haushalte stärker zu berücksichtigen.

Literaturverzeichnis

— Arrondel, L., L. Bartiloro, P. Fessler, P. Lindner, T. Y. Mathä, C. Rampazzi, F. Savignac, T. Schmidt, M. Schürz und P. Vermeulen (2014): How do households allocate their assets? Stylised facts from the Eurosystem Household Finance and Consumption Survey. ECB Working Paper Nr. 1722. Frankfurt a. M.
— Avouyi Dovi, S., V. Borgy, C. Pfister, M. Scharnagl und F. Sédillot (2013): Household's Financial Portfolio Choices: A Comparison between France and Germany. In: B. Winkler,

A. van Riet und P. Bull (Hrsg.): A Flow-of-Funds Perspective on the Financial Crisis. Basingstoke, Palgrave Macmillan, 236–256.
— Blake, D. (2004): Modelling the composition of personal sector wealth in the UK. Applied Financial Economics, 14 (9), 611–630.
— Deaton, A. und J. Muellbauer (1980): An almost ideal demand system. American Economic Review, 70 (3), 312–326.
— Deutsche Börse AG (2014): Leitfaden zu den REX-Indizes, Version 3.11.
— Deutsche Bundesbank (2004): Die neue EWU-Zinsstatistik – Methodik zur Erhebung des deutschen Beitrags. Monatsbericht Januar, 47–62. Frankfurt a. M.
— Deutsche Bundesbank (2013): Vermögen und Finanzen privater Haushalte in Deutschland: Ergebnisse der Bundesbankstudie. Monatsbericht Juni, 25–52. Frankfurt a. M.
— Deutsche Bundesbank (2014): Kennzahlen zur Verzinsung der Kapitalanlagen bei Lebensversicherern. Finanzstabilitätsbericht, 55. Frankfurt a. M.
— Deutsche Bundesbank (2015): Das Spar- und Anlageverhalten privater Haushalte in Deutschland vor dem Hintergrund des Niedrigzinsumfelds. Monatsbericht Oktober, 13–32. Frankfurt a. M.
— Eurosystem Household Finance and Consumption Network (2013): The Eurosystem Household Finance and Consumption Survey – Results from the first wave. ECB Statistics Paper Nr. 2. Frankfurt a. M.
— Feldstein, M. (1976): Social security and saving: the extended life cycle theory. American Economic Review, 66 (2), 77–86.
— Fisher, I. (1896): Appreciation and interest. Publications of the American Economic Society, 11, 23–29 und 88–92.
— Gollier, C. (2001): Economics of risk and time. Cambridge, MIT Press.
— Keynes, J. M. (1936): The general theory of employment, interest and money. London, Macmillan.
— Le Blanc, J., A. Porpiglia, F. Teppa, J. Zhu und M. Ziegelmeyer (2014): Household saving behavior and credit constraints in the Euro area. Bundesbank Discussion Paper Nr. 16.
— Markowitz, H.M. (1952): Portfolio selection. Journal of Finance, 7 (1), 7–91.
— Modigliani, F. und R. Brumberg (1954): Utility analysis and the consumption function: an interpretation of cross-section data. In: Flavell, J. H. und L. Ross (Hrsg.): Social cognitive development frontiers and possible futures. Cambridge, University Press.
— Thaler, R. H. (1994): Psychology and Savings Policies. American Economic Review, 84, 186–192.
— Tobin, J. (1958): Liquidity Preference as Behaviour Towards Risk. Review of Economic Studies, 25 (2), 65–86.

Führt lockere Geldpolitik zu Hauspreisblasen? Lehren aus der theoretischen Literatur*

SEBASTIAN DULLIEN, HEIKE JOEBGES UND ALEJANDRO MÁRQUEZ-VELÁZQUEZ

Sebastian Dullien, HTW Berlin, sebastian.dullien@htw-berlin.de
Heike Joebges, HTW Berlin, heike.joebges@htw-berlin.de
Alejandro Márquez-Velázquez, Lateinamerikainstitut, Freie Universität Berlin, alejandro.marquez@fu-berlin.de

Zusammenfassung: Der Beitrag analysiert, inwieweit eine lockere Geldpolitik in gängigen theoretischen Modellen zur Bildung von Hauspreisblasen führen kann. Wird der Fundamentalwert von Häusern darüber erklärt, dass künftige Mieteinnahmen diskontiert werden, ergibt sich zwar ein inverser Zusammenhang von langfristigen Zinsen und Hauspreisen. Man kann aber nicht automatisch auf Blasen schließen, da Blasen einen späteren Verfall der Hauspreise voraussetzen. Solange der Rückgang der Zinsen auf Strukturveränderungen, etwa einer langsamer wachsenden Weltwirtschaft beruht, muss dies nicht der Fall sein. Eine direkte Verbindung von lockerer Geldpolitik zu Preisblasen ist in den gängigen Modellen nicht gegeben. Plausibler ist laut den Modellen, dass Blasen durch Geldillusion verursacht werden: Schwankungen des nominalen Zinsniveaus aufgrund eines unerwarteten Rückgangs der Inflation können als Senkung der Realzinsen missverstanden werden, sodass die Finanzierung von Immobilien günstiger scheint. Danach wären unerwartete oder nicht vollständig verstandene Veränderungen am Inflationsziel oder am Inflationsergebnis, nicht eine lockere Geldpolitik, für Blasen verantwortlich.

Summary: The article gives a survey of the theoretical literature on the formation of house price bubbles with a specific focus in how far an expansionary monetary policy and especially low interest rates might lead to bubbles in these models. It is shown that—given standard methods of valuing houses by discounting future rent incomes—low interest rates can be expected to lead to higher house prices justified by changed fundamentals, but not necessarily to a bubble (which would require an overvaluation and future correction). In fact, none of the models surveyed has an explicit role for expansionary monetary policy to cause a bubble. Instead, some models show that unexpected changes in the rate of inflation can lead to bubbles due to money illusion: Here, individuals mistake changes in nominal interest rates for changes in real interest rates which might lead to misguided investment in real estate.

→ JEL Classification: E44, R30
→ Keywords: House prices, monetary policy, asset price bubbles

* Die zugrunde liegende Forschung für diesen Artikel wurde gefördert vom Institut für Makroökonomie und Konjunkturforschung (IMK) in der Hans-Böckler-Stiftung. Wir danken für die Unterstützung. Wir danken außerdem einem anonymen Gutachter sowie der Chefredakteurin der Vierteljahrshefte, Dorothea Schäfer, für wertvolle Hinweise zur Verbesserung des Manuskripts.

1 Einleitung

Europa erlebt derzeit die niedrigsten Zinsen seit Beginn historischer Aufzeichnungen: Nicht nur hat die Europäische Zentralbank ihren Leitzins auf zuletzt nur noch 0,0 Prozent gesenkt, seit 2015 kauft die Notenbank zudem im Rahmen des sogenannten „Quantative Easing“ in großem Stil Staatsanleihen auf. Längst liegt so nicht nur der kurzfristige Notenbankzins nahe null, sondern auch der Zins für viele andere Anlageklassen ist historisch niedrig. Zum Zeitpunkt der Erstellung dieses Beitrags (im Februar 2016) lag der Zins für besicherte Immobiliendarlehen für Wohnimmobilien in Deutschland mit einer Zinsbindung von fünf bis zehn Jahren laut Bundesbank zuletzt im Schnitt bei 1,77 Prozent. Die Renditen für deutsche Staatsanleihen bis zu einer Laufzeit von mehr als sechs Jahren lagen zuletzt sogar im negativen Bereich.

Die expansive Geldpolitik hat dabei nicht nur Zustimmung erhalten. Vielmehr fürchtet eine Reihe von Beobachtern, die Niedrigzinsen könnten gefährliche Nebenwirkungen haben. Eine der Sorgen ist, dass die lockere Geldpolitik zu Hauspreisblasen führen könnte. Der „Regen billigen Geldes“ auf den Anleihemärkten dränge Investoren in Spekulationen am Immobilienmarkt, so etwa die Wirtschaftswoche (2015) mit einem Verweis auf eine Studie der Ratingagentur Moody's. In ihrer Sorge bestärkt fühlen sich die Skeptiker durch die jüngsten Entwicklungen am Wohnungsmarkt: Laut den Daten der Bundesbank sind die Immobilienpreise in den sieben größten deutschen Städten alleine von 2010 bis 2014 um fast 37 Prozent gestiegen, während die Verbraucherpreise im gleichen Zeitraum um gerade einmal 5,7 Prozent zulegten. Auch wenn abschließende Zahlen für 2015 noch nicht vorliegen, deutet anekdotische Evidenz darauf hin, dass sich der Hauspreisanstieg mit weitgehend unverändertem Tempo fortgesetzt hat. Insbesondere nach den Erfahrungen mit den verheerenden Hauspreisblasen in Spanien und Irland vor der Krise 2008/9 wächst deshalb die Angst vor möglichen Überbewertungen und späteren Preiskorrekturen.

Dabei ist die Debatte um mögliche gefährliche Nebenwirkungen niedriger Zinsen für Immobilienmärkte nicht neu. Bereits in den Jahren unmittelbar vor dem Platzen der US-Hauspreisblase und der US-Subprimekrise 2008/9 hatte es in den USA eine heftige Diskussion gegeben, inwieweit die niedrigen Zinsen in den ersten Jahren des 2000er Jahrzehnts zur massiven Überbewertung amerikanischer Wohnimmobilien beigetragen haben.[1] Einer der prominentesten Vertreter dieser These war Taylor (2009), der der amerikanischen Notenbank vorwarf, durch einen Leitzins, der jahrelang unter den Empfehlungen der ebenfalls von dem Autor entwickelten Taylor-Regel lag, die Übertreibungen am amerikanischen Hausmarkt befeuert zu haben.

Dieser Beitrag soll untersuchen, inwieweit diese weit verbreitete These von niedrigen Zinsen als Auslöser von Hauspreisblasen von den theoretischen mikroökonomischen Erkenntnissen zur Entstehung von Blasen auf Vermögensmärkten gedeckt ist. Zu diesem Zweck soll in Abschnitt 2 zunächst einmal abgegrenzt werden, in welchen Fällen überhaupt von „Blasen“ am Immobilienmarkt zu sprechen ist. In Abschnitt 3 werden danach die wichtigsten mikroökonomisch fundierten Modellklassen zur Blasenbildung mit ihren Wirkungsmechanismen vorgestellt. Abschnitt 4 untersucht abschließend, inwieweit eine „zu lockere“ Geldpolitik und damit (sehr) niedrige Zinsen für die Blasenbildung in diesen Modellen verantwortlich sein kann.

1 Ein beispielhafter akademischer Beitrag zu dieser Debatte ist Del Negro und Otrok (2007).

2 Hauspreisblasen als Abweichung vom fundamentalen Wert

Trotz der großen Bedeutung von Hauspreisblasen für eine Reihe jüngerer, schwerer Wirtschaftskrisen und der wachsenden Zahl von wissenschaftlichen Beiträgen zu diesem Thema gibt es innerhalb der Literatur derzeit keinen abschließenden Konsens, wie genau eine „Blase" zu definieren oder zu identifizieren ist (Barlevy 2012, Mayer 2011). Am ehesten scheinen sich die Ökonomen darauf einigen zu können, dass man dann von einer Immobilienblase sprechen kann, wenn Hauspreise jenen Wert überschreiten, der durch sogenannte „Fundamentaldaten" zu rechtfertigen ist (Brunnermeier 2008). Anders als an den Märkten etwa für verderbliche Konsumgüter wie Äpfel ist eine solche Situation vorstellbar, da es sich bei Häusern nicht nur um Konsumgüter handelt, aus denen man Nutzen ziehen kann, sondern auch um Anlageobjekte, für die einzelne Käufer bereit sind, mehr als den fundamental gerechtfertigten Wert zu bezahlen, wenn sie an weitere Wertsteigerungen in der Zukunft glauben. Stiglitz (1990: 13) definiert so auch eine Blase wie folgt:

> *„If the reason that the price is high today is only because investors believe that the selling price will be high tomorrow – when ‚fundamental' factors do not seem to justify such a price – then a bubble exists."*

Anders herum bedeutet dies aber auch, dass ein starker Anstieg von Hauspreisen noch nicht unbedingt eine Blase darstellen muss. Grundsätzlich wäre es denkbar, dass ein starker Immobilienpreisanstieg durch eine Veränderung der Fundamentaldaten ausgelöst ist. Solange die Fundamentaldaten in diesem Fall nach der ersten Veränderung konstant blieben, würde man nicht von einer Blase sprechen, weil es zum einen keine Abweichung vom fundamental gerechtfertigten Preis gäbe, zum anderen auch kein Preisverfall zu erwarten wäre.

Diese Überlegung ist insbesondere für die Frage nach dem Einfluss niedrigerer Zinsen auf Hauspreise wichtig, denn wie bei jedem langlebigen Investitionsgut hängt der Barwert (und damit der heute gerechtfertigte Wert) der künftigen Erträge einer Wohnimmobilie zentral von dem zu Grunde gelegten Diskontfaktor ab – und es ist plausibel, dass dieser Diskontfaktor vom Zins an den Finanzmärkten abhängt. Unter einer Reihe vereinfachender Annahmen kann man so den Gegenwartswert einer Immobilie im Zeitpunkt 0 als die Summe der abgezinsten Nettomieten in der Zukunft darstellen:[2]

$$V = \sum_{t=1}^{\infty} \frac{1}{(1+r)^t} NR_t \tag{1}$$

Hier steht V für den Gegenwartswert der Immobilie, r für die zugrunde gelegte nominale Diskontrate und NR_t für die Nettomiete (nach Abzug von wirtschaftlicher Abschreibung, Instandhaltungs- und Unterhaltskosten) in Periode t.[3] Wichtig ist an dieser Stelle, dass r nicht den kurzfristigen (Zentralbank-)Zins darstellt, sondern die erwartete Diskontrate über eine sehr lange Frist, die deutlich stabiler sein sollte als der kurzfristige Zins. Da außerdem Immobilien deutlich weni-

2 Siehe auch Scherbina (2013).

3 Diese Formel gilt unabhängig davon, ob eine endliche oder unendliche Nutzungsdauer unterstellt wird. Bei einer endlichen Nutzungsdauer wäre die Nettomiete ab einem gewissen Zeitpunkt 0. Allerdings lässt sich ebenso plausibel argumentieren, dass bei entsprechenden permanenten Instandhaltungsaktivitäten ein Gebäude eine unendliche Lebensdauer hat.

ger liquide sind und spezifischen Risiken ausgesetzt sind, muss man davon ausgehen, dass diese Diskontrate gegenüber risikofreien Staatsanleihen zudem eine relevante Risikoprämie enthält.

Eine wichtige Frage ist nun, wie sich Mieten über die Zeit entwickeln. Wäre das Angebot für Immobilien vollkommen elastisch und Immobilienmärkte vollkommene Märkte, so sollten sich Mieten mit den Erstellungskosten von Häusern (einschließlich der Kapitalkosten) bewegen. Damit wäre der Preis von Immobilien in der Ausgangsperiode 0 eine Funktion der Entwicklung der Erstellungskosten in der Zukunft. Shiller (2008) argumentiert dabei, dass die Erstellungskosten von Häusern sich mit dem allgemeinen Preisniveau entwickeln sollten, zumindest solange das Angebot an Bauland elastisch ist. Laut Shiller werden für den Bau eines Hauses produzierbare Materialien wie Ziegel, Holz, Rohre und Stromkabel verwendet. Die Kosten für die tatsächliche Bautätigkeit sollten sich ebenfalls mit den Kosten für andere Produktionstätigkeiten entwickeln.

Wenn man dieser Idee folgt, kann man die Nettomiete (*NR*) in Periode *t* schreiben als Funktion der Inflation und der Miete der Vorperiode:

$$NR_t = (1+\pi) NR_{t-1} \tag{2}$$

oder als:

$$NR_t = (1+\pi)^{t-1} NR_1 \tag{3}$$

Setzen wir nun (3) in die Bewertungsformel (1) ein, so erhalten wir:

$$V = \sum_{t=1}^{\infty} \frac{(1+\pi)^{t-1}}{(1+r)^t} NR_1 \tag{4}$$

Mit ein paar Umformungen ergibt sich

$$V = \frac{1}{(1+\pi)} \sum_{t=1}^{\infty} \frac{(1+\pi)^t}{(1+r)^t} (1+\pi) NR_0 \tag{5}$$

und

$$V = \left[\sum_{t=0}^{\infty} \frac{(1+\pi)^t}{(1+r)^t} NR_0 \right] - NR_0 \tag{6}$$

Gleichung (6) kann nun mit der Formel für die geometrische Reihe gelöst werden und ergibt für den Gegenwartswert (V) der Immobilie:

$$V = \frac{1+r}{r-\pi} NR_0 - NR_0 \tag{7}$$

Natürlich ist die Annahme eines perfekt elastischen Immobilienangebots eine übermäßige Vereinfachung. Shillers (2008) Argument, dass sich das Immobilienangebot zumindest vom aktuellen Niveau aus recht problemlos ausweiten lasse, weil es noch weite als Bauland nicht genutzte Gebiete gäbe, in die man potenziell neue Städte bauen könnte, hat für die USA noch eine gewisse Plausibilität. Für Europa ist sie aber schlicht falsch.

Wenn das Angebot an Häusern allerdings unelastisch ist, können die Mieten schneller steigen als das allgemeine Preisniveau. Hier hängt der Mietanstieg von der langfristigen Entwicklung der Nachfrage nach Wohnraum ab. Diese Nachfrage hängt wiederum unter anderem von der spezifischen funktionalen Form der Nutzenfunktion der Haushalte und der Wachstumsrate der verfügbaren Einkommen (g) ab.

Als einfacher Ausgangspunkt könnte man hier eine Cobb-Douglas Nutzenfunktion annehmen. Bei einer solchen Nutzenfunktion bleibt der Anteil des verfügbaren Einkommens, der für einzelne Güter ausgegeben wird, identisch. Die Preiselastizität der Nachfrage für jedes einzelne Gut ist hier also minus 1 und die Einkommenselastizität plus 1. Wenn nun das Angebot für Wohnimmobilien vollständig unelastisch ist, würde man erwarten, dass Mieten mit der gleichen Geschwindigkeit wie die verfügbaren Einkommen steigen. Formal:

$$NR_t = (1+\pi+g)^t \, NR_0 \tag{8}$$

Dies ergibt für die Bewertung eines Hauses:

$$V = \frac{1+r}{r-\pi-g} NR_0 - NR_0 \tag{9}$$

In der Realität dürfte das Angebot von Immobilien weder vollständig elastisch noch vollständig inelastisch sein und damit der fundamental gerechtfertigte Wert eines Hauses zwischen den Werten (7) und (9) liegen.

Um nun zu überprüfen, welchen Einfluss Veränderungen in den erwarteten langfristigen Wachstums- und Inflationsraten auf den Wert einer Immobilie haben, können wir die partiellen Ableitungen für den Wert eines Hauses bilden. Für den Fall eines vollständig elastischen Immobilienangebots ergibt sich so aus (7):

$$\frac{\partial V}{\partial r} = -\frac{1+\pi}{(r-\pi)^2} NR_0 \tag{10}$$

$$\frac{\partial V}{\partial \pi} = \frac{1+r}{(r-\pi)^2} NR_0 \tag{11}$$

Dabei ist die partielle Ableitung (10) negativ unter plausiblen Parametern.[4] Dies bedeutet, dass ceteris paribus Hauspreise fallen, wenn die langfristige Diskontrate steigt. Die partielle Ableitung (11) ist dagegen unter plausiblen Parametern positiv,[5] sodass Hauspreise mit höherer Inflation steigen.

Betrachten wir nun den Fall eines komplett inelastischen Immobilienangebots mit dem Spezialfall einer Preiselastizität der Immobiliennachfrage von minus 1 und einer Einkommenselastizität dieser Nachfrage von plus 1. Nun ergibt sich für die partiellen Ableitungen:

---

4 Für $\pi > -1$ und $r \neq \pi$.

5 Für $r > -1$ und $r \neq \pi$.

$$\frac{\partial V}{\partial r} = -\frac{1+\pi+g}{\left(r-\pi-g\right)^2} NR_0 \tag{12}$$

$$\frac{\partial V}{\partial \pi} = \frac{1+r}{\left(r-\pi-g\right)^2} NR_0 \tag{13}$$

Dabei ist (12) negativ und (13) positiv unter plausiblen Parametern.[6]

Dauerhaft niedrige Zinsen implizieren damit klar höhere Immobilienpreise als es höhere Zinsen tun. Ein Rückgang des Zinsniveaus bedeutet einen Preisanstieg. Bemerkenswert ist hier, dass in der Nähe eines Realzinses von null Reaktionen der Hauspreise auf eine Veränderung des Zinses um einen Prozentpunkt deutlich stärker ausfallen als bei bereits hohen Realzinsen.

Wichtig ist allerdings festzuhalten, dass es sich bei diesen (möglicherweise auch starken) Preisveränderungen bei sehr niedrigen Zinsen nicht um Hauspreisblasen handelt. Die hier dargestellten Bewertungen basieren auf Fundamentalwerten. Solange die zu Grunde liegenden Rahmenbedingungen wie die Erwartungen über den langfristigen Anstieg des allgemeinen Preisniveaus, das Wirtschaftswachstum und die Diskontrate sich nicht wieder verändern, sind die nach dem Rückgang der Zinsen erhöhten Preise gerechtfertigt.

Dies alles soll nicht bedeuten, dass Blasen am Immobilienmarkt bei niedrigen Zinsen ausgeschlossen sind. Natürlich können die tatsächlichen Immobilienpreise auch bei niedrigen Zinsen über den (ohnehin schon hohen) fundamental gerechtfertigten Preisen liegen. Nur: Nicht jeder kräftige Preisanstieg bei fallenden Zinsen ist eine Blase.

Im nächsten Abschnitt werden wir uns deshalb damit beschäftigen, welche Rolle die theoretische Literatur zur Blasenbildung an Vermögensmärkten niedrigen Zinsen zuschreibt.

3 Verschiedene Modellklassen für Vermögenspreisblasen

Bei einer Durchsicht der Literatur zu Vermögenspreisblasen und insbesondere Hauspreisblasen fällt zunächst auf, dass sich diese grob in zwei Klassen unterteilen lässt. Auf der einen Seite steht die eher politikorientierte Literatur wie Taylor (2009), die zwar allgemein und/oder ökonometrisch Blasen, mögliche Ursachen und Politikempfehlungen behandelt, aber keinen expliziten Bezug auf ausformulierte ökonomische Modelle über die Entstehung solcher Preisabweichungen vom Gleichgewicht nimmt. Auf der anderen Seite gibt es eine Reihe von theoretischen Modellen, die aus mikroökonomischen Kalkülen eine Situation konstruieren, in denen Blasen entstehen. Im Sinne der Forschungsfrage dieses Beitrags, inwieweit theoretische Modelle einen Raum für niedrige Zinsen als Ursache von Immobilienpreisblasen lassen, konzentrieren sich die weiteren Ausführungen auf die theoretischen Beiträge. Den Ausführungen aus Abschnitt 2 folgend, sind dabei vor allem jene Modelle von Interesse, in denen niedrige Zinsen zu einer Abweichung vom Fundamentalwert führen, statt nur zu einem gerechtfertigten Anstieg der Hauspreise. Die Mo-

6 (9) ist negative, so lange $\pi + g > -1$ und (10) ist positive so lange wie $r > -1$. In beiden Fällen muss gelten: $r \neq \pi + g$.

delle werden dabei in Anlehnung an Scherbina (2013) in Modelle mit rationalen Erwartungen der ersten und zweiten Generation sowie behavioristische Modelle unterteilt.

3.1 Preisblasen und rationale Erwartungen: Modelle der ersten Generation

Die ältesten Beiträge zur Diskussion von Blasen in Modellen mit rationalen Erwartungen bauen auf die Beiträge von Blanchard (1979) und Blanchard und Watson (1982) auf. Diese Beiträge ziehen ihre Analyse aus der Erkenntnis, dass unter rationalen Erwartungen Vermögenstitel in der Periode t bewertet werden als die mit r diskontierten Zahlungsströme d aus der Investition plus dem diskontierten Verkaufspreis p_T nach Periode T. Es ergibt sich damit eine Preisgleichung in der Form:

$$p_t = E\left[\sum_{\tau=1}^{T-t} \frac{1}{(1+r)^{\tau}} d_{t+\tau}\right] + E\left[\frac{1}{(1+r)^{T-t}} p_T\right] \tag{14}$$

Für Vermögenstitel mit begrenzter Lebensdauer ist der Preis für die Zeit nach der Lebensdauer 0; die obige Gleichung vereinfacht sich zu

$$p_t = E\left[\sum_{\tau=1}^{T-t} \frac{1}{(1+r)^{\tau}} d_{t+\tau}\right].$$

Für Vermögenstitel mit unendlicher Lebensdauer (wie etwa einem Stück Land) dagegen hat der Preis nach Gleichung (14) nicht nur einen möglichen stabilen Pfad, sondern auch instabile Pfade (Brunnermeier 2008). Zwei Fälle sind bei konstanten Mieten denkbar (wenn per Annahme ausgeschlossen wird, dass der Preis für den Vermögenstitel negativ werden kann):

1. Ein Pfad, bei dem der Preis stabil ist und die Mieten relativ zum Preis genau der Diskontrate entsprechen ($\frac{d_t}{p_t} = r$). Hier entspricht der zu erwartende Kaufpreis in Periode T den für die Zeit danach erwarteten, diskontierten Zahlungsströmen. Da die Restlebensdauer wie (schon in Periode t) in Periode T unendlich ist, ist auch der erwartete Preis in Periode T gleich dem Preis in Periode t.

2. Lösungen, bei denen der Preis permanent steigt. Solche explosiven Preispfade werden dabei üblicherweise als „Blase" bezeichnet (Flood und Garber 1980).

Um die Erwartungsgleichung (eine Differenzengleichung) oben zu lösen, muss diese explosive Preisentwicklung allerdings noch weitere Charakteristika erfüllen: Die Blasenkomponente der Lösung muss genau mit der Rate r zulegen. Wie Brunnermeier (2008) ausführt, sind damit der Existenz von Blasen enge Grenzen gesetzt: Eine Blase für Vermögenstitel kann hier nicht entstehen, wenn r größer als die Wachstumsrate der Gesamtwirtschaft ist, da sonst der Wert des Blasentitels über Kurz oder Lang den Gesamtwert der Wirtschaft übersteigen würde.

Auch Scherbina (2013) fasst die Literatur dieser Modellklasse damit zusammen, dass unter den allermeisten Varianten üblicher Standardannahmen (etwa zur Nutzenfunktion der Individuen) und der Abwesenheit größerer Marktunvollkommenheiten bei rationalen Erwartungen der Investoren keine Blasen existieren können.

Eine Ausnahme ist dabei das Modell von Allen et al. (1993). In diesem Modell kann es selbst bei einem endlichen Horizont der Investoren und rationalen Erwartungen zu einer Blase kommen, zumindest wenn nicht unbegrenzt Leerverkäufe möglich sind. Ursache ist hier asymmetrische Information: Alle Individuen haben rationale Erwartungen und private Informationen über den betroffenen Vermögenstitel, wissen aber nicht, welche Informationen die anderen Marktteilnehmer haben. Hier kann nun ein rationaler Anleger bereit sein, einen Preis über dem fundamental gerechtfertigten zu bezahlen, weil er erwartet, den Vermögenstitel in der Zukunft für einen höheren Preis zu verkaufen (weil ja möglicherweise andere Marktteilnehmer nicht seine privaten Informationen über den „wahren" Fundamentalpreis haben). Selbst wenn alle Anleger sich so sicher sind, dass das Anlageobjekt überbewertet ist, kann es zu einer anhaltenden Überbewertung im Marktpreis kommen, solange die Anleger nicht wissen, ob die anderen Investoren ebenfalls diese Gewissheit haben. Auch wenn Allen et al. dieses Modell als Erklärung von Blasen in bestimmten Märkten anführen, kann man hier allerdings fragen, wie plausibel es ist, dass einzelne Investoren tatsächlich private Informationen über etwa den US-Immobilienmarkt oder den US-Aktienmarkt als Ganzes haben.

3.2 Preisblasen und rationale Erwartungen: Modelle der zweiten Generation

Die Modelle der zweiten Generation zu Preisblasen unter rationalen Erwartungen erklären üblicherweise Preisblasen, indem sie zu den Standardannahmen rationaler Erwartungen institutionelle Friktionen oder Abweichungen von der üblichen Nutzenfunktion der Investoren hinzufügen. Scharfstein/Stein (1990) machen so etwa die Annahme, dass Anlagegelder von professionellen Fondmanagern verwaltet werden, denen es nicht nur um den absoluten Anlageerfolg, sondern auch um ihre eigene berufliche Zukunft geht. In diesem Fall kann es für diese Investoren völlig rational sein, unter Unsicherheit anderen Fondmanagern zu folgen und in bereits überbewertete Vermögenstitel zu investieren (sogenanntes „Herding"), da bei einem Platzen der Blase die große Masse der Investoren ebenfalls Verluste machen würde und damit die Arbeitsmarktchancen des einzelnen Fonds-Managers nicht negativ beeinträchtigt werden. Auf den Immobilienmarkt übertragen könnte dieser Ansatz die Investitionen und den Beitrag zur Blasenbildung sowohl von Immobilienfonds erklären, die direkt Häuser kaufen, als auch die Investitionen in verbriefte Immobilienkredite, die wiederum zur Blasenbildung beigetragen haben, weil sie die Nachfrage von eigentlich nicht kreditwürdigen Schuldnern angeheizt haben.

Ein weiteres Beispiel für die Konsequenz eines Abweichens von den Standardannahmen zur Nutzenfunktion ist das Modell von DeMarzo et al. (2008): Hier geht in die Nutzenfunktion nicht nur das absolute, sondern auch das relative Vermögen ein, sodass die Individuen ein „Keeping up with the Joneses"-Verhalten an den Tag legen. Unter einer solchen Annahme ist es den Individuen nicht nur wichtig, was sie selber konsumieren können, sondern auch, wie sie im Vergleich zu ihren Nachbarn (die „Jones") dastehen. In einem Modell überlappender Generationen mit einem begrenzten Angebot von Anlagegütern investieren hier rationale Individuen auch dann in diese Anlagegüter, wenn deren Preis bereits überbewertet ist, um für die Zukunft ihre relative Vermögensposition zu sichern. Durch diese Zusatznachfrage von Häusern als Vermögensgüter entstehen Blasen.

Das Modell von Allen und Gale (2000) ist dagegen ein Beispiel, wie institutionelle Gegebenheiten, etwa im Finanzsektor, bei rationalen Erwartungen zu Blasen führen können. In diesem Modell entstehen Blasen aus der Kombination von Banken, die Kredite vergeben, und einer beschränkten Haftung der Investoren: Investoren können für ihre Anlagen in (mengenmäßig begrenzte) riskante Vermögensgüter Kredite bei den Banken aufnehmen, haften jedoch bei einer Zahlungsunfähigkeit nur teilweise. In einer Situation von Unsicherheit besteht in einer solchen Welt der Anreiz für die Investoren, Kredite aufzunehmen und diese Gelder in riskante Anlagen zu investieren, auch wenn die Preise dieser bereits überbewertet sind. Die Logik hier ist, dass bei einem Platzen der Blase die Bank einen Teil der Verluste tragen muss (da ja die Kredite nicht voll zurückgezahlt werden können), bei einer erfolgreichen Anlage aber die Gewinne beim Investor verbleiben.

3.3 Preisblasen in behavioristischen Modellen

Im Gegensatz zu den bislang betrachteten Modellen lockern die behavioristischen Modelle die Annahme rationaler Erwartungen zumindest für einen Teil der Investoren. Dieser Teil der Anleger folgt nicht rationalen Erwartungen über die künftige Preisentwicklung, sondern mehr oder weniger komplexen Heuristiken. Solange allerdings Märkte vollständig und perfekt sind, und es keine Restriktionen von Leerverkäufen gibt, führt nach der traditionellen Argumentation von Friedman (1953) die Existenz eines begrenzten Anteils an Individuen mit nicht-rationalen Erwartungen noch nicht zur Blasenbildung. Vielmehr können hier prinzipiell Investoren mit rationalen Erwartungen verhindern, dass Investoren mit einer nicht-rationalen Erwartungsbildung Blasen erzeugen: Investoren mit rationalen Erwartungen würden gegen die nicht-rationalen Investoren spekulieren und ihnen – etwa durch Leerverkäufe – unbegrenzt überteuerte Vermögenstitel verkaufen, sodass sich der Preis gar nicht erst signifikant vom fundamental gerechtfertigten Wert wegbewegt. Da auf diese Art und Weise die nicht-rationalen Investoren permanent Verluste machen, würde langfristig das Vermögen der nicht-rationalen Investoren aufgezehrt und nur rationale Investoren verblieben im Markt.

In Verbindung mit anderen Marktunvollkommenheiten wie etwa der Begrenzung von Leerverkäufen oder Informationsasymmetrien zeigt die Modellklasse behavioristischer Modelle, dass die Existenz nicht-rationaler Investoren schnell zur Blasenbildung führen kann. Ein Beispiel für diesen Effekt ist das Argument von Miller (1977), das die Grundlage für spätere voll ausformulierte formale Modelle wie jenes von Scheinkam und Xiong (2013) bildet. Miller argumentiert, dass unter der Annahme einer begrenzten Anzahl von riskanten Vermögenstiteln, heterogener Einschätzungen über den Fundamentalwert des Titels und eingeschränkter Möglichkeiten zum Leerverkauf, die optimistischeren Anleger den Preis des Vermögenstitels höher als den fundamental gerechtfertigten Preis treiben können, sodass eine Blase entsteht. Die Logik ist hier, dass die übermäßig optimistischen Anleger bereit sind, einen höheren Preis als den Fundamentalpreis zu bezahlen, und die weniger optimistischen Anleger zwar ihre Vermögenstitel an die Optimisten verkaufen können, danach aber keine Möglichkeit haben, den Preis zum Fundamentalwert zurückzutreiben. Wenn die Überschätzung der Fundamentalwerte nicht dauerhaft auf eine Investorengruppe konzentriert ist, sondern zwischen den Gruppen wechselt, gibt es keinen Marktmechanismus, der Blasen vermeidet und nicht-rationale Investoren dauerhaft aus dem Markt verschwinden lässt.

Ein ähnlicher Mechanismus findet sich im Modell von Hong und Stein (1999). In diesem Modell gibt es zwei Klassen von Investoren, die „Newswatcher“ und die „Momentum Trader“. „Newswatcher“ haben jeweils private Informationen, die sie zur Vorhersage von Preisen eines riskanten Vermögenstitels benutzen. „Momentum Trader“ dagegen fundieren ihre Preisvorhersage auf der Analyse früherer Preisbewegungen und schreiben diese fort. Die privaten Informationen der Newswatcher verbreiten sich langsam unter allen Investoren und schlagen sich dadurch nach und nach im Preis nieder. Solange es in diesem Modell nur Newswatcher gibt, reagieren Preise verzögert auf Veränderungen in den Fundamentaldaten. Sobald nun auch Momentum Trader auftauchen, beschleunigt sich zwar die Anpassung an die Fundamentaldaten, es kommt aber auch zum Überschießen von Preisen und damit zu Blasen.

Das Modell von De Long et al. (1990) sieht hingegen nicht die Momentum Trader für das Entstehen einer Blase verantwortlich, sondern die besser informierten, rationalen Investoren. Da letztere wissen, dass es Momentum Trader im Markt gibt, reagieren sie bei Erhalt privater, positiver Informationen schon aus Antizipation der Handlungen der nicht-rationalen Investoren stärker und verstärken damit Preisausschläge. Das Ergebnis können Blasen sein.

Ein verwandtes Modell, was ebenfalls mehr und weniger informierte Investoren enthält, ist jenes von Piazzesi und Schneider (2008). Die beiden Autoren gehen ähnlich wie Brunnermeier und Julliard (2008) davon aus, dass zumindest ein Teil der Investoren unter Geldillusion leidet und insbesondere Inflation nicht richtig vorhersagen kann. Bei Brunnermeier und Julliard (2008) nehmen Individuen einen Rückgang der Inflationsraten und der Nominalzinsen als einen Rückgang des Realzinssatzes und damit einen Anstieg der fundamental gerechtfertigten Hauspreise nach Gleichung (7) bzw. (9) wahr. Aufgrund der fehlenden Möglichkeit von Leerverkäufen am Immobilienmarkt durch rationale Investoren führt das zu einer Blase. Bei Piazzesi und Schneider entsteht die Blase dagegen aus der Interaktion von Investoren mit Geldillusion und solchen ohne Geldillusion: Bei fallender Inflation nehmen Individuen mit Geldillusion den damit einhergehenden Rückgang der Nominalzinsen (fälschlich) als fallende Realzinsen wahr und beginnen, Kredite aufzunehmen und Häuser zu kaufen. Individuen ohne Geldillusion durchschauen dies und vergeben Kredite. Eine Blase entsteht. Bei steigender Inflation nehmen Individuen mit Geldillusion die steigenden Nominalzinsen fälschlich als steigende Realzinsen war und sparen, während Individuen ohne Geldillusion Kredite aufnehmen und Häuser kaufen. Auch hier entsteht durch die gestiegene Immobiliennachfrage eine Blase. Piazzesi und Schneider gelingt es so zu modellieren, dass Hauspreisblasen sowohl bei hohen als auch bei niedrigen Nominalzinsen entstehen können – wie es empirisch beim Hauspreisboom in den späten 1980er Jahren in den USA auf der einen Seite und dem US-Hauspreisboom in den 2000ern auf der anderen Seite der Fall war. Voraussetzung ist allerdings, dass sich die Inflationsrate deutlich gegenüber früheren Erfahrungen ändert.

4 Geldpolitik in den Modellen

Das Auffällige an den oben beschriebenen Modellen (insbesondere vor dem Hintergrund der Debatte um die Rolle von Geldpolitik bei der Blasenentstehung) ist, dass kaum eines von ihnen eine explizite Rolle für Geldpolitik oder auch nur den Notenbankzinssatz vorsieht, viele noch nicht einmal für den Kapitalmarktzins.

Die einfachen Modelle erster Generation mit rationalen Erwartungen modellieren üblicherweise überhaupt keine Auslöser für Vermögenspreisblasen. Vielmehr ergibt sich hier die theoretische Möglichkeit der Existenz einer Blase aus den mathematischen Lösungen der Differenzengleichung (14). Genau genommen gibt es in diesen Modellen gar keinen möglichen Auslöser für Immobilienpreisblasen, weil sich die Preisentwicklung entweder auf dem stabilen Pfad oder auf dem explosiven Preispfad befindet, aber keine Möglichkeit zum Wechsel der Pfade modelliert ist – oder wie Brunnermeier (2008) es formuliert:

> *„[R]ational bubbles can never emerge within an asset-pricing model; they must already be present when the asset starts trading.“*

Im Modell von Allen und Gale (2000) gibt es zwar Zinsen und Kreditwachstum, beide spielen aber nicht die Rolle, die man nach den Warnungen vor lockerer Geldpolitik erwarten würde: Hier ist es die Unsicherheit über die Fortsetzung eines Kreditbooms, die Blasen antreibt, nicht der Kreditboom selber: Je weniger sicher die Investoren über eine weitere Kreditexpansion sind, desto größer ist ihr Anreiz, sich zu verschulden (weil sie bei einem Ende des Booms aufgrund ihrer begrenzten Haftung einen Teil der Verluste auf die Banken abwälzen können) und desto größer demnach auch das Risiko einer Vermögenspreisblase. Einen klaren Einfluss niedriger Zinsen oder lockerer Geldpolitik auf die Blasenbildung gibt es in dem Modell nicht.

In den etwas komplexeren Blasenmodellen mit rationalen Erwartungen (insbesondere mit asymmetrischen Informationen) ist ein üblicher möglicher Auslöser für Hauspreisblasen eine Veränderung des fundamentalen Hauspreises (bzw. Signale über Veränderungen der Fundamentalwerte). Hier könnte man nun argumentieren, dass eine Zinssenkung bzw. ein Verfall der Zinsen ja den Fundamentalpreis nach oben verschiebt, was zu Fehlinterpretationen durch die Investoren führen und eine Blase auslösen könnte. Allerdings ist hier – wie oben argumentiert – nicht der kurzfristige Zins zentral, sondern der langfristig erwartete Hypothekenzins. Fraglich ist, inwieweit tatsächlich die Geldpolitik den langfristigen Hypothekenzins signifikant verändern kann und ob es nicht Verschiebungen im globalen Wachstumsumfeld und dem langfristigen natürlichen Zins sind, die in den vergangenen Jahren zum Verfall der langfristigen Rendite geführt haben, auf den die Zentralbank mit ihrer Politik nur reagiert hat, wie etwa Laubach und Williams (2015) argumentieren.

Außerdem müsste man konstatieren, dass nicht nur eine Veränderung des Zinsens, sondern auch jede Veränderung der Erwartungen über künftige Inflation oder das künftige Wachstum der Volkswirtschaft – also über künftige Produktivitätsentwicklung, Bevölkerungswachstum oder die künftige Erwerbstätigenquote – eine Blase auslösen kann. Wenn überhaupt, so wären Zinssenkungen nur ein möglicher Auslöser für Blasen unter vielen anderen. Zudem müsste man beachten, dass auch ein Unterlassen von Zinssenkungen beim Schwinden des Inflationsdrucks ein Blasenauslöser sein kann, wenn sich dadurch die langfristigen Inflationserwartungen verschieben.

Am ehesten an eine konkrete Betrachtung von Geldpolitik kommen die Arbeiten von Brunnermeier und Julliard (2008) und Piazzesi und Schneider (2008). Allerdings ist es auch hier nicht ein niedriger Zins, der Blasen auslöst, sondern ein Rückgang (bei Brunnermeier/Julliard) bzw. eine plötzliche Veränderung der Inflationsrate (bei Piazzesi/Schneider), die Hauspreisblasen auslöst. Niedrige Zinsen an sich sind hier kein Risiko für das Entstehen von Hauspreisblasen, und auch nicht eine schnelle und kräftige Reaktion der Notenbank auf fallenden Inflationsdruck mit entsprechenden Zinssenkungen. Im Gegenteil, auch in diesen Modellen könnte man argumentieren, dass ein Versäumnis der Notenbank, bei schwindendem Inflationsdruck schnell und entschieden genug die Zinsen zu senken, Blasen entstehen lässt: Ein solches Versäumnis birgt die Gefahr des Unterschießens der aktuellen Inflation unter das Inflationsziel, was über die Geldillusion und die oben beschriebenen Mechanismen dann zur Blasenbildung führen kann.

5 Schlussfolgerungen

Zusammenfassend kann man also sagen, dass es in der theoretischen Literatur zwar gute Argumente gibt, dass niedrigere Zinsen zu einem gleichgewichtig höheren Niveau von Immobilienpreisen führen und dass deshalb ein dauerhafter Rückgang des langfristigen Zinsniveaus auch zu einem Anstieg der Hauspreise führen dürfte. Das Argument, dass niedrige langfristige Zinsen darüber hinaus Hauspreisblasen auslösen können, ist dagegen theoretisch nicht gut untermauert: In unserem Überblick der wichtigsten und am meisten zitierten Modelle zur Blasenbildung an Vermögensmärkten kommt zu lockere Geldpolitik in Form kräftiger Zinssenkungen oder niedriger Zinsen als auslösender Faktor nicht vor.

Literaturverzeichnis

— Allen, Franklin und Douglas Gale (2000): Bubbles and Crises. The economic journal, 110 (460), 236–255.
— Allen, Franklin, Stephen Morris und Andrew Postlewaite (1993): Finite Bubbles with Short Sale Constraints and Asymmetric Information. Journal of economic theory, 61 (2), 206–229.
— Barlevy, Gadi (2012): Rethinking Theoretical Models of Bubbles. In: Douglas D. Evanoff, George G. Kaufman und A. G. Malliaris (Hrsg.): New perspectives on asset price bubbles. Theory, evidence, and policy. Oxford, Oxford University Press, 41–62.
— Blanchard, Olivier J. (1979): Speculative bubbles, crashes and rational expectations. Economics letters, 3 (4), 387–389.
— Blanchard, Olivier J. und Mark W. Watson (1982): Bubbles, rational expectations, and financial markets. In: Paul Wachtel (Hrsg.): Crises in the economic and financial structure. Lexington, MA, Lexington Books, 295–316.
— Brunnermeier, Markus K. (2008): Bubbles. In: Steven N. Durlauf und Lawrence E. Blume (Hrsg.): The New Palgrave Dictionary of Economics. Basingstoke, Nature Publishing Group, 578–583.
— Brunnermeier, Markus K. und Christian Julliard (2008): Money Illusion and Housing Frenzies. Review of Financial Studies, 21 (1), 135–180.
— De Long, J. B., Andrei Shleifer, Lawrence H. Summers und Robert J. Waldmann (1990): Positive Feedback Investment Strategies and Destabilizing Rational Speculation. The Journal of Finance, 45 (2), 379–395.
— Del Negro, Marco und Christopher Otrok (2007): 99 Luftballons. Monetary policy and the house price boom across U.S. states. Journal of Monetary Economics, 54 (7), 1962–1985.
— DeMarzo, Peter M., Ron Kaniel und Ilan Kremer (2008): Relative Wealth Concerns and Financial Bubbles. Review of Financial Studies, 21 (1), 19–50.
— Flood, Robert P. und Peter M. Garber (1980): Market Fundamentals versus Price-Level Bubbles. The First Tests. Journal of Political Economy, 88 (4), 745–770.
— Friedman, Milton (1953): The case for flexible exchange rates. Chicago, IL, University of Chicago Press.
— Hong, Harrison und Jeremy C. Stein (1999): A Unified Theory of Underreaction, Momentum Trading, and Overreaction in Asset Markets. The Journal of Finance, 54 (6), 2143–2184.
— Laubach, Thomas und John C. Williams (2015): Measuring the natural rate of interest redux. Federal Reserve Bank of San Francisco Working paper series WP 2015/16.

— Mayer, Christopher (2011): Housing Bubbles. A Survey. Annual review of economics, 3 (1), 559–577.
— Miller, Edward M. (1977): Risk, Uncertainty, and Divergence of Opinion. The Journal of Finance, 32 (4), 1151–1168.
— Piazzesi, Monika und Martin Schneider (2008): Inflation illusion, credit, and asset prices. In: John Y. Campbell (Hrsg.): Asset prices and monetary policy. Chicago, Ill., University of Chicago Press, 147–189.
— Scharfstein, David S. und Jeremy C. Stein (1990): Herd behavior and investment. American Economic Review, 80, 465–479.
— Scheinkman, José A. und Wei Xiong (2003): Overconfidence and Speculative Bubbles. Journal of Political Economy, 111 (6), 1183–1220.
— Scherbina, Anna (2013): Asset price bubbles. A selective survey. IMF working paper WP/13/45. International Monetary Fund, Washington, D. C.
— Shiller, Robert J. (2008): Robert J. Shiller: The subprime solution. How today's global financial crisis happened, and what to do about it. Philadelphia, PA.
— Stiglitz, Joseph E. (1990): Symposium on Bubbles. Journal of economic perspectives, 4 (2), 13–18.
— Taylor, John B. (2009): Getting off track. How government actions and interventions caused, prolonged, and worsened the financial crisis. Stanford, CA, Hoover Institution Press.
— Wirtschaftswoche (2015): Moody's warnt vor Hauspreisblase. 21. Juli 2015. www.wiwo.de/finanzen/immobilien/immobilien-moodys-warnt-vor-hauspreisblase/12083426.html.

Wann verursachen Niedrigzinsen Hauspreisblasen? Lehren aus einem systematischen Fallstudienansatz*

SEBASTIAN DULLIEN, HEIKE JOEBGES UND ALEJANDRO MÁRQUEZ-VELÁZQUEZ

Sebastian Dullien, HTW Berlin, E-Mail: sebastian.dullien@htw-berlin.de
Heike Joebges, HTW Berlin, E-Mail: heike.joebges@htw-berlin.de
Alejandro Márquez-Velázquez, E-Mail: Lateinamerikainstitut, Freie Universität Berlin, alejandro.marquez@fu-berlin.de

Zusammenfassung: Der Beitrag geht in einem systematischen Fallstudienansatz der Frage nach, inwieweit Niedrigzinsen empirisch Hauspreisblasen verursachen. Dafür werden in einem ersten Schritt für 16 OECD-Länder mit verfügbaren Daten Hauspreisblasen im Zeitraum seit 1985 definiert und Phasen besonders niedriger Zinsen (gemessen an Abweichungen von der Taylor-Regel) gemessen. Aus diesen Ländern werden drei Fälle ausgewählt, die im Detail untersucht werden. Dabei wird ein Fall verglichen, in dem niedrige Zinsen mit einer Hauspreisblase einhergingen (USA in den 2000er Jahren), ein Fall, in dem eine Hauspreisblase ohne niedrige Zinsen entstand (Großbritannien in den 2000ern), und ein Fall, in dem über längere Zeit niedrige Zinsen zu beobachten waren, ohne dass es zu einer Hauspreisblase kam (Österreich in den 2000ern). Aus der detaillierten Analyse wird dabei der Schluss gezogen, dass insbesondere Regulierungsänderungen zur Entstehung von Hauspreisblasen beitrugen. Gleichzeitig deuten die Fallstudien darauf hin, dass eine gute Regulierung und staatliche Eingriffe in den Immobilienmarkt auch bei Niedrigzinsen Hauspreisblasen verhindern können.

Summary: This article studies the relationship between the stance of monetary policy and housing price bubbles. Out of a sample of 16 OECD countries for which detailed housing data are available, we systematically select three case studies that represent the varying links between housing bubbles and the stance of monetary policy: The first case presents a country where a period of low interest rates has been followed by a house price bubble (US in the 2000s). The second case portrays a country in which a bubble emerged even though interest rates have been rather high (UK in the 2000s). The third case illustrates a country in which low interest rates have not been followed by a housing price bubble (Austria in the 2000s). The analysis of the different developments points to the role of regulatory changes as the main causes for bubble formation, indicating that sensible regulation and state intervention can prevent bubbles even in the face of low interest rates.

→ JEL Classification: E44, R30
→ Keywords: House prices, monetary policy, asset price bubbles

* Die zugrunde liegende Forschung für diesen Artikel wurde gefördert vom Institut für Makroökonomie und Konjunkturforschung (IMK) in der Hans-Böckler-Stiftung. Wir danken für die Unterstützung.

1 Einleitung

Seit der weltweiten Finanzkrise wird vermehrt die Gefahr von Immobilienpreisblasen aufgrund niedriger Kreditzinsen als Folge der expansiven Geldpolitik diskutiert. So weist der Ausschuss für Finanzstabilität, bestehend aus Vertretern der Deutschen Bundesbank, der Bundesanstalt für Finanzdienstleistungsaufsicht, des Finanzministeriums sowie der Bundesanstalt für Finanzmarktstabilisierung, im Jahresbericht für den Bundestag vom 30. Juni 2015 auf Stabilitätsrisiken durch die Niedrigzinsphase hin. Der Ausschuss warnt vor einer möglichen Überhitzung des Marktes für deutsche Wohnimmobilien (Ausschuss für Finanzstabilität 2015a: 29 ff.) und empfiehlt die Schaffung makroprudentieller Instrumente zu deren Verhinderung (Ausschuss für Finanzstabilität 2015b).

Im akademischen Bereich ist die Rolle der Geldpolitik bei Immobilienpreisblasen umstritten: Theoretisch gibt es so gut wie keine Modelle, die Immobilienblasen als Folge zu niedriger Zinsen modellieren (siehe den Beitrag von Dullien, Joebges und Márquez-Velázquez im vorliegenden Heft). Empirische Untersuchungen kommen zu widersprüchlichen Ergebnissen: Einer der prominentesten Verfechter der These, dass zu niedrige Zinsen zu Immobilienblasen führen, ist John B. Taylor, der insbesondere die Immobilienpreisblase der 2000er Jahre in den USA auf eine zu expansive Geldpolitik zurückführt (Taylor 2007, 2008). Kriterium für die Ausrichtung der Geldpolitik ist dabei die von ihm vorgeschlagene Taylor-Regel. Zu einem ähnlichen Ergebnis kommen Bordo und Landon-Lane in einer Panelschätzung für mehrere Industrieländer (Bordo und Landon-Lane 2013a,b). Andere Autoren kritisieren an Taylors These erstens, dass der Grad der Abweichung von der Taylor-Regel in den von ihnen untersuchten Industrieländern nicht mit der Blasenwahrscheinlichkeit korreliere und dass zweitens die Taylor-Regel mit sinnvollen Modifizierungen nicht mehr eindeutig die Aussage stütze, die Geldpolitik sei „zu lax" gewesen. Mit Geldpolitik allein ließen sich die jüngsten Immobilienpreisblasen ökonometrisch nicht erklären (Dokko et al. 2011). Die Autoren betonen stattdessen die Bedeutung von Finanzinnovationen, die den Zugang zu Immobilienkrediten erleichtert und darüber Immobilienblasen ausgelöst hätten, ähnlich wie Basco (2014) und Marqués et al. (2010). Daneben werden auch die seit Mitte der 1990er gestiegenen globalen Kapitalzuflüsse als Ursache für Immobilienpreisanstiege genannt, da sie zu einem Rückgang der langfristigen Zinsen und damit geringeren Kreditkosten beigetragen hätten. Prominentester Vertreter dieser Erklärung ist der ehemalige Präsident der US-amerikanischen Federal Reserve Bank Ben Bernanke (2010).

Angesichts der widersprüchlichen Ergebnisse in ökonometrische Mehrländerstudien (für einen Überblick siehe Dullien et al. 2015) werden im Folgenden drei systematisch ausgewählte Fallstudien präsentiert, die verdeutlichen sollen, dass laxe Geldpolitik zwar Immobilienblasen befördern kann, aber nicht notwendigerweise zu Blasen führen muss. Stattdessen können Immobilienblasen auch trotz restriktiver Geldpolitik entstehen. Im Fokus der Erklärung stehen dabei Hauspreisblasen ab Mitte der 1990er Jahre.

Die Auswahl der Fallbeispiele erfolgt aus einer Gruppe von 16 OECD-Ländern, für die vergleichbare Immobilienpreisdaten der Bank für Internationalen Zahlungsausgleich (BIZ) vorliegen. Für diese wird zunächst berechnet, inwiefern in der jüngsten Vergangenheit Hauspreisblasen aufgetreten sind oder nicht. Gleichzeitig wird die Ausrichtung der Geldpolitik nach dem von Taylor vorgeschlagenen Kriterium berücksichtigt. Aus dieser Gruppe werden folgende Fallbeispiele ausgewählt: ein Fall, bei dem niedrige Zinsen mit einer Hauspreisblase einhergingen (USA in den 2000er Jahren), ein Fall, in dem eine Hauspreisblase ohne niedrige Zinsen entstand (Großbritannien in den 2000ern), und ein Fall, in dem über längere Zeit niedrige Zinsen zu beobachten waren, ohne dass es zu einer Hauspreisblase kam (Österreich in den 2000ern). Die Analyse der Immobilienpreisentwicklungen deutet darauf hin, dass ein wichtiger Faktor für die unterschiedliche Entwicklung die Regulierung der Finanz- und Immobilienmärkte im weitesten Sinn ist.

Zur Verdeutlichung der Auswahlkriterien für die Fallstudien wird im nächsten Abschnitt zunächst das Kriterium für die Identifikation von Blasen sowie dessen Berechnung für ausgewählte OECD-Länder vorgestellt, bevor im dritten Abschnitt die Ausrichtung der Geldpolitik nach dem von John B. Taylor vorgeschlagenen Verfahren für die ausgewählten Länder dargestellt wird. Abschnitt vier beschreibt die Entwicklung der Immobilienmärkte in den drei ausgewählten Ländern und diskutiert mögliche Gründe für die Unterschiede, darunter auch die Verwendung komplexer Verbriefungen. Abschnitt fünf schließt.

2 Identifikation von Blasen

Theoretisch ist eine Immobilienpreisblase dann gegeben, wenn die Preise für Immobilien den fundamental gerechtfertigten Wert überschreiten (Brunnermeier 2008), für dessen Bestimmung jedoch unterschiedliche Ansätze möglich sind (siehe Dullien, Joebges und Márquez-Velázquez im vorliegenden Heft). Ein Konsens über die Identifikation von Preisblasen fehlt bisher (Barlevy 2012, Mayer 2011), sodass vor allem Mehrländerstudien auf pragmatische Methoden zur Identifikation von Preisblasen zurückgreifen.[1] Preisblasen werden vorwiegend über die deutliche Korrektur einer vorhergehenden Phase überdurchschnittlicher Preisanstiege identifiziert. Die Identifikation erfolgt dabei in mathematisch unterschiedlich aufwendiger Form (siehe Dullien et al. 2015: 28 ff.).

Wir identifizieren eine nationale Preisblase der Wohnimmobilien dann, wenn auf einen jährlichen Anstieg der realen Wohnimmobilienpreise im gesamten Land (gemäß BIZ-Daten) von mehr als fünf Prozent ein realer Preisrückgang um mehr als fünf Prozent folgt.[2] Der Schwellenwert von fünf Prozent erfolgt in Anlehnung an eine Publikation des Internationalen Währungsfonds (IMF 2009) und führt zu ähnlichen Phasen von Immobilienpreisblasen wie zum Beispiel in der Publikation von Bordo und Landon-Lane (2013b).

In Tabelle 1 lässt sich die Auswahl der Fallstudien nachvollziehen: Von den 16 betrachteten Ländern verzeichneten nur vier im Zeitraum von 1990 bis 2012 keine Immobilienblase. Trotzdem waren die Zinsen in all diesen Ländern in mehr als der Hälfte der Jahre gemäß Taylor-Regel als zu niedrig einzustufen, insbesondere in Österreich und der Schweiz. Beide kamen für die Fall-

1 Während es im Einzelländeransatz durchaus möglich ist, Annäherungen an Fundamentalwerte für Immobilienpreise unter Berücksichtigung der landesspezifischen Besonderheiten zu schätzen, scheitern diese Versuche für Mehrländeransätze schon an fehlenden vergleichbaren Indikatoren für Regulierung, Besteuerung, Mietniveaus und Kreditvergabebestimmungen.

2 Die Preisbereinigung der Immobilienpreise erfolgt mit dem Verbraucherpreisindex, um für allgemeine Preisentwicklungen zu korrigieren. Die Berechnung der Wachstumsraten beruht auf Quartalsdaten. Um einzelne Ausreißer zu glätten, wird der gleitende Durchschnitt über vier Quartale als Grundlage verwendet. Für Berechnungsdetails siehe Dullien et al. (2015: 35 ff.); Datenstand für die BIZ-Daten ist April 2014. Alternative Schwellenwerte verändern lediglich Beginn und Ende der Blase.

Tabelle 1

Ausrichtung der Geldpolitik im Zeitraum 1990–2012 für Länder mit und ohne Immobilienblase

Länder ohne Immobilienblase (1990–2012)	Zu niedrige Zinsen in x von 23 Jahren (Anteil in Prozent)
Kanada	12 (52)
Belgien	13 (57)
Österreich	14 (61)
Schweiz	14 (61)
Länder mit Immobilienblase	
Neuseeland	3 (13)
Großbritannien	4 (17)
Norwegen	6 (26)
Island	8 (35)
Australien	9 (39)
Frankreich	10 (43)
Italien	12 (52)
Niederlande	14 (61)
Spanien	14 (61)
Portugal	15 (65)
Schweden	15 (65)
USA	18 (78)

Anmerkung: Die Messung der Ausrichtung der Geldpolitik wird im folgenden Abschnitt erläutert. Die Tabelle gibt Anzahl und Anteil der Jahre im Zeitraum 1990–2012 an, in denen der Interbankenzins nach der Taylor-Regel zu niedrig war.
Quelle: Eigene Berechnungen, Erläuterungen im Text.

studie gleichermaßen in Frage. Die Konzentration auf Österreich statt der Schweiz erfolgte vor allem aufgrund der etwas höheren Bedeutung als Handelspartner für Deutschland.[3]

Von den zwölf Ländern mit Hauspreisblasen im betrachteten Zeitraum haben einzelne Länder eine eher restriktive Geldpolitik verfolgt, was in der Tabelle daran zu sehen ist, dass ihre Zinsen fast nie zu niedrig waren. Beispiele dafür sind vor allem Neuseeland und Großbritannien, in denen die Geldpolitik in 87 Prozent beziehungsweise 83 Prozent der Jahre zu restriktiv war, die Zinsen also eher zu hoch lagen. Angesichts der ähnlichen Ausrichtung der Geldpolitik wurde Großbritannien aufgrund seiner größeren wirtschaftlichen Bedeutung als Fallbeispiel ausgewählt für ein Land, dass trotz restriktiver Geldpolitik eine Immobilienpreisblase aufwies.

Viele der Länder mit Immobilienblase haben aber laut Tabelle in der Tat eine laut John B. Taylor zu „laxe" Geldpolitik verfolgt. Besonders augenfällig ist das für die USA, in denen in 78 Prozent

3 Österreich nimmt im Jahr 2015 laut Destatis Rang 7 im Vergleich zu Rang 9 als Exportzielland ein.

Abbildung 1

Wachstumsraten der Preise von Wohnimmobilien gegenüber dem Vorjahr
In Prozent

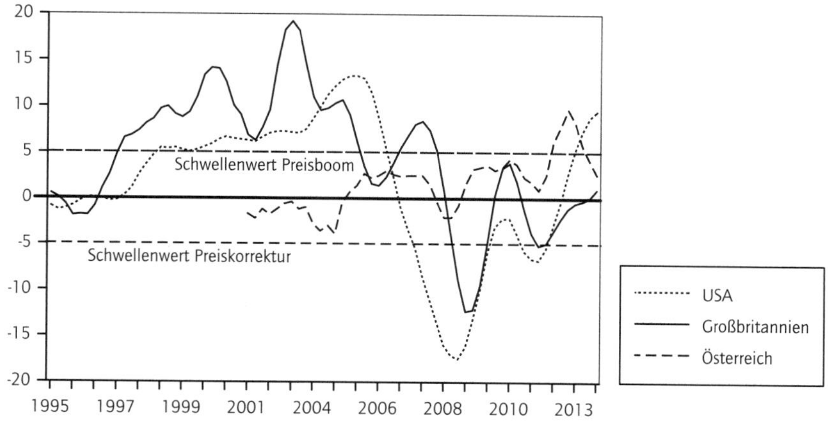

Anmerkung: Preisbereinigung mit Verbraucherpreisindex, gleitender Durchschnitt der Wachstumsrate über 4 Quartale; Wachstumsraten für Österreich sind erst ab 2001 berechenbar.

Quelle: BIS-Daten, Preisbereinigung mit OECD-CPI, eigene Berechnungen.

der betrachteten Jahre der Zinssatz zu niedrig war (Tabelle 1). Die USA wurden daher als Beispiel für ein Land ausgewählt, dass eine Immobilienblase bei gleichzeitig sehr expansiver Geldpolitik verzeichnete.

Für die drei von uns ausgewählten Fallstudien kommen wir unter Verwendung der oben genannten Schwellenwerte für Preisblasen zu folgenden Ergebnissen (Abbildung 1):

- Für Großbritannien lässt sich für den Zeitraum ab Mitte der 1990er Jahre eine Blasenbildung ab dem dritten Quartal 1997 feststellen, die erst 2007 ihren Höhepunkt erreicht und ab dem ersten Quartal 2009 korrigiert wird.

- Für Österreich lässt sich ab Mitte der 1990er Jahre keine Blasenbildung feststellen.[4] Ab dem 2. Quartal 2012 bis Mitte 2013 kommt es zwar zu starken realen Preisanstiegen mit jährlichen Wachstumsraten von mehr als fünf Prozent. Diese wurden aber bisher nicht korrigiert, sodass nicht von einer Blase gesprochen werden kann. Die Österreichische Zentralbank sieht zwar Anzeichen für eine Blasenbildung bei Immobilien in Wien, nicht aber für Immobilien in Österreich (OeNB 2015) und verweist in ihrem Factsheet Wohnimmobilienmarkt Österreich (Dokumentation der Zeitreihen)

4 Stattdessen erfolgt ab Ende 1998 eine Korrektur einer Preisblase, die sich bereits zu Beginn der 1990er Jahre gebildet hatte – jedenfalls auf Basis der Daten für die Immobilienpreise in Wien. Für Österreich können Wachstumsraten mit den BIZ-Daten erst ab dem Jahr 2001 berechnet werden.

darauf, dass das niedrigere Zinsniveau auch einen höheren Immobilienpreis rechtfertige.

- Für die USA beginnt die Blasenbildung ab dem vierten Quartal 1998. Die Preisblase erreicht bereinigt um den Anstieg der Verbraucherpreise ihren höchsten Stand zu Beginn des Jahres 2006 und wird ab der zweiten Jahreshälfte 2007 korrigiert. Die Korrektur zieht sich bis zum Jahresbeginn 2012.

3 Ausrichtung der Geldpolitik

Als Indikator für die Ausrichtung der Geldpolitik verwenden wir eine Version der Taylor-Regel, die sich an der Originalversion von Taylor orientiert (Taylor 1993: 202). Diese Regel empfiehlt der Zentralbank, folgenden Zinssatz (r) am Interbankenmarkt anzustreben:

$r = p + ½y + ½(p\text{-}2) + 2$ mit p als jährlicher erwarteter und tatsächlicher Wachstumsrate des Verbraucherpreisindexes und y als Outputlücke, das heißt der Abweichungen des realen BIP von seinem Potentialwert. Die Outputlücke wird hier analog zu Bordo und Landon-Lane (2013a,b) als prozentuale Abweichung des realen BIP von seinem historischen Trend auf Basis eines HP Filters gemessen.

Die Regel unterstellt, dass die Zentralbank eine Inflationsrate von zwei Prozent anstrebt und dabei gleichermaßen Abweichungen von diesem Inflationsziel (p-2) vermeiden will als auch Abweichungen von der Wachstumsrate des BIP in der Vergangenheit, y (deshalb gleiche Gewichtung der Ziele mit jeweils ½). Da der „natürliche" Zinssatz laut Annahme bei zwei Prozent liegt, sollte der Leitzins also darüber liegen, sobald die erwartete oder die tatsächliche Inflation höher ausfällt oder sobald die BIP-Entwicklung höher ausfällt als nach Potential (hier gemessen als dem Trend der Vergangenheit) zu erwarten wäre.

Nicht nur die mit dieser Regel verbundenen impliziten Annahmen laden zur Kritik daran ein. Die Österreichische Nationalbank verwendet zum Beispiel laut ihrem Factsheet Wohnimmobilienmarkt Österreich (Dokumentation der Zeitreihen) eine höhere Gewichtung des Inflationsziels gegenüber dem Ziel, die Outputlücke zu minimieren. Neben der verständlichen Forderung, landesspezifische Werte für die einzelnen Parameter zu verwenden, gibt es darüber hinaus zahlreiche grundsätzliche Kritikpunkte an der Taylor-Regel (zum Beispiel Dokko et al. 2011, sowie Orphanides 2003). Dass wir diese Regel trotzdem als Indikator verwenden, ist darauf zurückzuführen, dass die prominenten Vertreter der These, eine zu „laxe" Geldpolitik verursache Immobilienblasen, genau auf diese einfache Regel rekurrieren (Taylor 2007, 2008, Bordo und Landon-Lane 2013a,b).

Abbildung 2 zeigt für die drei Fallstudien die Differenz zwischen dem kurzfristigen Zinssatz[5] am Interbankenmarkt und dem nach der Taylor-Regel anzupeilenden Zinssatz, berechnet nach der oben angegebenen Formel. Positive Abweichungen deuten auf einen höheren Leitzins als nach

5 Verwendet wird der Drei-Monats-Interbankenzinssatz.

Abbildung 2

Abweichungen des Interbankenzinssatzes von der Taylor-Regel
In Prozent

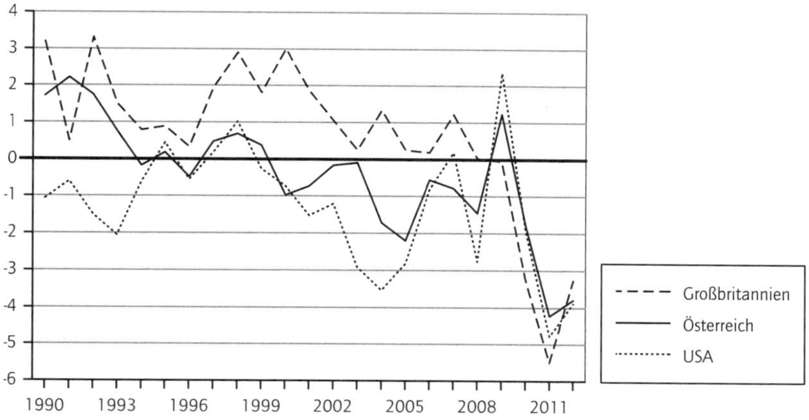

Anmerkung: Drei-Monats-Interbankenzinssatz abzüglich der für das Land berechneten Taylor-Regel (nach der Formel im Text). Positive Werte implizieren zu hohe, negative Werte zu niedrige Zinssen.

Quelle: OECD, eigene Berechnungen.

der Taylor-Regel und damit eine zu restriktive Geldpolitik, negative Abweichungen auf einen nach der Taylor-Regel zu niedrigen Leitzins und damit eine zu „laxe" Geldpolitik.

- In den USA waren die Leitzinsen fast über den gesamten Zeitraum der 1990er und 2000er Jahre zu niedrig. Ausnahmen sind die Jahre 1995, 1997/98, 2007 und 2009.
- In Österreich lagen die Leitzinsen in den 1990er Jahren zwar im Allgemeinen oberhalb des Taylor-Zinses. Ab dem Jahr 2000 war die Geldpolitik nach dieser Regel aber mit Ausnahme des Jahres 2009 immer zu lax.
- Lediglich Großbritanniens Zentralbank hat nach Maßgabe dieser Regel über den gesamten Zeitraum bis einschließlich des Jahres 2008 eine zu restriktive Geldpolitik durchgeführt.

4 Vergleich der Entwicklung der drei Wohnimmobilienmärkte

Wie aus den obigen Ausführungen deutlich geworden sein sollte, deuten die Fallstudien darauf hin, dass eine „laxe" Geldpolitik allein nicht zur Erklärung der Bildung von Preisblasen an Immobilienmärkten ausreicht. Tabelle 2 zeigt, dass lediglich die Hauspreisblase in den USA den Erwartungen entspricht. Die Entwicklungen der Immobilienpreise in Österreich und Großbritannien stehen im Widerspruch zu der These.

Tabelle 2

Übersicht über Immobilienpreisentwicklung und Geldpolitik für die drei Fallstudien im Zeitraum 1990 bis 2012

Fallstudien	Immobilienblase?	Laxe Geldpolitik?
Großbritannien	Ja, ab 1997	Nein, restriktiv
Österreich	Nein	Ja, ab dem Jahr 2000
USA	Ja, ab 1998	Ja, 1990er und 2000er Jahre

Damit stellt sich die Frage, wie die unterschiedlichen Entwicklungen sonst erklärt werden können. Dazu werden allgemeine Charakteristika der Wohnimmobilienmärkte der drei Länder sowie deren Entwicklung verglichen, um herauszufinden, ob diese Hinweise für die unterschiedlichen Auswirkungen von Geldpolitik enthalten.

4.1 Staatlicher Einfluss als Stabilisator gegen Blasen in Österreich

Für Österreich wird der im Vergleich zu Großbritannien und den USA hohe staatliche Eingriff in den Wohnungsmarkt als Erklärung für die vergleichsweise stabile Preisentwicklung von Immobilien herangezogen. Ein wichtiger Faktor darunter ist die öffentliche Unterstützung für Wohnungen mit niedrigen Mieten (Schneider 2013: 31, Albacete und Wagner 2009: 79). Mehr als 50 Prozent der Mietwohnungen werden von Genossenschaften oder Gemeinden bereitgestellt und stabilisieren dadurch indirekt auch die Entwicklung von Immobilienpreisen (Albacete und Wagner 2009). Dazu tragen auch staatliche Ausgaben für Wohnbauförderung (Neubauförderung, Sanierungsförderung und Wohnbeihilfe) durch die Unterstützung des Angebots von Immobilien bei (Kunnert und Baumgartner 2012).[6] Die Wohnbauförderung erfolgt vor allem über die Subvention der Kreditzinsen (OeNB 2003: 129), von der im Jahr 2007 laut Mikrozensus 42 Prozent der Wohneigentumsbesitzer profitierten (Albacete und Wagner 2009: 87). Als weiterer Faktor für relativ stabile Immobilienpreise wird zudem der geringe Anreiz genannt, Wohneigentum als Investitionsobjekt zu erwerben. Wohnungen in Privateigentum werden nur zu fünf Prozent vermietet. Gründe dafür sind sowohl eine Regulierung, die eher die Mieter schützt, als auch fehlende steuerliche Anreize (Albacete und Wagner 2009: 79).

4.2 Starker Anstieg der Immobilienkredite in Ländern mit Preisblase

Neben dem – im Gegensatz zu den angelsächsischen Ländern – hohen staatlichen Einfluss auf den Wohnungsmarkt in Österreich unterscheidet sich auch die Entwicklung der Immobilienkredite. Deren Anteil am BIP steigt zwar für alle Länder in den 2000er Jahren (Abbildung 3). Das Niveau in Österreich liegt aber gut 40 Prozentpunkte unter den Anteilen Großbritanniens und der USA. Das deutet zunächst darauf hin, dass die Finanzierung von Wohneigentum sich vor allem zwischen Österreich und den angelsächsischen Ländern unterscheidet. Daneben gibt es jedoch auch Unterschiede zwischen Großbritannien und den USA.

6 Im Gegensatz dazu wird für das Vereinigte Königreich diskutiert, inwieweit der Town and Country Planning Act von 1947 zu einer Begrenzung von Bauflächen und damit hohen Hauspreisen führt (Dawkins and Nelson 2002: 6). Marqués et al. (2010: 113) betonen, dass die Zonenbegrenzungen zu einer geringen Preiselastizität des Angebots führen.

Abbildung 3

Ausstehende Immobilienkredite in Prozent des BIP
In Prozent

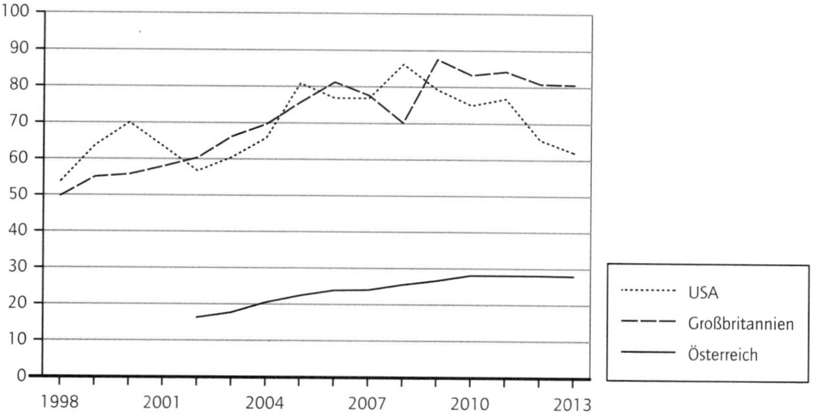

Quelle: DICE Database 2012 vor 2002 und Database 2015 ab 2002.

Sowohl in den USA als auch im Vereinigten Königreich nahm der Anteil der Immobilienkredite am BIP während der 2000er Jahre deutlich zu (Abbildung 3). In Großbritannien stieg der Anteil von knapp 50 Prozent des BIP im Jahr 1998 auf 78 Prozent des BIP im Jahr 2007. Da dort aber im gleichen Zeitraum der Anteil der Personen gestiegen ist, die für den Erwerb keinen Immobilienkredit benötigten (von 39 Prozent 1997 auf 45 Prozent 2008), impliziert das, dass der Wert des durchschnittlichen Immobilienkredits über diese Zeit deutlich gestiegen ist. In Großbritannien sind Immobilienkredite mehrheitlich variabel verzinst (laut BBVA 2013 die Hälfte).

In den USA stieg das Volumen von Immobilienkrediten von 54 Prozent des BIP im Jahr 1998 auf 86 Prozent im Jahr 2008 (Abbildung 3). Dort sank aber der Anteil der Personen, die ihre Immobilien ohne Bankkredit erwerben konnten: Im Jahr 2011 wiesen 2/3 der Immobilienbesitzer Verbindlichkeiten wegen ihrer Immobilie auf, die im Mittel 70 Prozent des Wertes der Immobilie ausmachte (US Department of Housing and Urban Development 2013). Nicht einmal zehn Prozent hatten ihre Immobilie ohne externe Finanzierung erwerben können.

Im Gegensatz zu Österreich und Großbritannien dominieren in den USA festverzinsliche Immobilienkredite mit 30-jähriger Laufzeit (Moench et al. 2010), trotz der Zunahme variabel verzinster Kredite. Allerdings spielt insbesondere für die 2000er Jahre das Subprime-Segment des Immobilienmarktes eine besondere Rolle: Subprime-Kredite wiesen häufig nur für die Anfangsphase (1–3 Jahre) festgelegte Zinssätze auf, die danach variabel angepasst wurden. Nach Mayer et al. (2008) galt diese Form für 75 Prozent der zwischen 2003 und 2007 vergebenen Subprime-Kredite, während gleichzeitig 60 Prozent der konventionellen Kredite laut Krainer (2010) festgelegte Zinssätze aufwiesen.

4.3 Neue Finanzierungsquellen als Treiber der Kreditentwicklung

Sowohl in den USA als auch in Großbritannien ist auffällig, dass sich Finanzinstitute, die Hypothekenkredite anbieten, in den Jahren der Blasenentstehung neue Finanzierungsquellen erschlossen haben. In den USA geschah dieses vor allem über die zunehmende Verbriefung von Krediten, in Großbritannien über eine Kombination von zunehmender Verbriefung und wachsender Finanzierung durch Interbankenkredite.

Zwar hat die Verbriefung von Immobilienkrediten in den USA bereits seit den 1980er Jahren zugenommen, ihre Bedeutung ist jedoch insbesondere in den 2000er Jahren deutlich gestiegen und hat dabei gleichzeitig zu einer veränderten Struktur der verbriefenden (und damit auch Immobilienkredite gewährenden) Institutionen geführt. Während in den 1990er Jahren vor allem öffentliche Institutionen Verbriefungen von Immobilienkrediten vornahmen, wurden sie in den 2000er Jahren von privaten Finanzinstitutionen abgelöst. Deren Anteil an Verbriefungen verdoppelte sich ab dem Jahr 2000 (Green und Wachter 2007: 43), während der Anteil öffentlicher Institutionen von 85 Prozent im Jahr 2003 auf 55 Prozent sank. Insgesamt stieg der Wert von neu emittierten Immobilienkredit-Verbriefungen (RMBS) laut Deloitte (2013) von 532 Milliarden US-Dollar im Jahr 2000 (ungefähr fünf Prozent des US-amerikanischen BIP) auf 2481 Milliarden US-Dollar 2003 und damit über 20 Prozent des BIP. Bis zum Jahr 2007 machten Neuemissionen nach dieser Quelle weiterhin circa 1700 Milliarden US-Dollar jährlich aus. Sowohl die Zunahme von Verbriefungen als auch die Veränderung der Struktur der verbriefenden Institutionen hin zu einem größeren Anteil privater Institutionen werden als wichtiger Faktor für den Anstieg der Immobilienpreise in den USA angesehen.

Auch in Großbritannien veränderten sich in den späten 1990er beziehungsweise frühen 2000er Jahren die Immobilienkredite gewährenden Institutionen sowie deren Finanzierungsformen. Basierend auf Deregulierungsmaßnahmen Mitte der 80er Jahre (The Building Societies Act von 1986) nutzten Bausparkassen zeitverzögert die Möglichkeit, ihren Status als genossenschaftlich organisierte Institute aufzugeben und sich an der Börse listen zu lassen. Damit öffnete sich für sie die Möglichkeit, sich – statt wie bisher über Spareinlagen – über Kredite am Kapital- und (zunehmend) auch (kurzfristigen) Geldmarkt zu finanzieren. Beispiele wie das später spektakulär gescheiterte Institut Northern Rock (eine frühere Bausparkasse) waren wichtige Treiber des Immobilienkreditbooms in Großbritannien (Shin 2009). Daneben etablierten sich vor allem in den 2000er vorübergehend neue Finanzinstitutionen ohne Einlagengeschäft als Immobilienkreditgeber (Stoclet 2012). Der Anteil von Verbriefungen relativ zum Bestand der ausstehenden Immobilienkredite stieg von drei Prozent im Jahr 2000 auf 22 Prozent im Jahr 2007 (Cocco 2013: 1669) und stieg danach noch bis auf 60 Prozent bis zum Ausbruch der Finanzkrise 2008 (Ahlswede 2013: 4).

Die Entwicklung in den USA und in Großbritannien stehen dabei in auffälligem Kontrast zu jener in Österreich: Moderne Formen der Verbriefung von Immobilienkrediten jenseits der traditionellen Pfandbriefe (wie „Residential Mortgage Backed Securities", die in den USA und Großbritannien eine zentrale Bedeutung für das Kreditwachstum hatten) wurden erst spät zugelassen (OeNB 2003) und rechtlich erst 2005 möglich (Hahn 2006). Der Anteil der komplexen Verbriefungen an den Krediten für Wohnimmobilien erreichte so auch nur sieben Prozent – weit weniger als in den Blasenländern (IMF 2011: 117).

4.4 Finanzmarktregulierung und Verbriefungen

Konzentriert man sich auf Regulierungsänderungen für den Immobiliensektor in den USA, zeigt sich, dass die meisten Deregulierungen der vergangenen Jahrzehnte in den 1980er Jahren erfolgt sind. Da diese auch Immobilienkreditanbieter betrafen, können sie zwar die Immobilienblase Ende der 1980er, nicht aber die ab Mitte der 1990er Jahre erklären. Die Regulierung von Immobilienkrediten wie auch von Verbriefungen blieb in den 1990er Jahren weitgehend unverändert.

Allerdings haben sich eine Reihe von sonstigen Regulierungsänderungen indirekt auf die Attraktivität von Verbriefungen und Immobilienkrediten ausgewirkt:[7] Dazu gehört der im Jahr 2000 beschlossene Commodity Futures Modernization Act (CFMA), der vor allem die Derivate attraktiver machte (Roe 2011, Stout 2008). In Verbindung mit dem *US bankruptcy code* bekamen sie „Quasipriorität“ in Insolvenzprozessen, was vor allem für *credit-default-swaps* (Kreditversicherungen) relevant war und zu einem starken Boom dieser Produkte führte. Mit diesen konnten die Risiken aus forderungsbesicherten Schuldverschreibungen (also Verbriefungen) abgesichert werden, sodass derart abgesicherte Geschäfte als risikolos erschienen. Das führte auch dazu, dass kreditgebende Institutionen weniger an der Rückzahlungsfähigkeit ihrer Kreditnehmer interessiert waren, wie empirisch etwa Dell'Ariccia et al. (2012) oder Duca et al. (2011) zeigen.

5 Fazit

Wie die Fallbeispiele gezeigt haben, kann Geldpolitik allein nicht die Entwicklung von Hauspreisblasen erklären. Obwohl sowohl die USA wie auch Großbritannien ab den späten 1990er Jahren unter Immobilienblasen litten, unterscheidet sich deren geldpolitische Ausrichtung völlig: Während der Leitzins in den USA nach der Taylor-Regel in Großbritannien in den 1990er und 2000er Jahren zu hoch war, war er in den USA zu niedrig. Zudem zeigt das Beispiel Österreich, dass auch trotz einer nach der Taylor-Regel zu laxen Geldpolitik nicht unbedingt eine Blase folgen muss.

Relevante Faktoren für die vergleichsweise stabile Entwicklung der Immobilienpreise in Österreich sind die öffentliche Förderung von Wohnungen mit niedrigen Mieten durch Genossenschaften und Gemeinden, staatliche Unterstützung für Immobilienneubau und Immobiliensanierung sowie geringe Anreize, Immobilien aus Investitionsgründen zu erwerben, weil es steuerlich nicht gefördert wird und gleichzeitig der Mieterschutz hoch ist.

Der Vergleich mit den Entwicklungen in Großbritannien und den USA zeigt aber, dass diese Erklärungen nicht ausreichen. Ein sehr relevanter Faktor für die Blasenentstehung scheint die Entwicklung moderner Verbriefungsformen wie RMBS zu spielen, die in Österreich erst spät zugelassen wurden, bisher aber neben dem traditionellen Pfandbrief keine relevante Rolle spielen. Die beiden Länder mit einer Immobilienpreisblase, Großbritannien und die USA, verzeichneten dagegen beide einen starken Anstieg dieser modernen Verbriefungsformen.

---

7 Die partielle Aufhebung des *Glass-Steagall acts* gehört aber laut Wallison (2011) nicht dazu.

Literaturverzeichnis

- Ahlswede, S. (2013): Bank funding of residential mortgages in the EU, Deutsche Bank Research, Financial Market Special EU-Monitor 86, August 12, 2011, Frankfurt am Main.
- Albacete, N. und K. Wagner (2009): Wie finanzieren private Haushalte in Österreich ihr Immobilienvermögen? In: Geldpolitik und Wirtschaft, Q3/09, Österreichische Nationalbank, 68–102.
- Ausschuss für Finanzstabilität (2015a): Zweiter Bericht an den Deutschen Bundestag zur Finanzstabilität in Deutschland, Juni, www.bundesbank.de/Redaktion/DE/Pressemitteilungen/BBK/2015/2015_06_30_afs_bericht.pdf?__blob=publicationFile
- Ausschuss für Finanzstabilität (2015b): Empfehlungen zu neuen Instrumenten für die Regulierung der Darlehensvergabe zum Bau oder Erwerb von Wohnimmobilien, AFS/2015/1, 1. Teil, Juni, www.bundesbank.de/Redaktion/DE/Pressemitteilungen/BBK/2015/2015_06_30_afs_empfehlungen.pdf?__blob=publicationFile.
- Barlevy, G. (2012): Rethinking Theoretical Models of Bubbles. In: D. D. Evanoff, G. G. Kaufman, A. G. Malliaris (Hrsg.): New perspectives on asset price bubbles. Theory, evidence, and policy. Oxford, Oxford University Press, 41–62.
- Basco, S. (2014): Globalization and financial development: A model of the Dot-Com and the Housing Bubbles. Journal of International Economics, 92 (1), 78–94. doi:10.1016/j.jinteco.2013.10.008.
- Bernanke, B. (2010): Monetary policy and the housing bubble. Speech at the Annual Meeting of the American Economic Association.
- Bordo, M. D. und J. Landon-Lane (2013a): What Explains House Price Booms? History and Empirical Evidence. NBER Working Papers Series. Working paper 19584.
- Bordo, M. D. und J. Landon-Lane (2013b): Does Expansionary Monetary Policy Cause Asset Price Booms? Some Historical and Empirical Evidence. NBER Working Paper Series. Working paper 19585.
- Brunnermeier, M. K. (2008): Bubbles. In: S. N. Durlauf und L. E. Blume (Hrsg.): The New Palgrave Dictionary of Economics. Basingstoke, Nature Publishing Group, 578–583.
- Cocco, J. F. (2013): Evidence on the benefits of alternative mortgage products. The Journal of Finance 68, 1663–1690.
- Dawkins, C. J. und A. C. Nelson (2002): Urban containment policies and housing prices: an international comparison with implications for future research. Land Use Policy 19, 1–12.
- Dell'Ariccia, G., D. Igan und L. Laeven (2012): Credit Booms and Lending Standards: Evidence from the Subprime Mortgage Market, Journal of Money, Credit and Banking, 44 (3), 367–384.
- Deloitte (2013): U. S. Residential Mortgage Market Update Industry metrics and analysis, April 2013.
- Dokko, J., B. M. Doyle, M. T. Kiley, J. Kim, S. Sherland, J. Sim und S. Van Den Heuvel (2011): Monetary policy and the global housing bubble. Economic Policy 237–287.
- Duca, J. V., J. Muellbauer und A. Murphy (2011): Shifting credit standards and the boom and bust in U. S. house prices. Federal Reserve Bank of Dallas Working Papers 1104.
- Dullien, S., H. Joebges und A. Márquez-Velázquez (2015): What causes housing bubbles? A theoretical and empirical inquiry, IMK Study No. 43, Dezember.
- Green, R. K. und S. M. Wachter (2007): The Housing Finance Revolution, University of Pennsylvania, Institute for Law & Econ Research Paper No. 09-37.

— Hahn, F.R. (2006): Der Einfluss der Finanz- und Kapitalmarktsysteme, Teilstudie 5 des WIFO-Weißbuchs: Mehr Beschäftigung durch Wachstum auf Basis von Innovation und Qualifikation. Wien.
— International Monetary Fund (IMF) (2009): Lessons for monetary policy from asset price fluctuations. World Economic Outlook. Internatinal Monetary Fund, Washington, D.C., 93–120.
— International Monetary Fund (IMF) (2011): Housing finance and financial stability. Global financial stability report 2011, Kap. 3, 111–113.
— Krainer, J. (2010): Mortgage Choice and the Pricing of Fixed-Rate and Adjustable-Rate Mortgages. FRBSF Economic Letter No. 2010-03. San Francisco.
— Kunnert, A. und J. Baumgartner (2012): Instrumente und Wirkungen der österreichischen Wohnungspolitik. Österreichisches Institut für Wirtschaftsforschung WIFO, Wien, November.
— Marqués, J.M., L.Á. Maza und M. Rubio (2010): Una Comparación de los ciclos inmobiliarios recientes en España, Estados Unidos y Reino Unido. Boletín Económico, 107–120.
— Mayer, C. (2011): Housing Bubbles. A Survey. Annual review of economics, 3 (1), 559–577.
— Mayer, C., K.M. Pence und S.M. Sherlund (2008): The Rise in Mortgage Defaults. Federal Reserve Board Finance and Economics Discussion Series, Nr. 2008-59, Washington, D.C.
— Moench, E., J. Vickery und D. Aragon (2010): Why is the market share of adjustable-rate mortgages so low? Federal Reserve Bank of New York. Current Issues in Economics and Finance, 16 (8), 1–11.
— Orphanides, A. (2003): The Quest for Prosperity without Inflation. Journal of Monetary Economics, 50 (3), 633–663.
— Österreichische Nationalbank (OeNB) (2003): Strukturelle Einflussfaktoren auf dem Österreichischen Wohnungs- und Immobilienmarkt. Berichte und Studien, 3, 119–137.
— Österreichische Nationalbank (OeNB) (2015): OeNB-Immobilienmarktmonitor Oktober 2015: Beruhigung der Preisentwicklung bei Wohnimmobilien setzt sich im zweiten Quartal 2015 fort. file:///C:/Users/Joebges/Downloads/OeNB-Immobilienmarktmonitor%20 Oktober%202015%20(1).pdf.
— Österreichische Nationalbank (OeNB) (k.A.): Factsheet Wohnimmobilienmarkt Österreich. Dokumentation der Zeitreihen. file:///C:/Users/Joebges/Downloads/FactSheet%20 Wohnimmobilienmarkt-Dokumentation%20der%20Zeitreihen%20(1).pdf (aufgerufen am 10.3.2016).
— Roe, M.J. (2011): The Derivatives Market's Payment Priorities as Financial Crisis Accelerator, Stanford Law Review, 63, 539-90.
— Schneider, M. (2013): Are Recent Increases of Residential Property Prices in Vienna and Austria Justified by Fundamentals? Monetary Policy and the Economy, Q4/13, Österreichische Nationalbank, 29–46.
— Shin, H.S. (2009): Reflections on Northern Rock: The Bank Run that Heralded the Global Financial Crisis. Journal of Economic Perspectives, 23 (1), 101–119.
— Stoclet, E. (2012): Where have all the specialist mortgage lenders gone? Mortgage Strategy July 23. www.mortgagestrategy.co.uk/blogs/product-blogs/where-have-all-the-specialist-mortgage-lenders-gone/1054956.article (accessed June 5, 2015).
— Stout, L.A. (2008): Derivatives and the Legal Origin of the 2008 Credit Crisis. Harvard Business Law Review, 1, 1–38.
— Taylor, J.B. (1993): Discretion versus Policy Rules in Practice. Carnegie-Rochester Conference Series on Public Policy 39, 195–214.

— Taylor, J. B. (2007): Housing and Monetary Policy, in: Proceedings – Economic Policy Symposium – Jackson Hole. Federal Reserve Bank of Kansas City, 463–476.
— Taylor, J. B. (2008): The Financial Crisis and the Policy Response: An Empirical Analysis of What Went Wrong. Keynote lecture at the Bank of Canada. Ottawa, November.
— Wallison, P. J. (2011), Did the „Repeal" of Glass-Steagall Have Any Role in the Financial Crisis? Not Guilty. Not Even Close. In: J. A. Tatom (Hrsg.): Financial Market Regulation, New York et al., 19–29.

Boom oder Blase? Einschätzungen von Preis-entwicklungen auf Immobilien-märkten am Beispiel Berlins

THOMAS LEHMANN

Thomas Lehmann, BBT GmbH, E-Mail: Thomas.lehmann@bbt-gmbh.net

Zusammenfassung: Der Artikel analysiert die zeitliche Entwicklung des Berliner Wohnimmobilienmarktes (2009–2014) mit Blick auf die Frage, ob es zu einer potenziellen Überhitzung gekommen ist. Dabei wird der empirische Wirkungszusammenhang zwischen der andauernden Niedrigzinspolitik der Europäischen Zentralbank (EZB) und dessen Wirkung auf den Immobilienpreis evaluiert. Folglich wird ein mögliches Immobilienblasenszenario, ausgehend von der Politik der EZB, entworfen und die Wirkung der Niedrigzinsen anhand des User Cost of Housing Approach gemessen. In diesem Zusammenhang wird das Zusammenspiel von Angebot und Nachfrage mit einer eventuellen Wohnungsverknappung untersucht, um zu sehen, ob der vermeintliche, von der EZB-Politik beflügelte Preisauftrieb auch ökonomisch nachvollziehbar ist.

Summary: The article analyzes whether Berlin's housing market shows signals of a new housing bubble between 2009 and 2014. Specifically, it is investigated whether there exists an empiric relationship between the low interest rate policy of the ECB and Berlin's housing prices. A potential housing bubble scenario, caused by the ECB policy, is considered and the user cost of housing approach is applied to measure the effects of the low interest rates. Furthermore the interaction between the housing supply and demand is analyzed to evaluate Berlin's "housing scarcity" and to test to what extend the increasing prices are economically justified.

→ JEL Classification: R31, E43, P43
→ Keywords: Housing bubble, real estate economics, monetary policy

1 Hinführung: Gibt es die Immobilienblase bereits, oder herrscht viel Aufregung um nichts?

Warum steigen die Preise in den nachgefragten Ballungsräumen? Weil Städte boomen und so attraktiv sind? Weil die Kreditraten historisch niedrig und damit erschwinglich sind? Weil die Bevölkerungsanzahl und zugleich die Nachfrage merklich anziehen? Weil der Neubau nicht adäquat auf die Nachfrage reagiert? – *Vielleicht.*

Vielleicht sind die Gründe der Preisentwicklung und folglich die Diskussion über eine Immobilienblase auch der Spekulation oder der Alternativlosigkeit anderer sicherer Anlagen geschuldet? Insbesondere die Alternativlosigkeit – resultierend aus der langjährig andauernden Niedrigzinspolitik der Europäischen Zentralbank – könnte ein entscheidendes Kriterium sein. Folglich steigt das Interesse über die Zusammenhänge am Immobilienmarkt und daran, wie – ausgehend von der Alternativlosigkeit – eine Übertreibung am Immobilienmarkt entstehen kann.

Ehe die Frage nach dem Zusammenhang zwischen einer potenziellen Immobilienmarktüberhitzung, ausgehend von der Politik der Europäischen Zentralbank, beantwortet werden kann, sollte vorweg zum einen geschildert werden, welche Parameter und Einflüsse den *Wert* einer Immobilie bestimmen, und zum anderen, wie dieser Zusammenhang aussehen könnte.

Zentrale Faktoren für den Wert und in diesem Zusammenhang für den Preis einer Immobilie sind zunächst endogener Natur. Wesentliche Preisfaktoren sind unter anderem das „Immobilienmantra“ *Lage, Lage, Lage* (Mikro- und Makrostandort), die *Substanz* (Zustand, Nutzungsart, Alter, Ausstattung) sowie die *Zahlungsströme* in Form von Mieterträgen (Rottke 2012a).

Exogenen Einfluss auf den Wert einer Immobilie hat die *lokale Wirtschaftskraft*. Dazu zählen zum einen die Parameter Kaufkraft und Baukosten sowie zum anderen die Investitionsbereitschaft der Wirtschaft (Voigtländer 2014a).

Wertbeeinflussend können auch sogenannte Auf- oder Abwertungen in der Nachbarschaft sein. Ein weiterer Parameter für den Wert einer Immobilie ist das Zusammenspiel von Angebot und Nachfrage, welche *zyklische Bewegungen* hervorbringen. Wichtige Faktoren sind dabei unter anderem Bevölkerungsprognosen oder demografische Prozesse. Wertbestimmend ist weiterhin das *Liquiditäts- und Zinsrisiko der Finanzierung*. Dabei sind insbesondere unsichere Finanzierungskonstruktionen, hohe Beleihungsausläufe oder Anschlussfinanzierungsbedingungen in Abhängigkeit vom Zinsniveau relevant für den Preis. Hohe Fremdfinanzierungsbelastungen beeinflussen den Cashflow und demzufolge die Liquidität (Rottke 2012a).

2 Modellrahmen für Zusammenhang zwischen Zinspolitik und den Immobilienpreisen

Der Zusammenhang zwischen Zinspolitik und den Immobilienpreisen soll nachfolgend anhand des skizzierten Blasenszenarios der Abbildung 1 beschrieben werden. Der in Abbildung 1 dargestellte Zusammenhang wird sich auch als roter Faden durch den Artikel ziehen.

Abbildung 1

Mögliches Blasenszenario für den Berliner Wohnimmobilienmarkt

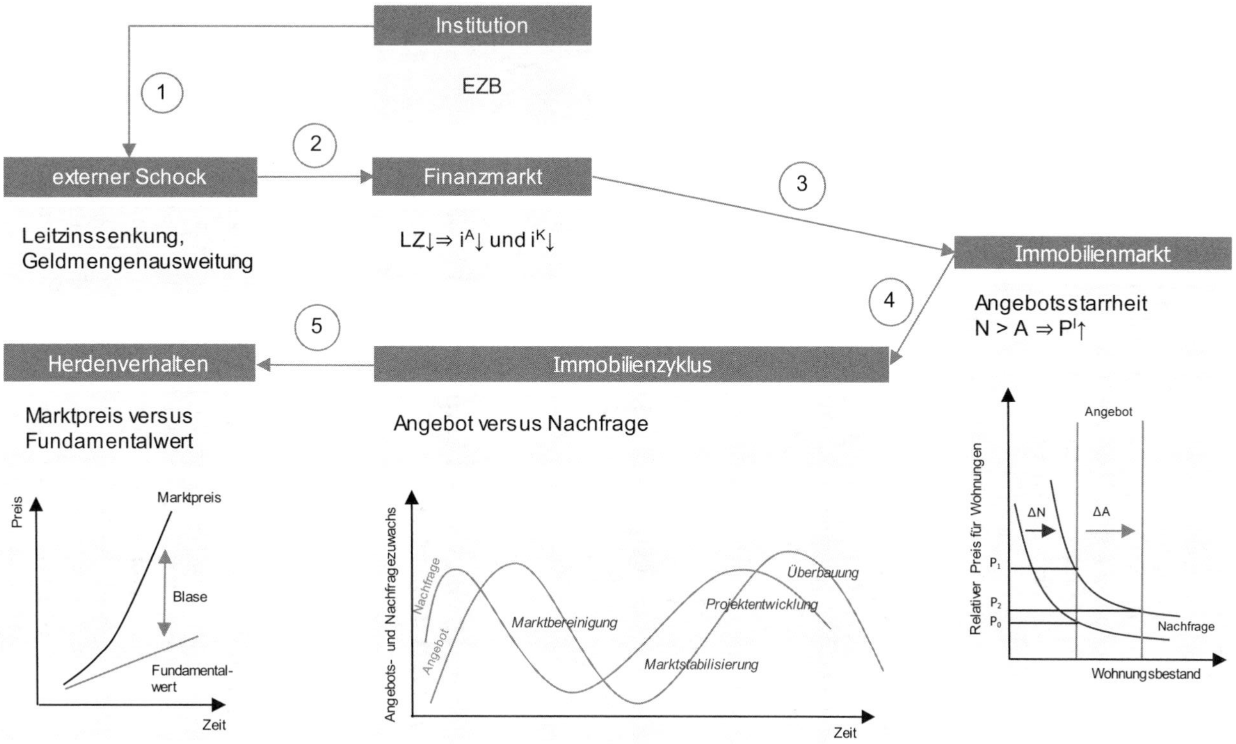

Mit: LZ: Leitzins, i^A: Anlagezins, i^K: Kreditzins, N: Nachfrage, A: Angebot und P^I: Immobilienpreis.
Quellen: Eigene Darstellung in Anlehnung an Hiller (2014), Just (2012), Rombach (2011) und Pyhrr et. al. (1999).

1. Ausgangspunkt einer Berliner Immobilienpreisüberhitzung *könnten* die geldpolitischen Maßnahmen der Europäischen Zentralbank sein (Hiller 2014).

2. Durch die trendhafte Reduzierung der Leitzinsen verringert sich die Attraktivität der Geldanlage in Sparanlagen, wodurch die Zinsen des Anlagebereiches (i^A) aber auch die Zinsen für Kredite (i^K) sinken. Eine schwächer besicherte Ausweitung des Kreditvolumens ist ein wichtiger Indikator einer potenziellen Blasenbildung (Dombret 2015a, Möbert 2015).

3. Aufgrund der mangelnden Alternativanlage verstärkt sich, gerade in Metropolregionen wie Berlin, die Nachfrage nach Immobilien. Aufgrund der Anpassungsverzögerungen des Angebotes ($N > A$) kommt es zwangsläufig zu einem Preisanstieg ($P_0 \Rightarrow P_1$) (Deutsche Bundesbank 2010, Möbert 2015). Kommt es später zur Angebotsausweitung, geht der Preis zurück auf P_2.

4. Das Zusammenspiel von Angebot und Nachfrage sind wesentliche Faktoren einer zyklischen Bewegung von Immobilienwerten. Das Immobilienangebot reagiert zeitversetzt auf die veränderte Nachfragestruktur und kann aufgrund prozyklischen Verhaltens der Kreditinstitute und der Projektentwickler in eine Phase des Angebotsüberhangs (Überbauung) münden. Speziell anziehende Bautätigkeiten (Baufertigstellungen und Baugenehmigungen) können bei fehlender Betrachtung einer langfristigen Nachfrage einen ungewollten Umschwung von der Projektentwicklungsphase in die Überbauungsphase bedeuten (Wernecke 2004).

5. Als besonders „Blasen fördernd“ gilt das zyklische Auseinanderdriften zwischen den Fundamentaldaten (beispielsweise den Mieten) und den gezahlten Marktpreisen. Bekannt ist dieser Ansatz unter dem Herdenverhalten der Marktakteure, welche ohne fundamentale Gründe einem weiteren Wachstum der Preise vertrauen (Stiglitz 1990, Rombach 2011).

3 Zusammenspiel von Immobilienpreis – Geldpolitik – Vermögenspreisinflation

Startpunkt ist ein *geldpolitischer Impuls*, beispielsweise in Form einer Leitzinssenkung durch die Europäische Zentralbank. Diese hat in den letzten Jahren regelmäßig den Leitzins nach unten korrigiert. Der aktuelle Stand liegt seit dem 16. März 2016 bei 0,00 Prozent (Deutsche Bundesbank 2016a). Durch die Zinssenkungen können sich Kreditinstitute günstiger bei der EZB refinanzieren und werden diese reduzierte Zinsbelastung aufgrund des Wettbewerbes untereinander an die Kreditnachfrager weitergeben (beispielsweise in Form von Immobilienfinanzierungen). Mittels verringerter Zinsbelastung minimieren sich folglich die *Hypothekenkosten* und der *Kapitalisierungszins* (Voigtländer 2014b). Reduzierte Kapitalisierungszinsen bedeuten im Umkehrschluss wachsende Immobilienmarktwerte. Durch die übliche Diskontierung der Zahlungsströme auf den Bewertungsstichtag (in der Regel für einen Zeitraum von zehn Jahren) sowie der Kapitalisierung des nachhaltigen Reinertrages errechnen sich bei sinkenden Kapitalisierungszinsen höhere Marktwerte.

Abbildung 2

Geldpolitischer Transmissionsmechanismus

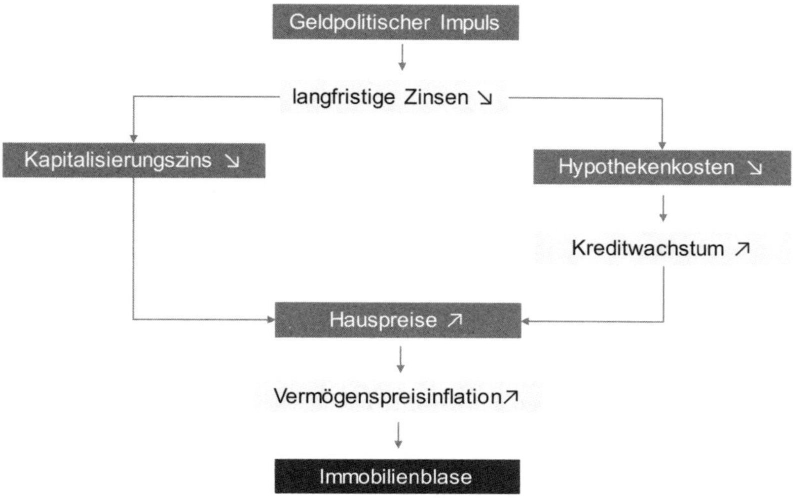

Quellen: Eigene Darstellung in Anlehnung an Voigtländer (2009) und Kimmel (2007).

Darüber hinaus führen fallende Zinsen (in Abhängigkeit von der Bonität des emittierenden Unternehmens oder Kreditinstitutes) zu einer Reduktion von Verzinsung und Rendite festverzinslicher Anlageprodukte. Dies gilt insbesondere für Sparanlagen von Kreditinstituten und Inhaberschuldverschreibungen. Demzufolge wird die Nachfrage nach alternativen Anlagen ausgeweitet. Dies betrifft zum Beispiel Aktien, aber insbesondere auch Immobilien. Eine Leitzinssenkung und Ausweitung der Geldmenge der EZB hat so einen mittelbaren Einfluss über die Hypothekenkosten auf die *Hauspreise* (Belke und Bordon 2011). Eine Leitzinssenkung ($LZ\downarrow$) führt zu fallenden Guthabenzinsen der Banken (i^A). Dadurch werden Anlageprodukte der Banken unattraktiv, was die Nachfrage nach Anlagen wie Immobilien anziehen lässt. Aufgrund des unelastischen Angebotes auf dem Immobilienmarkt steigen die Preise (P^I) (Nastansky 2012). Gestiegene Immobilienwerte verbessern das Verhältnis zwischen Immobilienwerten und den Errichtungskosten, das sogenannte Tobin'sche *q*. Aus diesem Grund werden die Investitionen (BI) in den Neubau von Wohnungen steigen (Belke und Bordon 2011). Formal bedeutet dies: $LZ\downarrow \Rightarrow i^A\downarrow \Rightarrow P^I\uparrow \Rightarrow \text{Tobin } q\uparrow \Rightarrow BI\uparrow$.

Die positive *Wirkung* auf die Hypothekenkosten *beeinflusst* zudem das *verfügbare Einkommen*. Dies gilt für Eigentümer-Haushalte, deren Prolongationszeitraum in näherer Zukunft liegt und die dadurch mit einer geringeren monatlichen Annuitätenbelastung in die Anschlussfinanzierungsphase eintreten. Dieser „frei gewordene" monatliche positive Saldo wird im Anschluss zumindest teilweise in Form eines zusätzlichen *Konsums* der Wirtschaft zugeführt (Huether et. al. 2015).

Preisanstiege üben somit Wirkung auf das *Vermögen* der Haushalte aus und können folglich den Konjunkturzyklus positiv wie negativ beeinflussen. Zu berücksichtigen ist dabei der Einkommenseffekt für Mieter. Steigende Immobilienwerte gehen in der Regel Hand in Hand mit wachsenden Wohnkosten für eben diese Nutzergruppe einher. Bei konstanten Mieten und gestiegenen Preisen sinkt folglich die Quote, das heißt die Rendite. Vermieter und Investoren sind bestrebt, eine bis dato vorherrschende Korrelation zwischen Preisen und Mieten aufrechtzuerhalten (Nastansky 2012).

Der über die sinkenden Hypothekenkosten in Schwung kommende *Kreditkanal* läuft über den Zusammenhang zwischen gesteigerten Immobilienpreisen, Konsum und Kreditvergabebereitschaft von Banken. Bekannt ist dieser Zusammenhang unter dem Begriff Mortgage Equity Withdrawal, kurz MEW (Nastansky 2012). Dabei geht es um eine kreditfinanzierte Konsumausweitung. Bei gestiegenen Immobilienpreisen ist es so beispielsweise in den USA durchaus üblich, diesen „gewonnenen" Spread zwischen aktueller Kreditsumme und neuem Marktwert durch einen zusätzlichen Kredit für den Konsum zu nutzen (Vornholz 2015).

Wachsende Immobilienwerte (P^I) aufgrund der Geldmengenausweitung (M) und der Zinsreduktion erhöhen das Immobilienvermögen. Folglich verbessert sich die Vermögenssituation der Haushalte (V). Unter Annahme des MEW kann die gestiegene Sicherheit in Form neuer Kredite (K) konsumiert werden (C). Der Konsum steigt. Formal lässt sich dieser Zusammenhang wie folgt ausdrücken: $M\uparrow \Rightarrow P^I\uparrow \Rightarrow V\uparrow \Rightarrow \text{Kreditvergabebereitschaft}\uparrow \Rightarrow K\uparrow \Rightarrow C\uparrow$ (Nastansky 2012).

Aufgrund des Wertzuwachses bei den Sicherheiten (gestiegene Marktwerte) reduziert sich in der Regel die Hürde für den Zugang zu Krediten bei Banken. Die Kreditvergabebereitschaft nimmt zu (Nastansky 2012).

Dadurch *kann* es in Boomphasen dazu kommen, dass die Kreditsumme stark ausgeweitet wird. In Rezessionsphasen steigt demgemäß die Anfälligkeit der Banken infolge sinkender Immobilienwerte und einer daraus resultierenden Unterbesicherung (Vornholz 2015).

Die Kombination aus Vermögenspreisinflation (Häuserpreisanstieg) und den wachsenden Kreditvolumina könnte daher in schwächeren Konjunkturphasen eine Marktkorrektur bedeuten. Ungeklärt ist bis dato, ob dieser vor allem für die USA festgestellte Wirkungszusammenhang auch für Deutschland und im Speziellen für Berlin erwartbar ist.

4 Robustheit der deutschen Immobilienfinanzierungslandschaft

> „[...] *it is always the same picture: no excesses before the crisis and no slump during the crisis. There is no parallel to the boom-bust cycles in other countries. All this raises a fundamental question: which institutional characteristics helped to make the German market more resilient than others?*" (Kofner 2014).

Zwei wesentliche Determinanten für die Robustheit sind die *Vergabe- und Refinanzierungspraxis* der deutschen Kreditinstitute im internationalen Vergleich. Bei der Kreditvergabe für eine Immobilienfinanzierung spielt in Deutschland der sogenannte Beleihungswert eine wesentliche Rolle. Dieser ist die langfristige Wertuntergrenze unter Berücksichtigung zyklischer Schwankungen.

Es ist die Wertgrenze, die im ungünstigsten Fall im Verkauf erzielbar sein soll. Hier liegt ein wesentlicher Unterschied zu anderen Ländern. Dort nehmen die Kreditinstitute oft eine Koppelung mit dem Marktwert vor (siehe MEW) (Schmoll gen. Eisenwerth 2015a). Dies spricht für eine vorsichtige, konservative und auf Sicherheit ausgelegte Kreditvergabe in Deutschland. Durch den Beleihungswert ist der vorherig beschriebene Kreditkanal für Deutschland eher unwahrscheinlich (Sachverständigenrat 2013, Demary und Niehues 2015).

Das deutsche Refinanzierungssystem des Pfandbriefes unterscheidet sich ebenfalls stark von den angelsächsischen Volkswirtschaften mit dessen Mortgage Backed Secutities, kurz MBS. Pfandbriefe werden als Schuldverschreibungen zu maximal 60 Prozent des Beleihungswertes mit Immobilienfinanzierungen refinanziert und sind dadurch stark vor Ausfällen geschützt. Im Vergleich dazu werden beispielsweise in den USA die Kreditforderungen in der Regel verbrieft und am Kapitalmarkt durch die Banken weiterverkauft. So können die Risiken an andere Investoren weitergegeben werden, was das Interesse der Banken an einer genauen Kreditvergabeprüfung und deren laufende Überwachung verringert. Ein stabiler *Mietwohnungsmarkt* wie in Deutschland ist ein weiterer Stabilitätsanker. Folglich beschränkt sich die Zahl der Eigentümer auf eben den Kreis, der die hohen deutschen Anforderungen an eine Immobilienfinanzierung langfristig erfüllt (Henger und Voigtländer 2011).

Beim Kreditvolumen ist für den zugrundeliegenden Analysehorizont eine positive, gleichwohl aber eine moderate Dynamik erkennbar. So veränderte sich das durchschnittliche monatliche Neugeschäftsvolumina von Immobilienkrediten an private Haushalte von circa 16 267 Milliarden Euro (2009) hin zu circa 16 668 Milliarden Euro (2014). Im Jahr 2015 belief sich das Volumen dagegen bereits auf über 20 Milliarden Euro (Deutsche Bundesbank 2016c). Anhand der beschriebenen Zusammenhänge und der allgemein gültigen Voraussetzungen einer Blasenbildung könnte eine wachsende Verschuldung zu einer späteren Marktkorrektur führen. Folglich wird die Einhaltung etablierter Kreditvergabestandards zunehmend wichtiger. Dazu gehört insbesondere der Nachweis einer dauerhaften Kapitaldienstfähigkeit sowie der entsprechenden Werthaltigkeit der Sicherheit (Schmoll gen. Eisenwerth 2015a).

Der beschriebene Wirkungsmechanismus aus reduzierter Verzinsung von Anlagevehikeln (i^A) und der Reduktion der Zinsen für Immobilienkredite (i^K) treibt folglich die Nachfrage auf den Immobilienmärkten in zweierlei Hinsicht an. Zur Beurteilung einer spekulativen Marktüberhitzung ist demgemäß eine saubere Grenzziehung zwischen nachvollziehbaren, ökonomisch erklärbaren Preisdynamiken und einem spekulativen Herdenverhalten essentiell.

5 Marktgebote versus spekulatives Herdenverhalten

In der Presse finden sich zunehmend Beiträge über Wohnraumknappheit und ein fehlendes Angebot in Berlin. Vor diesem Hintergrund stellen sich folgende Fragen:

1. Wie hat sich das Wohnraumangebot in Berlin entwickelt?
2. Wann entscheidet sich ein Marktakteur, sein Angebot auszuweiten?
3. Und: Wovon ist diese Entscheidung abhängig?

Im Folgenden wird zunächst auf die Determinanten der Angebotsausweitung eingegangen. Entscheidungsrelevante Parameter für die Angebotsausweitung sowie für die Erklärung von Preismechanismen sind dabei unter anderem Rentabilität, Baukosten, demografische Prozesse, politische Hindernisse und insbesondere die langfristige Nachfrage.

Eine sehr einfache, aber prägnante Möglichkeit zur Darstellung der Vorteilhaftigkeit der Angebotsausweitung ist dabei der sogenannte Q-Faktor (Voigtländer 2009). Dieser setzt die Erträge einer Investition deren Kosten gegenüber (Tobin 1969). Bezogen auf den Immobilienmarkt werden dadurch die erzielbaren Wohnimmobilienpreise mit den Gesamtinvestitionskosten ins Verhältnis gesetzt. Sofern die erzielbaren Erlöse (Wohnimmobilienpreise) in Relation zu den Gesamtinvestitionskosten größer sind, das heißt $q > 1$, lohnt es sich für einen Marktakteur, in diesen Markt zu investieren und für zusätzliches Angebot zu sorgen. Der Neubau ist somit attraktiver als eine Investition in den Bestand (Nastansky 2012, Lerbs 2012, Voigtländer 2015). Zusätzliches Angebot ist folglich für einen Investor umso attraktiver, je höher die Bestandspreise für Immobilien oder die Erstbezugsmiete sind (Henger et. al. 2011). Voraussetzung für die Ausweitung des Angebots ist, dass insbesondere durch Verknappung des Marktes zunächst die Preise auf dem Eigentumswohnungsmarkt oder die zukünftig erzielbare Neuvertragsmiete auf dem Mietwohnungsmarkt gestiegen sind (Holm 2014, Schmoll gen. Eisenwerth 2015b).

Nach Jahren einer stagnierenden Entwicklung seit 2000 ist im Zeitraum zwischen 2009 bis 2014 die Berliner Bevölkerung um circa 200 000 Einwohner angestiegen. Insbesondere die Berliner Bezirke Mitte, Pankow und Neukölln verzeichneten einen sehr massiven Bevölkerungsschub, der in einem großen Wohnraumbedarf mündet. Dieser Bevölkerungsanstieg Berlins treibt die Wohnungsnachfrage der letzten Jahre vor allem an. Im Jahr 2011 ist ein Strukturbruch in den Daten zu erkennen. Berlin verzeichnet seit 2011 jährliche Bevölkerungszuwächse, die regelmäßig über 40 000 liegen. Insbesondere „beliebte" Bezirke wie Mitte (seit 2011), Pankow (seit 2010) oder Neukölln (seit 2011) verzeichnen dabei starke Zuwachsraten. Auch Randbezirke wie Spandau und Reinickendorf registrieren größere Anstiege gegenüber dem Jahr 2009 (Amt für Statistik Berlin Brandenburg 2014). Die zahlenmäßige Übersetzung des Bevölkerungswachstums in den eigentlichen Wohnraumbedarf erfolgt durch Berücksichtigung der durchschnittlichen Personenanzahl, die in einer Wohnung lebt (Verhältnis der Bevölkerungsanzahl zur Anzahl der Wohnungen (Anzahl bereinigt um den Leerstand).

Bei dem Vergleich der Baufertigstellungen (circa 33 430) und der rasant wachsenden Berliner Bevölkerung stellt sich die Frage: Warum ist so wenig zusätzliches Angebot entstanden, obwohl Preis- und Mietentwicklungen ein zusätzliches Angebot attraktiv machen?

Ein Grund ist die Tatsache, dass neuer Wohnraum nicht *von heute auf morgen* entsteht. Die Anpassungsfähigkeit des Immobilienmarktes ist eher als starr zu bezeichnen (Abbildung 1). Zu unterscheiden ist demnach zwischen Baugenehmigungen *(zukünftiges Angebot)* und den Baufertigstellungen *(gegenwärtiges Angebot)*. Wichtige Themen und zugleich Hindernisse für das zukünftige Angebot können die Rolle und Wirkung der seit dem 1. Juni 2015 geltenden Mietpreisbremse, die Bedeutung wachsender energetischer Anforderungen sowie die Folgen von Bürgerprotesten und Bürgerbegehren der heimischen Bevölkerung gegen Neubauprojekte (sogenannter NIMBY-Effekt) sein.

Entscheidende Faktoren für die Wohnungsnachfrage sind unter anderem sozioökonomischer (beispielsweise Wohlstand und Einkommen) oder demografischer Natur (Wanderungsbewegun-

Tabelle 1

Angebot und Nachfrageentwicklung des Berliner Wohnimmobilienmarktes

Bezirk	Bevölkerungszuwachs (∑ 2009-2014)	Baufertigstellungen (∑ 2009-2014)	Leerstandsquote 2014	Leerstandsveränderung (Δ 2014/2009)
			In Prozent	
Mitte	33 203	3 703	1,7	-34,60
Pankow	27 434	8 094	1,6	-20,00
Neukölln	20 199	827	1,9	-40,60
Lichtenberg	17 406	3 914	1,4	-41,70
Charlottenburg-Wilmersdorf	15 591	2 059	1,4	-22,20
Spandau	14 480	1 416	3,1	-40,40
Friedrichshain-Kreuzberg	13 440	2 782	1,3	-50,00
Treptow-Köpenick	13 358	3 426	1,2	-50,00
Reinickendorf	12 568	1 244	2,9	-39,60
Marzahn-Hellersdorf	11 536	2 714	2,1	-69,10
Steglitz-Zehlendorf	11 208	2 291	2,7	-6,90
Tempelhof-Schöneberg	8 900	959	2,9	-6,50

Quelle: Amt für Statistik Berlin Brandenburg, BBU, eigene Berechnungen.

gen, Altersstrukturen) oder sind individuellen Präferenzen (Lebensstil und -vorstellung) geschuldet (Henger et. al. 2014). Darüber hinaus sind als wichtige Bestimmungsgründe das Zins- und Mietniveau zu nennen, weil diese beiden Faktoren die Erschwinglichkeit der Wohnung messen.

Im Prinzip gibt es drei potenzielle Wege, um die Nachfrage nach einer Wohnung zu befriedigen:

- Bezug einer Baufertigstellung (Erstbezug),
- Bezug einer leerstehenden Wohnung oder
- dem Zusammenschluss von Haushalten (Nachfragern).

Tabelle 1 illustriert die ersten beiden Möglichkeiten und zeigt zudem die Bevölkerungsveränderung in den Bezirken. Im Ergebnis stehen knapp 200 000 neuen Berliner MitbürgerInnen 33 429 Baufertigstellungen gegenüber. Die Befriedigung der Nachfrage über die Ebene der Neubauausweitung reicht folglich nicht aus. Es kann nicht allen Neuberlinern eine Wohnung angeboten werden. Die Absenkung der Leerstandsquote der Berliner Bezirke stellt daher auf der nächsten Ebene eine Alternativmöglichkeit dar. Berlinweit hat sich der Leerstand im Betrachtungszeitraum um circa 40 Prozent von fast sechs Prozent auf zwei Prozent reduziert – mit starken Spreizungen in den Bezirken. In vielen Bezirken wird der sogenannte Sockelleerstand von zwei Prozent bei Weitem unterschritten. Die Reserven in diesem Bereich wurden folglich in den letzten Jahren bereits aufgebraucht. Zugleich läuft der Wohnungsbedarf der Neubauaktivität davon. Der Flüchtlingsstrom und die nachhaltige, sozial tragfähige Integrierung der

Zugewanderten in den Wohnungsmarkt verschärfen den Druck auf den Wohnungsmarkt weiter (Lehmann 2016).

Demgemäß stellt sich die Frage, inwieweit ausgehend von dem in Abbildung 1 illustrierten Nachfragedruck zyklische Bewegungen ausgelöst werden und ob es zu einer Entkopplung zwischen Fundamentalniveau und Marktniveau gekommen ist.

Seit dem Jahr 2010 wird die Entwicklung des Berliner Wohnimmobilienmarktes verstärkt beachtet (Kholodilin 2013). Die Zusammenhänge zwischen dem monetären und realen Sektor sowie dem Immobilienmarkt und dem Phänomen des Herdenverhaltens werden anhand der Abbildung 3 beschrieben.

> *„Häufig fällt ein Immobilienaufschwung zusammen mit einem konjunkturellen Aufschwung und mit nachlassenden Restriktionen bei der Kreditvergabe“* (Vornholz 2014).

Der bereits beschriebene Zusammenhang der lockeren Geldpolitik und des starren Angebots führen bei steigender Immobiliennachfrage zu *steigenden Mieten und Preisen* (Möbert 2015). Typisch für diesen zyklischen Punkt sind darüber hinaus niedrige Zinsen, wodurch *„Banken wegen positiver Zukunftsaussichten wieder vermehrt Baudarlehen* [vergeben], *da sich auf Grundlage hoher Mieten, die als nachhaltig angesehen werden, hohe Verkehrswerte berechnen lassen“* (Rottke 2012b). Diese *Kreditexpansion* bis *Kreditboom* zu günstigen Konditionen führt zu einer erhöhten Bautätigkeit. Das ist die sogenannte Phase der Projektentwicklung (Wernecke 2004).

Nach dem Erreichen eines kostendeckenden Mietniveaus in den Wirtschaftlichkeitsbetrachtungen der Banken bei Neubauprojekten potenziert sich in der Regel das Kreditvolumen der Kreditinstitute in zyklischen Aufschwungphasen. Dabei spricht man auch vom prozyklischen Verhalten der Kreditinstitute, da die Banken die hohen Erlöse aus der Baudarlehensvergabe als nachhaltig ansehen (Holzmann 2007, Wernecke 2004).

Als weitere Ursachen zyklischer Aufschwungphasen gelten exogene und endogene Faktoren. Ein sehr bedeutender exogener Einflussfaktor ist die Konjunktur (*Realer Sektor*). Steigende Realeinkommen der Haushalte führen erfahrungsgemäß (teilweise) zum Mehrkonsum. Dies gilt auch für den Immobilienbereich. Das prozyklische Kreditverhalten der Banken und der politische Einfluss (beispielsweise Mietpreisbremse) haben ebenfalls beachtliche exogene Wirkungen auf die Entwicklung der Immobilienmärkte (Rottke 2012b, Wernecke 2004). So kann beispielsweise die Mietpreisbremse langfristig die angespannte Situation des Wohnungsmarktes weiter verschärfen und zu weiterer Wohnraumunterversorgung führen. Erfahrungsgemäß führen Mietbegrenzungen zur Angebotszurückhaltung, Einsparung bei Modernisierungsmaßnahmen sowie zur Hortung von Wohnraum. Der Nachfrageüberhang ist dabei umso größer, je elastischer das Angebot reagiert, je stärker die Nachfrage ansteigt und je größer der Unterschied zwischen der Mietpreisbremse (Mietspiegel) und der Marktmiete ist (Jowsey 2011, Eekhoff 2002).

Weitere Auslösefaktoren von Immobilienzyklen sind endogene Mechanismen, insbesondere Zeitverzögerungen (*time-lags*). Dazu zählen insbesondere Bauverzögerungen. Investoren reagieren verzögert auf steigende Preise (Zeitverzögerung bei der Entscheidung) und bei einer Entscheidung pro Investition vergeht üblicherweise sehr viel Zeit, bis Neubauprojekte schließlich final umgesetzt werden (Rottke 2012b, Schmoll gen. Eisenwerth 2015b).

Abbildung 3

Zusammenhang von Kapitalmarkt, Konjunktur und Immobilienmarkt

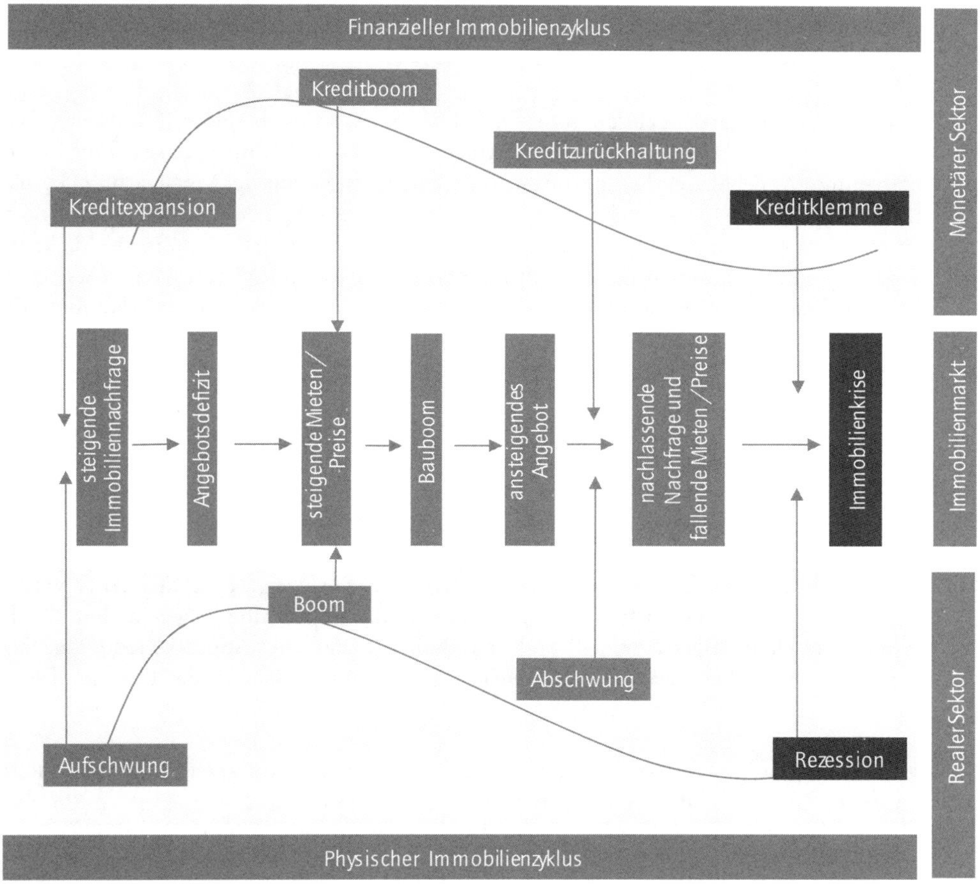

Quelle: Eigene Darstellung in Anlehnung an Jowsey 2011.

Neben Verzögerungen sind sogenannte Verhaltensanomalien Auslöser von zyklischen Ausschwüngen. Hierzu zählt das sogenannte Herdenverhalten, also das Ignorieren von Zyklen und der Glaube, dass sich Renditen nur in eine Richtung bewegen. Das Phänomen bezeichnet eine Art Nachahmung der Investition bei gleichzeitiger Unterschätzung der Risiken und Nichtbeachtung eines möglichen Wendepunkts der Entwicklung (Irle 2010, Langenbach und Bönning 2011, Pyhrr et. al. 1999). Dabei werden Preissteigerungen der letzten drei bis fünf Jahre als Grund der vermehrten Marktaktivität seitens der Marktteilnehmer genannt. Marktakteure entwickeln eine Markteuphorie (Irle 2010).

Dabei verstärken die Medien ihre Berichterstattung, wodurch in der Regel eine *Preis-Story-Preis-Schleife* entsteht. Das heißt, steigende Immobilienpreise befördern den Glauben an die Entwicklung weiterer Preissteigerungen, demzufolge kommt es aufgrund erhöhter Nachfrage zu weiteren Preisanstiegen (Daxhammer und Facsar 2012).

> „*Bei hohen vergangenen Preissteigerungen ist daher die Gefahr einer Preisblasenbildung relativ hoch*" (Irle 2010).

Die vermehrte Bauaktivität der „Herde" führt folglich zu einem *Bauboom* und zu *steigendem Angebot*. Dabei besteht die Gefahr des Umschwungs von der Projektentwicklungsphase in eine Phase der Überbauung (Angebotsüberhang). Dies resultiert stellenweise aus der Verzögerung heraus. Zahlreiche fertiggestellte Projektentwicklungen vergrößern das Angebot, obwohl die Nachfrage zum Teil durch zuvor fertiggestellte Neubauten „absorbiert" worden ist. Eine Zinswende kann die Liquidität und die Vorteilhaftigkeit von Investitionen abkühlen und damit einen weiteren Konjunkturanstieg abbremsen. Wenn sich Leerstände ihrem Normalniveau nähern, kündigt sich ein Angebotsüberhang an. Grund dafür ist auch das Herdenverhalten (Rottke 2012b, Wernecke 2004, DeCoster und Strange 2012).

Mit der Zeit werden immer mehr Immobilien und Flächen auf dem Markt angeboten. Eine gleichzeitig negative Konjunkturlage führt auf dem Immobilienmarkt zu einer *Marktbereinigung*. Vorher fehlende Neubauten (Angebot) werden nun zum Überangebot und erhöhen die Leerstände und bedeuten Mietanpassungen nach unten (Rottke 2012b, Wernecke 2004).

Auf dem Kapitalmarkt gilt zudem, dass „*in der Baisse* [...] *die Kreditvergabe stark reduziert* [wird]" (Wernecke 2004). Durch das Zusammenwirken der Kreditzurückhaltung (gegebenenfalls in Form einer Kreditklemme), einer negativen Konjunkturlage und eines Angebotsüberhangs auf dem Immobilienmarkt kann es zu einer *Immobilienkrise* oder dem Platzen der Blase kommen (Vornholz 2014).

Diese zyklischen Bewegungen werfen die Frage auf, inwieweit sich in Deutschland und in Berlin das *Marktniveau* vom *fundamentalen Niveau* entkoppelt hat und welchen messbaren Einfluss die geldpolitischen Maßnahmen der Europäischen Zentralbank in der Vergangenheit auf die Immobilienpreise hatten.

6 Marktseite: Relation von Preis und Miete

In einer Analyse des Deutschen Institutes für Wirtschaftsforschung wurden deutschlandweit Standorte auf deren Preisdynamik untersucht. Der Befund zeigt, dass in Deutschland die Berliner Preisentwicklung seit 2010 am dynamischsten verlief. Zu beachten ist dabei das geringe Ausgangsniveau der Berliner Preise, die nach Meinung der Verfasser eine Art Aufholprozess in Richtung „marktgerechte" Preise starten (Kholodilin und Mense 2012).

> „*Die steigenden Immobilienpreise in Großstädten sind in erster Linie auf die wachsende Lücke zwischen Wohnungsnachfrage und Wohnungsangebot zurückzuführen*" (Kholodolin und Silverstovs 2013).

Diese Tatsache wurde bereits beschrieben. Im Ergebnis gibt es in Berlin durchaus einige Bezirke, in denen Wohnraumknappheit in den letzten Jahren entstanden ist oder die sich dorthin bewegen, wenn sich der Trend fortsetzt.

Tabelle 2

Preis-Mieten-Relationen im Zeitverlauf

Bezirk	2009	2010	2011	2012	2013	2014	Ø 2009–2014	Δ 2014/2009
	Multiplikatoren							Prozent
Charlottenburg-Wilmersdorf	21,3	21,6	22,3	24,1	25,1	26,6	23,5	24,6
Friedrichshain-Kreuzberg	26,5	25,3	24,0	25,2	24,6	26,2	25,3	-1,1
Lichtenberg	20,4	21,2	21,3	22,5	27,3	25,4	23,0	24,6
Marzahn-Hellersdorf	21,7	17,7	20,7	21,0	22,3	21,0	21,1	-3,5
Mitte	32,6	24,7	33,2	34,6	31,7	30,4	32,8	-6,7
Neukölln	16,0	14,9	14,9	17,3	19,1	20,4	17,1	28,0
Pankow	25,6	25,6	26,1	25,7	25,7	26,6	25,9	4,0
Reinickendorf	20,1	17,6	18,3	19,8	20,9	21,8	19,8	8,0
Spandau	16,0	16,3	15,9	17,5	17,9	17,2	16,8	7,0
Steglitz-Zehlendorf	18,2	19,5	20,2	21,9	23,1	23,7	21,1	30,1
Tempelhof-Schöneberg	18,7	19,3	19,7	21,3	21,2	22,1	20,4	17,9
Treptow-Köpenick	18,7	20,0	20,2	25,5	24,8	26,7	22,6	42,9
Berlin	*23,0*	*23,7*	*23,8*	*25,1*	*25,7*	*26,6*	*24,6*	*15,5*

Quelle: CBRE, eigene Berechnungen.

Die Relation zwischen Preis und Miete ist ein zentraler Indikator zur Beurteilung des Immobilienmarktes. Grund dafür ist, dass sich der Markt*preis* einer Immobilie, gemäß dem Dicounted-Cashflow-Verfahren, aus den diskontierten zukünftig erwarteten *Miet*strömen ergibt (Rombach 2011). In einem ausgeglichenen Markt sollte die Mietentwicklung dem Preis nicht wesentlich hinterherlaufen (Just 2014). Die Relation ermittelt das Verhältnis der Anschaffungskosten (Preis) im Verhältnis zu den jährlichen Erträgen (Miete) (Vornholz 2015).

Tabelle 2 zeigt bezirksweise zum einen die Relationen von Preis (für Eigentumswohnungen) und Miete im Zeitverlauf und zum anderen die prozentuale Veränderung zwischen 2009 bis 2014. Im Überblick über alle Bezirke ist eine deutlich differenzierte Entwicklung zwischen den einzelnen Bezirken ersichtlich. So verzeichnet beispielsweise der in der Immobilienbranche gern benutzte Multiplikator[1] in Treptow-Köpenick eine positive Veränderung von fast 43 Prozent. Demgegenüber ist er in Mitte mit −6,7 Prozent negativ. Im Ergebnis bedeutet dies, dass in Mitte die Miete schneller gestiegen ist als der Preis und dies folglich ein Gegenargument für eine Immobilienblase ist. Für Gesamtberlin errechnet sich analog ein Anstieg von 15,5 Prozent. Ein Anstieg von 15,5 Prozent für Gesamtberlin ist vor dem Hintergrund eines eventuellen Aufholprozesses und der dargestellten Bevölkerungsentwicklung im Vergleich zur Neubautätigkeit daher per se nicht als Blase des Berliner Wohnimmobilienmarktes zu interpretieren. Lokale Tendenzen der Überhitzung sind jedoch erkennbar.

Technischer Fortschritt oder starke Bevölkerungszuwächse wirken sich bis dato positiv auf beide Parameter, Preis und Miete, aus (Rombach 2011). Die Preis-Mieten-Relation erscheint daher als

1 Der Multiplikator ermittelt sich aus dem Ertrag der Immobilie (p. a.) im Verhältnis zum Kaufpreis.

Indikator für eine Blasenbildung besonders gut geeignet. Bis zur Einführung der Mietpreisbremse waren Inserate sowohl für den Fall eines Verkaufes (Preis) als auch für die Vermietung (Miete) in deren Angebotshöhe mietrechtlich nicht reguliert. Der Indikator hat jedoch aktuell eine Schwachstelle. „... [Der Indikator] *vernachlässigt ... einen ganz entscheidenden Faktor: den Zins"* (Schier und Voigtländer 2015).

Immobilienkäufe werden zumindest zu einem gewissen Teil mit Fremdkapital finanziert. Folglich sinken die Kosten der Immobiliennutzung. *„Fallen die Zinsen wie in den letzten Jahren, sind somit steigende Preis-Miet-Relationen folgerichtig und nur ein unzureichender Indikator für die Identifikation spekulativer Blasen"* (Schier und Voigtländer 2015). Um die *Wirkung* von geldpolitischen Veränderungen abzubilden, eignet sich der User Cost of Housing Approach sehr viel besser als das Preis-Mieten-Verhältnis.

7 Fundamentalseite: *User Cost of Housing Approach* zur Antizipation von Marktungleichgewichten

Die *User Cost of Housing*, auch Wohnnutzerkostenkonzept genannt, vergleicht die Miete mit den Kosten der Selbstnutzung (Eigentum). Die Intention des Konzeptes ist, dass in einem Marktgleichgewicht die Miete den Kosten der Selbstnutzung entspricht (Voigtländer 2009).

Anhand von sechs Komponenten wird so eine kalkulatorische Miete der „echten" Miete gegenübergestellt. Ziel ist es, alle Kosten des Wohneigentums mit dem Mietniveau zu vergleichen (Rehkugler und Rombach 2011). Im Verlauf der Zeit haben sich zahlreiche Modellvariationen entwickelt, die in der Regel auf der Arbeit von Poterba aufbauen (Poterba 1991):

1. Zunächst werden in Abhängigkeit vom Kaufpreis P die Opportunitätskosten berücksichtigt, die aufgrund der Investition in das Wohneigentum aus verlorenen Kapitaleinnahmen resultieren. Daher wird der durchschnittliche Eigenkapitalanteil EK der Immobilienfinanzierungen mit einem risikolosen Zinssatz i_{EK} multipliziert. Auf der anderen Seite werden die Kosten der Immobilienfinanzierung mit dem durchschnittlichen Fremdkapitalzinssatz $i_{FK,}$ gewichtet mit dem Fremdkapitalanteil FK, multipliziert. Zusammengefügt ergeben sich die Opportunitätskosten als $P * (EK * i_{EK} + FK * i_{FK})$.

2. Die jährliche Grundsteuer errechnet sich aus der Multiplikation des Faktors Preis mit dem Grundsteuersatz w: $P * w$.

3. Instandhaltungskosten sind $P * d$ mit d als Parameter der Instandhaltung.

4. Die Risikoprämie pro Geldeinheit ist y, so dass sich die Gesamtrisikoprämie als $P * y$ ergibt.

5. In Abhängigkeit vom durchschnittlichen Steuersatzes (f) werden Steuervorteile des Immobilieneigentums berücksichtigt. Dazu zählen zum Beispiel Absetzungsmöglichkeiten für Grundsteuer und Hypothekenzinsen: $P * f * (i_{FK} + w)$.

6. Der erwartete Wertzuwachs ist $P * \Delta P$.

Durch Verknüpfung ergibt sich:

$$R_t = P_t * (EK* i_{EK} + FK* i_{FK}) + P_t w_t + P_t d_t + P_t y_t + P_t f_t * (i_{FK} + w_t) - P_t \Delta P_{t+1},$$

wobei *R* für die Miete und *t* für das jeweilige Jahr steht.

Ausklammern des Preises führt zu $R_t = P_t u_t$

mit $u_t = ((EK* i_{EK} + FK* i_{FK}) + w_t + d_t + y_t + f_t * (i_{FK} + w_t) - \Delta P_{t+1})$ als Kosten der Selbstnutzung. Nach Umstellung bekommt man auf der linken Seite das Preis-Miet-Verhältnis und auf der rechten die Selbstnutzerkosten, die abhängig von Zinssätzen, Steuersätzen, dem Instandhaltungsniveau sowie der Risikoprämie und dem erwarteten Wertzuwachs sind.

$$\frac{P_t}{R_t} = \frac{1}{u_t}$$

Anhand dieser Gleichung lässt sich überprüfen, ob das tatsächliche Preis-Miet-Verhältnis mit dem Fundamentalniveau gemäß der vorstehenden Relation im Zeitverlauf übereinstimmt (Voigtländer 2009). Eine Überbewertung, das heißt eine signifikante Veränderung zwischen tatsächlichem und fundamentalem Preisniveau, gilt dabei als Indikator für eine Immobilienblase – et vice versa (Brauers 2011).

Sinken die Kosten der Selbstnutzung u_t, dann steigt das Fundamentalniveau des Preises: $u \downarrow \Rightarrow \frac{1}{u} \uparrow$. Das heißt, reduzierte Kosten der Selbstnutzung einer Wohnimmobilie könnten die vorherig beschriebenen wachsenden Preis-Miet-Relationen rechtfertigen. Unter Berücksichtigung des Betrachtungszeitraumes von 2009–2014 haben sich die Parameter Instandhaltung und Grundsteuer nicht signifikant verändert, so dass sie für die Berechnung konstant gehalten werden können. Darüber hinaus liegt das hauptsächliche Ziel der Berechnung darin, die Wirkung der geldpolitischen Maßnahmen der Europäischen Zentralbank auf die Immobilienpreise zu messen.

Folglich stellt sich die Frage, ob gesunkene Zinsen für Kredite und Sparanlagen eine Veränderung der Preis-Miet-Relation für Gesamtberlin von 15,5 Prozent begründen (Tabelle 2). Zur Beantwortung wurde anhand der ersten Komponente des Wohnungsnutzerkonzeptes – die Finanzierungsbedingungen $P * (EK* i_{EK} + FK* i_{FK})$ – mit den durchschnittlichen Immobilienpreisen für Eigentumswohnungen ins Verhältnis gesetzt.

Im Ergebnis berechnet sich eine Reduzierung der Selbstnutzerkosten von circa 18,86 Prozent (Ergebnisveränderung der Tabelle 3 von 63 hinzu 53)[2]. Dies würde im Umkehrschluss eine Er-

2 Der Anstieg der Preis-Miet-Relation von 15,5 Prozent gilt für den Zeitraum von 2009–2014. Tabelle 3 berücksichtigt aufgrund der zeitlichen Datenverfügbarkeit des Beleihungsauslaufes nur den Zeitraum von 2010–2014. Der Beleihungsauslauf bezieht sich auf Deutschland. Dafür wurde pro Jahr der Mittelwert des monatlichen Trendindikators von Dr. Klein berechnet und zugrunde gelegt. Als Eigenkapitalanteil wurde zunächst die Differenz zwischen dem Beleihungsauslauf und 100 Prozent angenommen. Diese Annahme ist möglich, da sich der von Dr. Klein publizierte Beleihungsauslauf aus dem Verhältnis Darlehen zu Kaufpreis errechnet. Grundsätzlich ergibt sich der EK Anteil aus: 100 Prozent – Beleihungsauslauf + Nebenkosten. Zu dem ursprünglichen Eigenkapitalanteil werden daher die Nebenkostenpositionen Notar mit konstant 1,5 Prozent und die für Berlin gültige Grunderwerbssteuer addiert, die beide aus dem EK zu tragen sind. Die Summe wurde mit dem Durchschnittszinssatz zehnjähriger Bundesanleihen verzinst. Der Durchschnittzins wurde als Mittelwert aus dem Tageswert der neu emittierten zehnjährigen Bundesanleihen berechnet. Die Basis des Fremdkapitalzinssatzes bildet der zehnjährige DGZF-Einstandszins. Der DGZF-Einstandszins ist der Zinssatz für öffentliche Pfandbriefe der Deka Bank. Dafür wurde für jedes Jahr der Mittelwert des täglichen Einstandszinssatzes berechnet. Im zweiten Schritt wurde dieser Zins um jeweils 50 Basispunkte

Tabelle 3

Erklärungsversuch der Preis-Miet-Relation anhand der *User Cost of Housing*

Kennzahl	2010	2011	2012	2013	2014
Preis (Eigentumswohnung) in Euro/m²	1 739	1 883	2 258	2 474	2 725
Beleihungsauslauf in Prozent	78,21	77,36	78,04	77,81	78,33
Nebenkosten in Prozent	6,00	6,00	6,50	6,50	7,50
Eigenkapitalanteil in Prozent	27,79	28,64	28,46	28,69	29,17
Eigenkapitalverzinsung in Prozent	2,77	2,65	1,57	1,63	1,24
Fremdkapitalverzinsung in Prozent	3,68	3,73	2,65	2,54	2,03
Ergebnis (gerundet) – Selbstnutzerkosten u_t	63	69	57	60	53

Quelle: CBRE, Deutsche Bundesbank 2016b, Dr. Klein, FMH, eigene Berechnungen.

höhung der Preis-Mieten-Relation um 18,86 Prozent rechtfertigen (Lehmann 2015). Untersucht wurde dabei lediglich der gerechtfertigte Preisanstieg aufgrund der veränderten Rahmenbedingungen ausgehend von der Europäischen Zentralbank. Demzufolge bleiben in der Berechnung die übrigen fünf Komponenten (Grundsteuer, Instandhaltungskosten, Risikoprämie, Steuervorteile und Wertzuwachs) unberücksichtigt. Insbesondere der erwartete Wertzuwachs der Immobilie kann die *User Cost of Housing* sinken lassen. Nach Stiglitz könnte ein erwarteter Wertzuwachs der Beginn einer klassischen Blasenbildung sein, da auf einen Wertzuwachs vertraut wird, ohne dass dieser fundamental nachweisbar ist (Stiglitz 1990).

Weiterhin wurde die Thematik der Risikoprämie y unberücksichtigt gelassen. Gerade vor dem Hintergrund fehlender Alternativanlagen aufgrund der mangelnden Verzinsung *könnte* sich das Risiko der Immobilienanlage in sicheren Immobilienmärkten mit ansteigender Wohnraumverknappung reduziert haben. Folglich wäre mit sinkenden Risikoprämien y zu rechnen. Die Folge davon wäre ebenfalls eine Reduzierung der *User Cost of Housing.*

Selbst wenn die beiden subjektiv eingeschätzten Größen *Wertzuwachs* und *Risikoprämie* im Gesamtmodell vernachlässigt werden, kann unter den getroffenen Annahmen eine Erhöhung der Preis-Miet-Relation für Gesamtberlin von 18,86 Prozent gerechtfertigt werden. Dieser Befund zeigt zum einen die Wirkungen der Geldpolitik der Europäischen Zentralbank auf eine prosperierende Alternativanlage. Zum anderen bedeutet er, dass für den Untersuchungszeitraum keine Entkopplung zwischen Fundamental- und Marktniveau zu beobachten war (18,86 Prozent > 15,5 Prozent).

Grundsätzlich ist der Hinweis wichtig, dass sinkende Finanzierungskosten und mangelnde Alternativanlagen nicht per se gesteigerte Immobilienpreise rechtfertigen und zur vermehrten Aufnahme von Fremdkapital verleiten sollten. Ebenfalls sollten gesunkene Monatsbelastungen, resultierend aus der verringerten Annuitätsbelastung, nicht der ausschlaggebende Grund der Immobilienanschaffung sein. Vielmehr sollte sich die vom Haushalt verkraftbare Finanzierungs-

erhöht. Inhaltlicher Sinn dabei ist die Berücksichtigung der Marge zwischen Refinanzierungszins und Kreditzinssatz der Kreditinstitute. Ergebnisbeispiel 2012: $P^* (EK^* \, i_{EK} + FK^* \, i_{FK}) = 2\,258$ *Euro/m²* $* (28{,}46\,\% * 1{,}57\,\% + 78{,}04\,\% * 2{,}56\,\%) \approx 57$.

belastung an historischen Durchschnittszinsen orientieren und deshalb mit gesteigerten Tilgungsleistungen aufgefüllt werden.

Auch das IW Köln hat in einer Analyse die Robustheit des deutschen Immobilienmarktes mittels des *User Cost of Housing Approach* analysiert. Selbst bei einer scharfen Zinswende wäre der Berliner Immobilienmarkt nicht vom Platzen einer Blase bedroht. Der Zins müsste in Berlin auf 4,4 Prozent steigen, bis die Selbstnutzerkosten *u* zehn Prozent über den Mietkosten liegen. Erst bei diesem Schwellenwert würde es zu Nachfrageverschiebungen vom Kaufen zum Mieten und demzufolge zu Rückgängen bei den Wohnungspreisen kommen (Schier und Voigtländer 2015).

8 Fazit

Im Rahmen des Artikels wurden zwei wesentliche Faktoren sichtbar, die den Berliner Immobilienmarkt und insbesondere die Preisdynamik signifikant beeinflussen. Dies sind

1. das Verhältnis zwischen Wohnraumangebot und Wohnraumnachfrage und
2. die Zinspolitik der Europäischen Zentralbank.

Bis dato ist der Zusammenhang zwischen Immobilienpreisanstieg und Zinsreduktion nachvollziehbar, und es ist daher keine Entkopplung zwischen Fundamental- und Marktniveau erkennbar. Als robust erweist sich der Wohnungsmarkt insbesondere aufgrund der deutschen Finanzierungssystematik und der Finanzierungsbedingungen für Nachfrager nach Immobilien. Dieses Ergebnis bedeutet jedoch *keine* Entwarnung für die Zukunft. Sollte die Zinslandschaft und die Nachfrage langfristig auf dem aktuellen Niveau verharren, ist die laufende Evaluation des Marktes mit Blick auf mögliche Überhitzungserscheinungen unausweichlich und ratsam.

Literaturverzeichnis

— Amt für Statistik Berlin Brandenburg (2010/2011/2012/2013/2014/2015): Statistischer Bericht A I 11– j/09 bis A I 11 – j/14.
— Amt für Statistik Berlin Brandenburg (2014): Statistischer Bericht A I 5 – hj2/14.
— BBU (2010/2011/2012/2013/2014/2015): Marktmonitore der Jahre 2010–2015.
— Belke, Ansgar und Ingo Bordon (2011): Geldtheorie und Geldpolitik. In: Neubäumer, Renate, Brigitte Hewel und Thomas Lenk (Hrsg.): Volkswirtschaftslehre, 485–638.
— Brauers, Maximilian (2011): Von der Immobilienblase zur Finanzkrise. Hamburg, Diplomica Verlag.
— CBRE GmbH (2010/2011/2012/2013/2014/2015): Wohnmarktreport Berlin der Jahre 2010–2015.
— Daxhammer, Rolf und Mate Facsar (2012): Behavioral Finance. Konstanz und München, UVK Verlagsgesellschaft.
— DeCoster, Gregory und William Strange (2012): Developers, Herding and Overbuilding. The Journal of Real Estate Finance and Economics. 44, 7–35.

— Demary, Markus und Judith Niehues (2015): Die Auswirkungen von Niedrigzinsen und unkonventionellen geldpolitischen Maßnahmen auf die Vermögensverteilung. IW Köln policy paper 15/2015.
— Deutsche Bundesbank (2010): Ausgedehnter Investitionszyklus bei stabilen Preisen: Angebot und Nachfrage am deutschen Wohnungsmarkt in langfristiger Perspektive. Monatsbericht Juni 2010, 49–62.
— Deutsche Bundesbank (2016a): EZB Zinssätze. www.bundesbank.de/Redaktion/DE/Downloads/Statistiken/Geld_Und_Kapitalmaerkte/Zinssaetze_Renditen/S11BTTEZBZINS.pdf?__blob=publicationFile (abgerufen am 22.2.2016).
— Deutsche Bundesbank (2016b): Zeitreihe BBK01.WT1010: Rendite der jeweils jüngsten Bundesanleihe mit einer vereinbarten Laufzeit von 10 Jahren. www.bundesbank.de/Navigation/DE/Statistiken/Zeitreihen_Datenbanken/Makrooekonomische_Zeitreihen/its_details_value_node.html?nsc=true&listId=www_s140_it02f&tsId=BBK01.WT1010 (abgerufen am 6.4.2016).
— Deutsche Bundesbank (2016c): Zeitreihe BBK01.SUD231: Neugeschäftsvolumina Banken DE / Wohnungsbaukredite an private Haushalte. www.bundesbank.de/Navigation/DE/Statistiken/Zeitreihen_Datenbanken/Makrooekonomische_Zeitreihen/its_details_value_node.html?tsId=BBK01.SUD231 (abgerufen am: 6.4.2016).
— Dombret, Andreas (2015a): Der deutsche Immobilienmarkt – ein Grund zur Sorge? www.bundesbank.de/Redaktion/DE/Reden/2015/2015_01_28_dombret.html (abgerufen am 22.2.2016).
— Dr. Klein: Trendindikator Baufinanzierung. www.drklein.de/dtb-archiv-baufinanzierung.html (abgerufen am: 22.2.2016).
— Eekhoff, Johann (2002): Wohnungspolitik. Tübingen.
— FMH Finanzberatung (2016): Detaillierte Darstellung von Zinsverläufen bis zu 20 oder 30 Jahre. https://index.fmh.de/fmh-index/zinsentwicklung/detailversion/default.aspx (abgerufen am: 22.2.2016).
— Henger, Ralph, Tobias Just und Michael Voigtländer (2011): Tobins q und die Bautätigkeit im deutschen Immobiliensektor. IW Köln Trends 3/2011.
— Henger, Ralph, Michael Schier und Michael Voigtländer (2014): Wohnungsleerstand. IW Köln Positionen Nr. 62.
— Henger, Ralph und Michael Voigtländer (2011): Immobilienfinanzierung nach der Finanzmarktkrise. IW Köln Analysen Nr. 73.
— Hiller, Norbert (2014): Zinspolitik ade! Wie man Immobilienpreisblasen dennoch überstehen kann. Wirtschaftsdienst – Zeitschrift für Wirtschaftspolitik, 94 (10), 748–755.
— Holm, Andrej (2014): Mietenwahnsinn. München, Droemer Knaur Verlag.
— Holzmann, Christoph (2007): Entwicklung eines Real Estate Confidence Indicator zur kurzfristigen Konjunkturprognose auf Immobilienmärkten. Dissertation. Bd. 40. European Business School.
— Huether, Michael, Michael Voigtländer, Heide Haas und Philipp Deschermeier (2015): Die Bedeutung der Langfristfinanzierung durch Banken. IW Köln Analysen Nr. 101.
— Irle, Martin (2010): Preisblasen in Wohnimmobilienmärkten. Dissertation. Technische Universität Darmstadt.
— Jowsey, Ernie (2011): Real Estate Economics. New York.
— Just, Tobias (2012): Demografische Trends als Bestimmungsfaktor für die Immobiliennachfrage. In: Nico Rottke und Michael Voigtländer (Hrsg.): Immobilienwirtschaftslehre. Bd. 2. Ökonomie. Köln, 871–901.
— Just, Tobias (2014): Keine Blase, das Problem sitzt tiefer! IREBS Standpunkt Nr. 25.

— Kholodilin, Konstantin (2013): Kommt die deutsche Immobilienblase? www.b-republik.de/archiv/kommt-die-deutsche-immobilienblase (abgerufen am 22.2.2016).
— Kholodilin, Konstantin und Andreas Mense (2012): Forecasting the Price and Rents for Flats in Large German Cities. DIW Discussion Papers 1207.
— Kholodilin, Konstantin und Boriss Silverstovs (2013): Wohnimmobilien in Großstädten: Kaufpreise steigen auch 2014 schneller als Mieten. DIW Wochenbericht Nr. 49/2013.
— Kimmel, Christoph (2007): Vermögenspreisinflation als wirtschaftspolitische Herausforderung. Berlin.
— Kofner, Stefan (2014): The german housing system: fundamentally resilient? Journal of Housing and the Built Environment. 29, 255–275.
— Langenbach, Marc und Stephan Bönning (2011): Identifikation von Investmentstrategien im Immobilienmarktzyklus. In: Christoph Schumacher, Tobias Pfeffer und Hubertus Bäumer (Hrsg.): Praxishandbuch Immobilien-Fondsmanagement und -investment. Köln, Immobilienmanager Verlag, 395–409.
— Lehmann, Thomas (2015): House price bubble time? Analyse des Berliner Wohnimmobilienmarktes auf Bezirksebene.
— Lehmann, Thomas (2016): Renaissance der Wohnungspolitik in angespannten Marktphasen. vhw Forum Wohnen und Stadtentwicklung. Heft 2/16, 100–103.
— Lerbs, Oliver (2012): House Prices, Housing Development Costs and the Supply of New Single-Family Housing in German Counties and Cities. CAWM Discussion Paper No. 57.
— Möbert, Jochen (2015): Falsche Wohnungspolitik erhöht Blasengefahr. Deutsche Bank Reserach. Standpunkt Deutschland vom 28.5.2015.
— Nastansky, Andreas (2012): Geldpolitik und Immobilienpreise. In: Nico Rottke und Michael Voigtländer (Hrsg.): Immobilienwirtschaftslehre. Bd. 2. Ökonomie. Köln, 163–214.
— Poterba, James (1991): House Price Dynamics: The Role of Tax Policy and Demography. MIT.
— Pyhrr, Stephen, Stephen Roulac und Waldo Born (1999): Real Estate Cycles and their Implications for Investors and Portfolio Managers in the Global Economy. Journal of Real Estate Research, 18, 7–68.
— Rehkugler, Heinz und Tobias Rombach (2011): Preisblasen auf Wohnimmobilienmärkten. In: Hans-Hermann Francke und Heinz Rehkugler (Hrsg.): Immobilienmärkte und Immobilienbewertung. München, Vahlen Verlag, 159–202.
— Rombach, Tobias (2011): Preisblasen auf Wohnimmobilienmärkten. Dissertation. Albert-Ludwigs-Universität Freiburg im Breisgau.
— Rottke, Nico (2012a): Ökonomie: Interdisziplinärer Bestandteil der Immobilienwirtschaftslehre. In: Nico Rottke und Michael Voigtländer (Hrsg.): Immobilienwirtschaftslehre. Bd. 2. Ökonomie. Köln, 29–82.
— Rottke, Nico (2012b): Immobilienzyklen und spekulative Blasen. In: Rottke, Nico und Michael Voigtländer (Hrsg.): Bd. 2. Ökonomie. Köln, 249–298.
— Sachverständigenrat (2013): Immobilienmarkt: Kein Grund für Aktionismus. Jahresgutachten 2013/2014, 440–477.
— Schier, Michael und Michael Voigtländer (2015): Immobilienpreise: Ist die Entwicklung am deutschen Wohnungsmarkt fundamental noch gerechtfertigt? IW Köln Trends 1/2015.
— Schmoll gen. Eisenwerth, Fritz (2015a): Immobilieninvestition und Immobilienfinanzierung. In: Fritz Schmoll gen. Eisenwerth (Hrsg.): Basiswissen Immobilienwirtschaft. Berlin, Vahlen Verlag, 691–848.

- Schmoll gen. Eisenwerth, Fritz (2015b): Markt und Staat – die volkswirtschaftliche Perspektive. In: Fritz Schmoll gen. Eisenwerth (Hrsg.): Basiswissen Immobilienwirtschaft. Berlin, Vahlen Verlag, 1335–1456.
- Stiglitz, Joseph (1990): Synopsium on Bubbles. The Journal of Economic Perspectives, 4 (2), 13–18.
- Tobin, James (1969): A General Equilibrium Approach to Monetary Theory. Journal of Money, Credit and Banking, 1 (1), 15–29.
- Voigtländer, Michael (2009): Volkswirtschaftliches Basiswissen Immobilien. Berlin, Verband Deutscher Pfandbriefbanken.
- Voigtländer, Michael (2014a): Keine Anzeichen für eine deutsche Wohnimmobilienblase. dieBank. Ausgabe 12.2014, 8–12.
- Voigtländer, Michael (2014b): Die Stabilität des deutschen Wohnungsmarktes. In: Michael Voigtländer und Michael Deppenheuer (Hrsg): Wohneigentum. Bibliothek des Eigentums, 43–63.
- Voigtländer, Michael (2015): Optionen für bezahlbaren Wohnraum. IW Köln policy paper 14/2015.
- Vornholz, Günter (2014): VWL für die Immobilienwirtschaft. Berlin, De Gruyter Verlag Oldenburg.
- Vornholz, Günter (2015): Internationale Immobilienökonomie. Berlin, De Gruyter Verlag Oldenburg.
- Wernecke, Martin (2004): Büroimmobilienzyklen. Dissertation. European Business School. Bd. 31.

Lassen sich aus den Ursachen des Niedrigzinsumfeldes Wege für eine Zinswende ableiten?

MARKUS DEMARY

Markus Demary, Institut der deutschen Wirtschaft Köln, E-Mail: demary@iwkoeln.de

Zusammenfassung: Das Umfeld niedriger Zinsen ist weniger auf die Geldpolitik, sondern mehr auf globale Trends in der Investitionsnachfrage und in der Sparneigung sowie einen krisenbedingten Rückgang der Investitionen zurückzuführen. Mittelfristig kann die Überwindung der Bilanzrezession zu höheren Investitionen und darüber zu einem höheren Zinsniveau führen. Ein höherer natürlicher Realzins würde es den Zentralbanken ermöglichen, ihre Leitzinsen zu erhöhen, ohne die wirtschaftliche Erholung zu bremsen. Ein höherer natürlicher Realzins ist auch für die Wirksamkeit der Geldpolitik förderlich, um die Probleme durch das Erreichen der Nullzinsgrenze in Zukunft seltener auftreten zu lassen. Dies macht zudem Strukturreformen erforderlich, die die Auswirkungen der demografischen Entwicklung auf die Ersparnis und den natürlichen Realzins abmildern.

Summary: The low interest rate environment is less due to monetary policy and more due to global trends in investment and savings as well as a crisis-induced reduction in investment. Finishing the balance sheet recession can lead to a higher interest rate level in the medium-run through higher investment. A higher natural real interest rate would enable central banks to lift their policy interest rates without hindering economic recovery. A higher natural real interest rate level would also foster the efficacy of monetary policy by making future problems arising from the zero lower bound less frequent. For this, structural reforms, which dampen the effects of demography on savings and on the natural real interest rate, are needed.

→ JEL Classification: E21, E22, E31, E43, E44, E52
→ Keywords: Deflation, inflation, interest rates, investment, monetary policy, savings, Zero Lower Bound

1 Die ökonomische Relevanz des Niedrigzinsumfelds

Seit den 1990er Jahren sinken nicht nur die nominalen Zinsen, sondern auch die realen, d.h. inflationsbereinigten, Zinsen. Mittlerweile sind nicht nur die realen Zinsen in vielen entwickelten Volkswirtschaften negativ, sondern es resultierten auch negative Zinsen auf ausfallsichere Staatanleihen aus einer krisenbedingte Flucht in den sicheren Hafen. Inzwischen muss allerdings davon ausgegangen werden, dass negative nominale Zinsen zu einer neuen Normalität gehören könnten. Denn neben der Europäischen Zentralbank (EZB) und den Zentralbanken von Dänemark, Schweden und der Schweiz erhebt seit Februar 2016 auch die Bank of Japan einen negativen Zins auf Zentralbankguthaben. Die Problematik eines solchen Niedrigzinsumfeldes liegt in seiner Persistenz, denn eine längere Periode niedriger oder gar negativer Zinsen kann systematisch Gewinner und Verlierer hervorbringen (Demary und Niehues 2015).

Niedrige Zinsen bedeuten niedrige Erträge für diejenigen, die für die Zukunft sparen. Gleichzeitig bringen sie niedrigere Zinsaufwendungen für Schuldner mit sich, die z.B. den Kauf einer Immobilie über einen Kredit finanzieren. Eine länger anhaltende Phase niedriger, aber auch hoher Zinsen zieht Verteilungseffekte nach sich, denn jüngere Haushalte halten weniger Vermögen in zinstragenden Aktiva als ältere Haushalte. Gleichzeitig weisen die jüngeren Haushalte vergleichsweise höhere Hypothekenschulden auf. Für die jüngeren Haushalte kann ein Umfeld sinkender Zinsen vorteilhaft sein, wenn der Zinsrückgang auf Guthaben kleiner ausfällt als die Zinsersparnis auf ihre Kredite. Für die älteren Haushalte führt ein Zinsrückgang aufgrund ihrer niedrigen Schulden vor allem zu einem Rückgang ihrer Zinserträge (Demary und Niehues 2015).

Ein Niedrigzinsumfeld hat aber noch weitere Auswirkungen. Denn der Haushaltssektor hält in vielen Ländern einen Großteil seines Geldvermögens über Intermediäre, wie Banken und Versicherungen. Deren Stabilität ist durch ein persistentes Niedrigzinsumfeld gefährdet. So sanken die Zinserträge und die Zinsaufwendungen der Banken in den letzten Jahren nicht im gleichen Ausmaß, so dass sich deren Zinsergebnis reduzierte (Demary und Matthes 2014). Die Lebensversicherungsgesellschaften haben in Deutschland in der Hochzinsphase der 1980er Jahre und der 1990er Verträge mit einem Garantiezins von 3,5 bis 4 Prozent über die gesamte Vertragslaufzeit abgeschlossen. Dieser Garantiezins kommt deshalb unter Druck, weil Versicherungen aufgrund von Regulierung ausfallarme Staatsanleihen halten. Niedrige und negative Renditen auf Staatsanleihen bringen ein von den Haushalten stark nachgefragtes Produkt der Altersvorsorge unter Druck (Demary und Matthes 2014).

Zudem entstehen in einem Niedrigzinsumfeld Deflationsgefahren. Diese resultieren aus dem Erreichen der Nullzinsschranke, was den Expansionsgrad der konventionellen Geldpolitik einschränkt und damit die Inflationserwartungen der Wirtschaftsteilnehmer aus ihrer Verankerung lösen kann.

Die skizzierten Probleme eines persistenten Niedrigzinsumfelds erfordern ein mittelfristig höheres Zinsniveau. Zwar sehen Kritiker die Geldpolitik als ursächlich für das Niedrigzinsumfeld an (Freytag und Schnabel, 2015). Demnach halten die Zentralbanken die Zinsen künstlich niedrig und müssten zum Ausstieg aus dem Niedrigzinsumfeld nur ihre Leitzinsen anheben. Doch muss hier beachtet werden, dass Zentralbanken Zinsen beeinflussen, um ihre Mandate zu erfüllen. Sie können ihre Leitzinsen nicht unabhängig von wirtschaftlichen Entwicklungen erhöhen, sondern müssen auf diese Entwicklungen reagieren (Fama 2013). Deshalb beschränkt sich dieser Artikel nicht auf die Geldpolitik, sondern analysiert die Gründe für das Niedrigzinsumfeld in einem gesamtwirtschaftlichen Kontext, um aus diesen Ergebnissen Handlungsempfehlungen für die Wirtschaftspolitik und die Geldpolitik abzuleiten.

2 Die Ursachen des Niedrigzinsumfelds

In einer Volkswirtschaft existiert eine Vielzahl an Zinsen, wie Bankzinsen auf Einlagen und Kredite, aber auch Renditen auf handelbare Schuldverschreibungen. Letztere weisen eine unterschiedlich lange Laufzeit auf und beschreiben die Zinsstruktur. Eine Erkenntnis der empirischen Finanzmarktforschung ist, dass die Dynamik der Zinsstruktur in die Dynamik ihres Niveaus, ihrer Steigung und ihrer Krümmung zerlegt werden kann (Dai und Singleton 2000; Rudebusch und Wu 2008). Der Niveau-Faktor ist dabei zu einem großen Teil durch langfristige Inflationserwartungen und den langfristigen Realzins bestimmt, während die Steigung und Krümmung zu einem großen Teil durch die Geldpolitik beeinflusst werden (Bekaert et al. 2010; Kozicki und Tinsley 2010). Eine Analyse des Niedrigzinsumfeldes erfordert neben einer Analyse der Geldpolitik auch eine Analyse der Inflationserwartungen und des Realzinses.

2.1 Sinkende Inflation und sinkender natürlicher Realzins

Zwei Niveaufaktoren der Zinsstruktur sind die Inflationserwartungen und der natürliche Realzins (Bekaert et al. 2010; Kozicki und Tinsley 2010). Der natürliche Realzins bestimmt das langfristige Zinsniveau einer Volkswirtschaft bei stabilen Preisen und voll ausgelasteten Kapazitäten aus dem Gleichgewicht aus Investitionsnachfrage und Ersparnis (Blanchard et al. 2015). Ehe auf Veränderungen dieser Faktoren im Zeitablauf geschlossen werden kann, ist ein Blick auf die zeitliche Entwicklung von Inflationsrate und Nominalzinsen erforderlich.

Abbildung 1 enthält die Medianwerte von Nominalzinsen, Inflationsraten und Realzinsen der Länder Österreich, Belgien, Kanada, Frankreich, Deutschland und USA, für die diese Daten seit 1970 verfügbar sind. Die Abbildung lässt die folgenden Beobachtungen zu:

- In den 1970er Jahren waren Nominalzinsen und Inflationsraten hoch, während die Realzinsen niedrig und zeitweise auch negativ waren.

- In den 1980er Jahren sanken Nominalzinsen und Inflationsraten, während die Realzinsen stiegen.

- Seit den 1990er Jahren verlaufen die Inflationsraten nahezu stabil, während Nominalzinsen und Realzinsen sinken.

Während der Rückgang der Inflation seit ihrem Höhepunkt in den 1970er Jahren auf eine disinflationäre Geldpolitik und eine zunehmende Präferenz der Zentralbanken für niedrige Inflationsraten seit dem 1980er Jahren erklärt werden kann, so bedarf es für den Rückgang des Realzinses ab den 1990er Jahren einer tiefergehenden Analyse.

Abbildung 2 zeigt den Median der Realzinsen der OECD-Länder von 1990 bis 2014 abgetragen gegen den Median der Bruttosparquoten bzw. der Investitionsquoten der OECD-Länder. Es zeigt sich, dass die Realzinsen von rund 6,5 Prozent im Jahr 1990 auf rund -0,5 Prozent im Jahr 2014

Abbildung 1

Nominalzinsen, Realzinsen und Inflation

Median der Länder Belgien, Deutschland, Frankreich Kanada, Österreich und USA

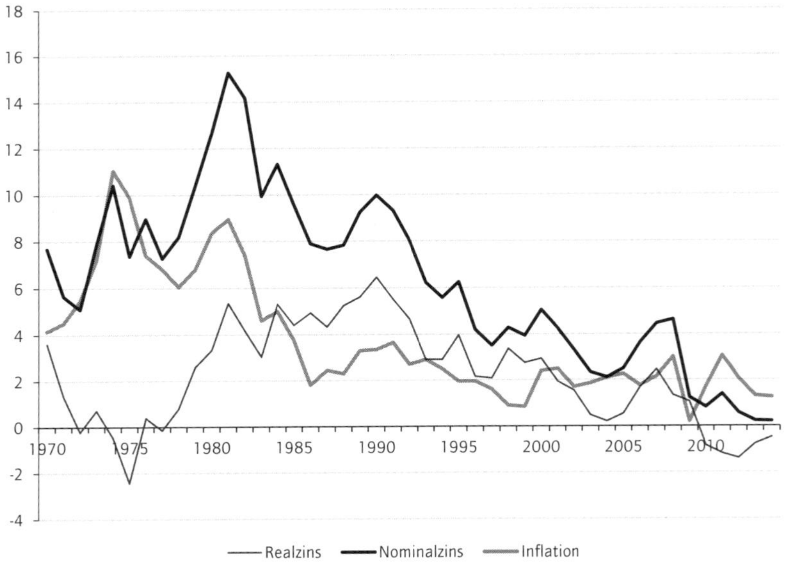

Quelle: OECD, eigene Berechnung.

gefallen sind, während die Bruttosparquoten sowie die Investitionsquoten annähernd konstant geblieben sind. Da jeder Punkt in diesem Diagramm einen Schnittpunkt aus Investitionskurve und Sparkurve darstellt, kann der Rückgang der Realzinsen nur durch eine Verschiebung der Sparkurve nach außen und/oder durch eine Verschiebung der Investitionskurve nach innen erfolgt sein (Rachel und Smith 2015; Bean et al. 2016). Da bei einem niedrigeren Zinsniveau die Sparbereitschaft für sich genommen sinkt, erklärt sich die Konstanz der Bruttosparquote durch eine vom Zins unabhängig höhere Spartätigkeit. Ähnlich verhält es sich bei den Investitionen. Da bei einem niedrigeren Zinsniveau die Investitionsnachfrage höher ausfällt, kann die konstante Investitionsquote durch einen von Zins unabhängigen Rückgang der Investitionen möglich sein.

Der Anstieg der Sparneigung lässt sich durch folgende exogenen Faktoren erklären:

- Aufgrund eines höheren Wirtschaftswachstums in den Emerging Markets und deren Erfahrungen aus der Asienkrise stieg deren Ersparnis an (Bernanke 2005). Bean et al. (2016) nennen hier auch den Anstieg der Ersparnis in China durch die chinesischen Leistungsbilanzüberschüsse.

- Ein Anstieg der durchschnittlichen Sparquote kann durch die demografische Entwicklung verursacht worden sein, insbesondere durch den Rückgang des Anteils der Kinder und Rentner gegenüber dem Anteil der Erwerbspersonen (Baldwin und Teulings 2014). Im Durchschnitt der OECD-Länder ist der Anteil der unter 15-Jährigen sowie der über 64-Jährigen in Prozent der Erwerbsbevölkerung von 63 Prozent im

Abbildung 2

Investitionsquote, Sparquote und Realzinsen

Median über 24 OECD-Länder, Bruttoersparnis in Prozent des Bruttoinlandsprodukts, Realzinsen in Prozent pro Jahr

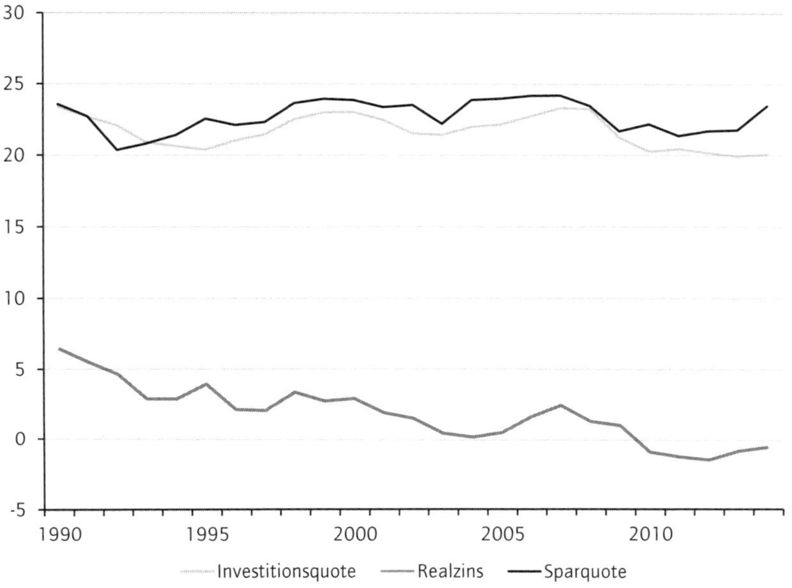

Quelle: OECD, eigene Berechnung.

Jahr 1960 auf 52 Prozent im Jahr 2014 gefallen (Weltbank 2016a). Da Kinder und Rentner für gewöhnlich geringere Sparquoten aufweisen als die Erwerbspersonen, konnte die geburtenstarke Kohorte der Baby-Boomer, die aktuell noch im Erwerbsleben ist, die durchschnittliche Sparquote anheben. Lukasz und Smith (2015) beziffern den Rückgang des natürlichen Realzinses aufgrund der Demografie auf 90 Basispunkte. Dieser Trend kann sich aber umkehren, sobald die Babyboomer in Rente gehen (Abel 2001). Takáts (2010) schätzt für die USA, dass durch die Entsparung der Baby-Boomer die Hauspreise um 80 Basispunkte pro Jahre fallen werden. Ein ähnlicher Effekt könnte auch bei zinstragenden Aktiva möglich sein.

- Ein längere Rentenphase macht eine höhere Ersparnis über die Dauer des Erwerbslebens erforderlich, sofern der Alterskonsum den bisherigen Status Quo einigermaßen halten soll (Baldwin und Teulings 2014; Weizsäcker 2014, Bean et al. 2016). Die Lebenserwartung stieg in den OECD-Ländern von durchschnittlich 67 Jahren im Jahr 1960 auf durchschnittlich 80 Jahre im Jahr 2013 (Weltbank 2016b). Das Renteneintrittsalter ist im gleichen Zeitraum von 64 Jahren auf 63 Jahren leicht gefallen (OECD 2015).

- Ein Anstieg der Einkommensungleichheit kann ebenfalls zu einem Anstieg der Sparneigung führen (Rachel und Smith 2015). Dieser Zusammenhang entsteht dadurch, dass vermögensreiche Haushalte über eine höhere Sparquote verfügen als vermögensarme Haushalte. Über eine Zunahme der Ungleichheit steigt dann die durchschnittliche Sparquote an.

Für den Rückgang der Investitionsneigung können folgende exogene Faktoren verantwortlich sein:

- Ein langsameres Wachstum bei der Anzahl der Erwerbspersonen führt bei einem konstant bleibenden Verhältnis aus Kapitalstock zu Erwerbspersonen zu einem geringeren Wachstum des Kapitalstocks. Wenn der Kapitalstock weniger stark wachsen muss, sind weniger hohe Investitionen notwendig (Bean et al. 2016). Das jährliche Wachstum der Anzahl der Erwerbspersonen in den OECD-Ländern hat sich von 1,4 Prozent pro Jahr im Jahr 1961 auf 0,3 Prozent im Jahr 2014 verlangsamt (Weltbank 2016c).

- Die Investitionen der Unternehmen sind weniger kapitalintensiv geworden, da sie stärker in Informationstechnologie investieren (Bean et al. 2016). Zudem kann eine steigende Bedeutung der Dienstleistungsbranchen zu weniger kapitalintensiven Investitionen führen.

- Die öffentlichen Investitionen in den fortgeschrittenen Volkswirtschaften sind von 5 Prozent des BIP in den 1960er Jahren auf 3 Prozent des BIP im Jahr 2012 gefallen (IWF 2015). Zudem bestehen auch Komplementaritäten zwischen öffentlichen und privaten Investitionen.

2.2 Rückgang des risikolosen Zinses

Eine andere Erklärung des Niedrigzinsumfeldes liegt in einem Rückgang des risikofreien Zinses aufgrund eines Rückgangs des Angebots an ausfallsicheren Aktiva und einer gesteigerten Nachfrage nach diesen Aktiva (Caballero und Farhi 2014; Bean et al. 2016). Nach dem Capital Asset Pricing Modell (CAPM) möchten Investoren für ihren Kaufkraftverzicht sowie für ihr eingegangenes Risiko kompensiert werden. Demnach besteht jede Rendite aus dem risikofreien Zins zuzüglich eines Risikoaufschlags (Sharpe 1964).

Nach der Safe-Asset-Shortage Hypothese von Caballero und Farhi (2014) ist der Rückgang des risikofreien Zinses auf einen Rückgang im Angebot von hypotheken-besicherten Wertpapieren und Staatsanleihen zurückzuführen. Beide Asset-Klassen galten zu Beginn der Immobilienkrise in den USA und der Staatsschuldenkrise im Euroraum als risikoarm. Durch die Neubewertung von hypotheken-besicherten Wertpapieren nach dem Platzen der Immobilienblase in den USA und der Neubewertung der Staatsanleihen der Euro-Länder im Zuge der Banken- und Staatsschuldenkrise im Euroraum ist das Angebot an sicheren Anlagen gesunken (Caballero und Farhi 2014). Die Autoren geben einen Rückgang von 2007 bis 2011 von 37 Prozent des globalen BIP auf 18 Prozent des globalen BIP an.

Die hohe Nachfrage nach ausfallsicheren Anlagen entstand durch eine Flucht in sichere Häfen. Im Nachgang zur Asienkrise haben die Schwellenländer ihre Engagements in ausfallsichere US-Staatsanleihen stark ausgeweitet (Bean et al. 2016). Im Zuge der Banken- und Staatsschuldenkrise im Euroraum kam es über eine Flucht der Investoren in Sicherheit und Liquidität zu einer sehr starken Nachfrage nach Bundesanleihen, so dass deren Renditen temporär negativ wurden.

Abbildung 3

Kredite an Unternehmen und Engagements in Staatsanleihen
Index: Januar 2005 = 100

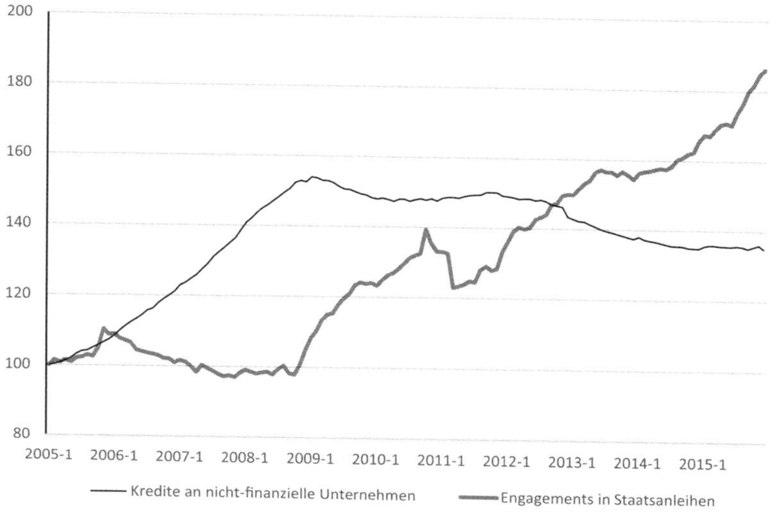

Quelle: Europäische Zentralbank, eigene Berechnungen.

Die Nachfrage nach sicheren Anlagen kann aber auch aufgrund der Finanzmarktregulierung, insbesondere der Liquidity Coverage Ratio (LCR) gestiegen sein. Diese privilegiert Staatsanleihen als besonders liquide Assets (Demary und Schuster 2013). Eine hohe Nachfrage nach Staatsanleihen des Euroraums kann zudem daraus resultieren, dass diese von Banken nicht mit Eigenkapital unterlegt werden müssen (Demary 2015). Aus Abbildung 3 ist ersichtlich, dass die Banken des Euroraums ihre Kreditvergabe an Unternehmen zurückgefahren haben, während sie ihre Engagements in Staatsanleihen erweitert haben.

2.3 Schuldenabbau und Bilanzrezession

Niedrige Zinsen können aber auch die Konsequenz aus einer noch nicht überwundenen Bilanzrezession sein (Koo 2015). Diese entsteht, wenn ein Kreditboom durch das Platzen einer Immobilienblase beendet wird und überschuldete Unternehmen und Haushalte ihre Schulden reduzieren müssen. Die Entschuldung hat dann Vorrang vor Investitionen, so dass die Investitionsneigung auch deswegen sinken wird (vgl. 2.1). Eine Bilanzrezession verläuft zudem deutlich länger und schärfer als eine normale Rezession, da die Konsum- und Investitionszurückhaltung das Wachstum der Wirtschaft verlangsamt, was wiederum den Schuldenabbau erschwert (Buttiglione et al. 2014). Abbildung 4 zeigt, dass der Prozess des Schuldenabbaus im Euroraum sehr schwierig ist und die Investitionstätigkeit lange Zeit dämpfen dürfte.

Zudem schränken die hohen Schuldenstände die Spielräume einer Zentralbank ein, die Zinsen zu erhöhen (Demary und Matthes 2014; Demary und Hüther 2015a). Denn höhere Zinsen können die Schuldentragfähigkeit nachteilig beeinflussen. Durch eine Gefährdung der Schulden-

Abbildung 4

Schuldenquoten im Euroraum
In Prozent des Bruttoinlandsprodukts

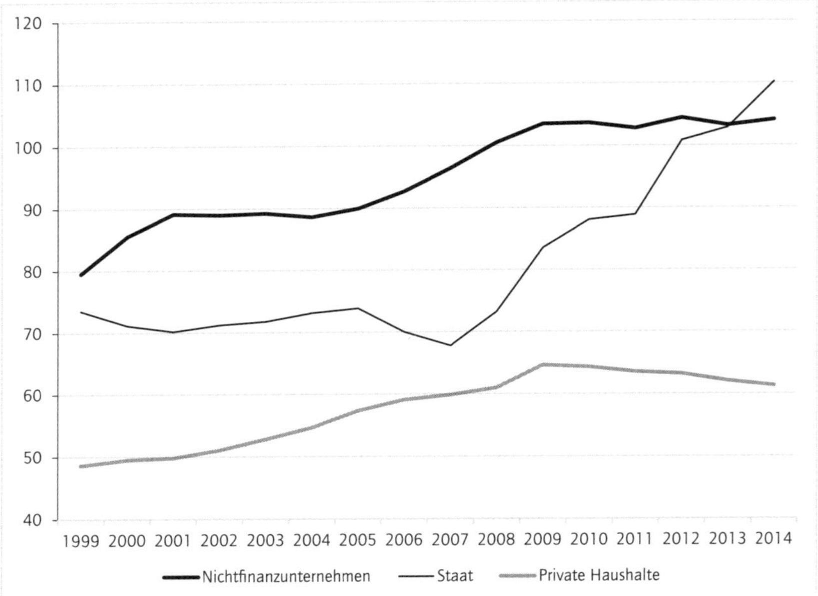

Quelle: Europäische Zentralbank, Eurostat, eigene Berechnungen.

tragfähigkeit kann die Bilanzrezession verstärkt werden, was eine Überwindung des Niedrigzinsumfeldes zusätzlich erschwert.

2.4 Geldpolitik und Deflationsrisiken an der Nullzinsgrenze

Die Geldpolitik ist nicht losgelöst vom Realzins einer Volkswirtschaft. Dies zeigt sich anhand der Taylor-Regel (Taylor 1993):

$$i_t = r^* + \pi_t + 0{,}5\left(\pi_t - \pi^*\right) + 0{,}5\left(y_t - y^*\right)$$

Wenn die Inflation dem Inflationsziel entspricht und das BIP dem Potentialoutput, dann entspricht der neutrale reale Zentralbankzins dem natürlichen Realzins. Die Taylor-Regel hat somit den natürlichen Realzins und das Inflationsziel der Zentralbank als Niveaufaktor. Abweichungen der Inflation und des BIP von ihren Zielwerten führen zu zyklischen Schwankungen des Zentralbankzinses, sofern die Geldpolitik Inflation und BIP zu ihren Zielwerten zurückführen kann. Bei den hier unterstellten Parametern der Gleichung ist dies jedoch der Fall.

Sinkt der natürliche Realzins, so hat dies Implikationen für die Geldpolitik, sobald die Nullzinsgrenze erreicht ist (Demary und Hüther 2015b). Ein negativer natürlicher Realzins würde dazu führen, dass ein realer Zentralbankzins von 0 Prozent zu hoch ist. In diesem Fall entstehen Deflationserwartungen, sofern die Wirtschaftsteilnehmer erwarten, dass die Zentralbank ihr Inflationsziel aufgrund der Nullzinsschranke nicht effektiv verteidigen kann. Die effektive Zins-

Abbildung 5

Entwicklung von Inflationsrate und Median der Rendite auf Staatsanleihen
Euroraum, in Prozent

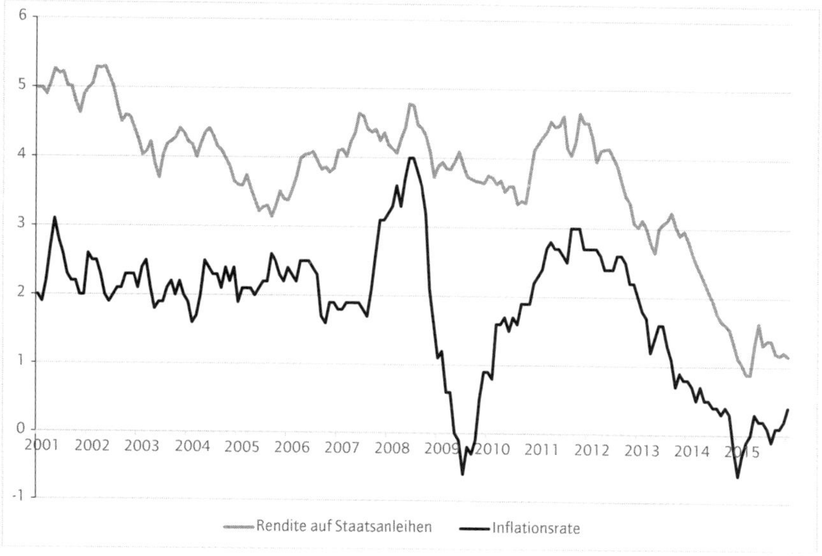

Quelle: Europäische Zentralbank, eigene Berechnungen.

untergrenze liegt unter, aber möglicherweise nahe 0 Prozent. Denn ein geringer negativer Zins kann als Gebühr für die sichere Lagerung von liquiden Mitteln interpretiert werden.

Die Hypothese, dass ein negativer natürlicher Realzins die Geldpolitik einschränkt, scheint für den Euroraum recht plausibel zu sein. Zwar können unkonventionelle geldpolitische Maßnahmen, wie Forward Guidance und Quantitative Easing die längerfristigen Marktzinsen senken, wenn der Zentralbankzins die Zinsuntergrenze erreicht hat. Doch zeigt sich, dass diese Maßnahmen in bank-basierten Finanzsystemen, wie dem Euroraum und Japan, nur eingeschränkt erfolgreich sind, während sie in kapitalmarkt-basierten Finanzsystemen, wie den USA, erfolgreicher zu sein scheinen. Aus Abbildung 5 ist ersichtlich, dass die Geldpolitik aufgrund der sinkenden Zinsen als expansiv betrachtet werden kann, während sie aufgrund der fallenden Inflationsrate nicht expansiv erscheint. Die Berechnungen aus Tabelle 1 bestätigen dies. Dort enthalten sind der Inflation-Gap, d.h. die Abweichung der Inflationsrate vom Inflationsziel der EZB, der Output-Gap, das heißt die Abweichung des BIP vom Potentialoutput, sowie der Leitzins der EZB. Darunter enthalten sind Berechnungen des hypothetischen Leitzinses einer Taylor-Regel für verschiedene unterstellte natürliche Realzinsen von –0,5 Prozent bis 1,5 Prozent. Selbst für den natürlichen Realzins von 1,5 Prozent empfiehlt die Taylor-Regel für das Jahr 2015 einen negativen Leitzins. Für die Jahre davor gelangt sie jedoch zu deutlich höheren Leitzinsen als von der EZB implementiert. Zu der beobachteten fallenden Inflationsrate im Euroraum passt ein negativer natürlicher Zins deutlich besser. Dem kann zwar entgegengehalten werden, dass der Rückgang der Inflation auch auf einen Rückgang des Ölpreises zurückzuführen ist. Doch die Berechnungen zeigen, dass die EZB den Leitzins nicht künstlich niedrig hält, sondern dass die negativen Inflation- und Output-Gaps es ihr nicht erlauben, einen höheren Leitzins zu setzen.

Tabelle 1

Natürlicher Realzins und Taylor-Regel für den Euroraum
In Prozent

	2012	2013	2014	2015
Inflation-Gap	0,2	-0,4	-0,3	-1,8
Output-Gap	-2,6	-3,4	-3,3	-2,7
EZB-Leitzins	0,88	0,54	0,16	0,05
Taylor-Zins für einen unterstellten natürlichen Realzins von				
r* = 1,5	2,4	1,1	1,3	-0,7
r* = 0,5	1,4	0,1	0,3	-1,7
r* = 0,0	0,9	-0,4	-0,2	-2,2
r* = -0,5	0,4	-0,9	-0,7	-2,7

Quelle: OECD, Europäische Zentralbank, eigene Berechnung.

Vergleichbare Berechnungen zeigen, dass diese Einschränkung für die USA weniger stark als für den Euroraum ist.

3 Ausstiegsvoraussetzungen

Für den Ausstieg aus dem Niedrigzinsumfeld benötigen Zentralbanken neben einer Normalisierung von Inflation und BIP-Wachstum auch ein Ausstiegsziel, d.h. einen Zielwert für den neutralen Zentralbankzins in der näheren Zukunft, sowie einen Anpassungsweg dorthin (Demary und Matthes 2014). Möglicherweise sind aber noch weitere wirtschaftspolitische Maßnahmen erforderlich, die es der Zentralbank ermöglichen, ihren Leitzins anzuheben, ohne die wirtschaftliche Entwicklung nachteilig zu beeinflussen. Dazu gehört eine Erhöhung des natürlichen Realzinses, sofern dieser niedrig oder negativ ist, worauf die Daten aber hindeuten.

3.1 Ausstiegsziel und Anpassungsweg

Bevor eine Zentralbank ihren Leitzins erhöhen kann, muss sie klären, auf welchen Zielwert der Leitzins gebracht werden muss. Der Federal Reserve Act von 2015 schlägt hierzu gemäß der Taylor-Regel vier Prozent vor (House of Representatives 2015). Dieser Wert setzt sich zusammen aus zwei Prozent natürlichem Realzins und einem Inflationsziel von zwei Prozent. Gemäß der obigen Analyse ist die Annahme eines natürlichen Realzinses von zwei Prozent für den Euroraum und auch für die USA zu hoch. Nach Überwindung der Bilanzrezession sind unter Berücksichtigung des trendmäßig fallenden Realzinses vermutlich ein neutraler Realzins von einem Prozent und damit ein neutraler, nominaler Zentralbankzins von drei Prozent realistischer. Es ist zu beachten, dass Schätzwerte des neutralen Zinses mit hoher Unsicherheit behaftet sind (Sachverständigenrat zur Begutachtung der gesamtwirtschaftlichen Entwicklung 2015).

Nach Festlegung ihres Zins-Ziels müssen die Zentralbanken bestimmen, wie der Pfad hin zu diesem Zielwert aussehen soll. John Taylors Empfehlung, die Anpassung gemäß der Taylor-Regel folgen zu lassen, hätte gewisse Vorteile (Taylor 2009). So könnte die Zentralbank ihren Zins in Reaktion auf die Entwicklungen von Inflation und Konjunktur anheben und so trotz höherer Zinsen neutral oder aber auch noch expansiv sein. Dies würde auch dafür sprechen, dass die Zentralbank den Leitzins frühzeitig in kleinen Schritten anhebt anstatt später einen sehr großen Zinsschritt durchführen zu müssen. Berechnungen aus Hüther und Demary (2015) zeigen, dass eine frühzeitige Zinsanhebung trotz niedriger Inflation und negativem Output-Gap möglich ist. Wichtig ist vor allem, dass die Inflationserwartungen und Konjunkturerwartungen stabilisiert sind und Inflation und BIP zu ihren Zielwerten zurückkehren.

3.2 Stabilisierung der Inflationserwartungen

Krugman (1998) empfahl der Bank of Japan als Weg aus der Liquiditätsfalle, die Inflationserwartungen stark zu erhöhen. Die aktuelle Niedriginflation und die niedrigen Inflationserwartungen sind in der Tat ein Hindernis für den Ausstieg aus dem Niedrigzinsumfeld (Demary und Hüther 2015a). So können niedrige Inflationserwartungen schnell in Deflationserwartungen umschlagen, woraus dann eine Konsum- und Investitionszurückhaltung resultieren kann. Dies ist gerade auch an der Nullzinsschranke gegeben. Hieraus leitet sich ab, dass das Quantitative Easing der EZB, das der Stabilisierung der Inflationserwartungen dient, in keinem Widerspruch zu einem Ausstieg aus dem Niedrigzinsumfeld steht, sondern über die Stabilisierung der Inflationserwartungen einen Ausstieg erst ermöglicht (Demary und Hüther 2015a).

3.3 Erhöhung des natürlichen Realzinses

Ein niedriger bzw. negativer natürlicher Realzins schränkt die Geldpolitik aufgrund der Nullzinsschranke ein. Es mag deshalb aus Sicht einer Zentralbank vorteilhaft sein, wenn der natürliche Realzins höher ist, so dass die mit der Nullzinsschranke verbundenen Probleme seltener eintreten. Dies macht es aber erforderlich, an den Ursachen für den niedrigen natürlichen Realzins anzusetzen (Demary und Niehues 2015). Zum einen ist eine Schuldenrückführung auf Seiten der Unternehmen und Haushalte notwendig. Dafür sind aber Reformen im Insolvenzrecht in einigen Ländern erforderlich. Zum einen kann die Bilanzbereinigung die Investitionsnachfrage wiederbeleben und zum anderen kann die EZB bei bereinigten Bilanzen die Zinsen erhöhen, ohne dass ein Verlust der Schuldentragfähigkeit droht. Zum anderen muss der Nenner der Schuldenquote erhöht werden. Hierzu muss eine Deflation durch die Geldpolitik verhindert sowie Strukturreformen für ein höheres Potentialwachstum durchgeführt werden (Demary und Hüther 2015a). Durch eine Erhöhung des Renteneintrittsalters lassen sich die demografischen Effekte auf den natürlichen Realzins abmildern. Hierdurch verkürzt sich die Rentenbezugsdauer, was eine geringere Ersparnis während der Erwerbsphase erforderlich macht (Demary und Niehues 2015).

3.4 Erhöhung des risikofreien Zinses

Die Erhöhung des risikofreien Zinses setzt an den Ursachen für sein niedriges Niveau an, nämlich an dem geringen Angebot an sicheren Anlagen und einer hohen Nachfrage nach diesen (Demary und Niehues 2015). Eine Erhöhung des Angebots an sicheren Anlagen kann durch tragfähige öffentliche Schuldenstände sowie eine Belebung des Marktes für sichere Verbriefungen und Covered Bonds erreicht werden. Durch eine Verbesserung der Tragfähigkeit der öffentlichen

Schuldenstände können Staaten ein besseres Rating erhalten. Das Ziel sollte hierbei sein, dass alle EU-Staaten risikoarme Anleihen emittieren. Der europäische Verbriefungsmarkt hat trotz niedriger Ausfallraten das Vertrauen der Marktteilnehmer nicht zurückerlangt. Die Bestrebungen der Europäischen Kommission, diesen Markt wiederzubeleben, können einen wichtigen Beitrag zur Erhöhung des Angebots an risikoarmen Anlagen leisten. Eine Senkung der Nachfrage nach sicheren Anlagen muss hingegen an der Finanzmarktregulierung in Form der Abschaffung der Privilegierung von Staatsanleihen in der Bankenregulierung ansetzen.

4 Fazit und Ausblick

Die vorangegangene Analyse zeigt, dass der Ausstieg aus dem Niedrigzinsumfeld an den Ursachen für das Niedrigzinsumfeld ansetzen muss, d.h. sowohl an den zyklischen Faktoren als auch an den Trendfaktoren. Zentral sind hierbei eine Wiederbelebung der Investitionen und eine Abmilderung der demografischen Faktoren auf den natürlichen Realzins. Sowohl für eine Erhöhung der Investitionsnachfrage als auch für eine Erhöhung des Zentralbankzinses ist aber eine Rückführung der Schuldenquoten notwendig. Die Geldpolitik kann helfen die Schuldenquoten zu stabilisieren, indem sie die Deflationsgefahren entschärft.

Es gibt aber auch eine technische Herausforderung für die Zentralbanken. Denn eine Anhebung des Zentralbankzinses wird durch die überschüssigen Einlagen von Banken bei ihren Zentralbanken eingeschränkt. Diese sind durch die Wertpapierkaufprogramme der Zentralbanken, aber auch durch die Vollzuteilungspolitik im Falle der EZB entstanden. In der Vergangenheit konnten Zentralbanken durch eine leichte Verknappung dieser Einlagen höhere Zinsen auf dem Interbankenmarkt erreichen. Da dies aufgrund der überschüssigen Einlagen aktuell nicht möglich ist, hat die Fed ihr traditionelles Zins-Ziel für ihren Leitzins durch einen Zins-Kanal ersetzt. Dessen Obergrenze ist ein Zins auf Zentralbankeinlagen (Interest on Excess Reserves), seine Untergrenze ein Zins auf Reverse Repurchase Agreements, die Verbindlichkeiten der Fed darstellen. Über eine Anhebung dieses Zinskanals um 25 Basispunkte wird die Fed ihre Zinserhöhungen gestalten (Federal Open Market Committee, 2015).

Aktuell stehen jedoch globale Faktoren einer Anhebung der Zentralbankzinsen im Weg. Dazu gehören der niedrige Ölpreis, der zu globalen niedrigen Inflationsraten geführt hat, sowie die sich abschwächende globale Konjunktur. Bei den Zentralbanken geht der Trend zurzeit eher in Richtung Zinssenkung. Die Bank of Japan hat im Februar 2016 einen Negativzins auf Zentralbankguthaben eingeführt. Die Sveriges Riksbank hat ihren ohnehin schon negativen Zins im gleichen Monat weiter gesenkt. Die EZB hat ihren negativen Zins im März erneut gesenkt und auch die Fed hat die Einführung von Negativzinsen geprüft. Ein Ausstieg aus dem Niedrigzinsumfeld ist erst einmal nicht in Sicht.

Literaturverzeichnis

— Abel, A. (2001): Will Bequests Attenuate the Predicted Meltdown in Stock Prices When Baby Boomers Retire? Review of Economics and Statistics, 83, (4), 589–595.

— Bean, C., C. Broda, T. Ito und R. Kroszner (2016): Low for Long? Causes and Consequences of Persistently Low Interest Rates, Geneva Report on the World Economy 17, CEPR Press, London.
— Bekaert, G., S. Cho und A. Moreno (2010): New Keynesian Macroeoconimcs and the Term Structure, Journal of Money, Credit and Banking, 42 (1), 33–62.
— Bernanke, B. (2005): The Global Saving Glut and the U.S. Current Account Deficit. Stand: 17.02.2016, www.federalreserve.gov/boarddocs/speeches/2005/200503102/default.htm
— Blanchard, O., D. Furceri und A. Pescatori (2014): A Prolonged Periods on Low Real Interest Rates?. In: C. Teulings und R. Baldwin (Hsrg.): Secular Stagnation: Facts, Causes and Cures. CEPR Press, London, 101–110.
— Caballero, R. und E. Farhi (2014): On the Role of Safe Asset Shortages in Secular Stagnation. In: C. Teulings und R. Baldwin (Hsrg.): Secular Stagnation: Facts, Causes and Cures. CEPR Press, London, 101–110.
— Dai, Q. und K. Singleton (2000): Specification Analysis of Affine Term Structure Models. Journal of Finance, 55 (5), 1943–1978.
— Demary, M. (2015) IW-Bankenmonitor: 2015, Schleppende Kreditentwicklung trotz oder wegen der Rekapitalisierungsfortschritte. IW-Trends 3-2015, Köln.
— Demary, M. und M. Hüther (2015a): Gefährden die unkonventionellen Maßnahmen der EZB den Ausstieg aus dem Niedrigzinsumfeld? IW policy paper 7-2015, Köln.
— Demary, M. und M. Hüther (2015b): When Low Interest Rates Cause Low Inflation. Intereconomics, 50 (6), 350–355.
— Demary, M. und J. Niehues (2015): Die Auswirkungen von Niedrigzinsen und unkonventionellen geldpolitischen Maßnahmen auf die Vermögensverteilung. IW policy paper 15-2015, Köln
— Demary, M. und J. Matthes (2014): Das aktuelle Niedrigzinsumfeld: Ursachen, Wirkungen und Auswege, Studie für den Gesamtverband der Deutschen Versicherungswirtschaft, Köln.
— Demary, M. und T. Schuster (2013): Die Neuordnung der Finanzmärkte: Stand der Finanzmarktregulierung fünf Jahre nach der Lehman-Pleite, IW-Analysen Nr. 90, Köln
— Fama, E. (2013): Does the Fed Control Interest Rates? The Review of Asset Pricing Studies, 3 (2), 180–199.
— Federal Open Market Committee (2015): Minutes of the Federal Open Market Committee, 17.-18. März 2015. Stand: 30.10.2015. www.federalreserve.gov/monetarypolicy/fomcminutes20150318.htm
— Freytag, A. und G. Schnabel (2015): Zurück zur marktwirtschaftlichen Ordnung! – Die Risiken der Niedrigzinspolitik der EZB. Stand 16.2.2016. www.insm-oekonomenblog.de/12886-zurueck-zur-marktwirtschaftlichen-ordnung-die-zahlreichen-risiken-der-niedrigzinspolitik-der-ezb-2/#more-12886
— House of Representatives, 2015, Federal Reserve Reform Act of 2015. www.congress.gov/114/bills/hr3189/BILLS-114hr3189rfs.pdf
— Hüther, M. und M. Demary (2015): IW-Monetary Outlook October 2015: Low Inflation – A Challenge for Central Banks, IW policy paper 33-2015, Köln.
— Internationaler Währungsfonds, 2015, Making Public Investment More Efficient, Staff Report, 11. Juni 2015. www.imf.org/external/np/pp/eng/2015/061115.pdf
— Koo, R. (2014) Balance Sheet Recession is the Reason for Secular Stagnation. In: C. Teulings und R. Baldwin (Hsrg.): Secular Stagnation: Facts, Causes and Cures, CEPR Press, London, 131–142.

- Kozicki, S. und P. Tinsley (2010): Shifting Endpoints in the Term Structure of Interest Rates, Journal of Monetary Economics, 47 (3), 613–652.
- Krugman, P. (1998): It's Baaack: Japan's Slump and the Return of the Liquidity Trap, Brookings Papers on Economic Activity, 2, 137–187.
- OECD (2015): Pensions at a Glance 2015: OECD and G20 indicators, OECD Publishing, Paris, DOI: http://dx.doi.org/10.1787/pension_glance-2015-en
- Rachel, L. und T. Smith (2015): Secular Drivers of the Global Real Interest Rate, Bank of England Staff Working Paper No. 571, London.
- Rudebusch, G. und T. Wu (2008): A Macro-Finance Model of the Term Structure, Monetary Policy, and the Economy, Economic Journal, 188 (530), 906-929.
- Sachverständigenrat zur Begutachtung der gesamtwirtschaftlichen Entwicklung (2015): Zukunftsfähigkeit in den Mittelpunkt, Jahresgutachten 2015/16, Wiesbaden
- Sharpe, W. (1964): Capital Asset Prices: A Theory of Market Equilibrium under Conditions of Risk, Journal of Finance, 19 (3), 425–442.
- Takáts, E. (2010): Ageing and Asset Prices, Bank for International Settlements Working Papers No 318, August 2010, Stand: 6.4.2016, https://www.bis.org/publ/work318.pdf.
- Taylor, J. (2009): The Need for a Clear and Credible Exit Strategy. In: J. Ciorciari und J. Taylor (Hsrg.): The Road Ahead For the Fed, Hoover Institution Press, Stanford, 85–100.
- Taylor, J. (1993): Discretion versus Policy Rules in Practice. Carnegie-Rochester Conference Series on Public Policy, 39, 195–214.
- Teulings, C. und R. Baldwin (2014): Introduction. In: C. Teulings und R. Baldwin (Hrsg.): Secular Stagnation: Facts, Causes and Cures, CEPR Press, London, 1–26.
- Weltbank (2016a): Age Dependency Ratio (% of Working-Age Population). Stand: 10.2.2016. http://data.worldbank.org/indicator/SP.POP.DPND.
- Weltbank (2016b): Life Expectancy at Birth, Total (Years). Stand: 10.02.2016. http://data.worldbank.org/indicator/SP.DYN.LE00.IN.
- Weltbank (2016c): World Development Indicators, Population, ages 15–64 (% of total). Population total. Stand: 10.2.2016. http://databank.worldbank.org/data/reports.aspx?source=world-development-indicators#.
- Weizsäcker, C. (2014): Public Debt and Price Stability. German Economic Review, 15, (1), 42–61.

DIE AUTOREN UND AUTORINNEN

Christine Annuß studierte International Economics an der Georg-August-Universität Göttingen und der Rijksuniversiteit Groningen (NL). Seit 2013 arbeitet sie als Volkswirtin in der Gruppe der gesamtwirtschaftlichen Finanzierungsrechnung in der geldpolitischen Abteilung der Deutschen Bundesbank. Hier analysiert sie Fragestellungen zu Themen wie dem Spar- und Anlageverhalten privater Haushalte, der Unternehmensfinanzierung, dem Schattenbankensystem oder der Wirkungsweise geldpolitischer Maßnahmen. Sie wirkte an zahlreichen Veröffentlichungen der Bundesbank mit, etwa in Form von Beiträgen zum Monatsbericht. Seit 2015 ist sie zudem Mitglied im Organisationskomitee einer Arbeitsgruppe bei der OECD in Paris, die sich schwerpunktmäßig mit der Finanzierungsrechnung beschäftigt.

Marco Bargel, Dr., studierte Volkswirtschaftslehre an der Universität Freiburg. 1990 bis 1993 wissenschaftlicher Mitarbeiter am Institut für Allgemeine Wirtschaftsforschung der Universität Freiburg. Seine Promotion zum Thema „Wohlfahrtswirkungen internationaler Kapital- und Technologietransfers multinationaler Unternehmen im neoklassischen Ansatz" schloss er im Jahr 1993 ab. Nach einer Station in der volkswirtschaftlichen Abteilung der Kreditanstalt für Wiederaufbau (KfW) leitete er ab 1998 die volkswirtschaftliche Abteilung der DEPFA Deutsche Pfandbriefbank. Seit 2004 Chefvolkswirt der Deutsche Postbank AG. Hauptarbeitsgebiete: Kapitalmärkte und Geldpolitik.

Andreas Bley, Dr. rer. pol., geb. 1965 in Bonn. 1986–1992 Studium der Volkswirtschaftslehre an der FU Berlin. 1993 bis 1997 wissenschaftlicher Mitarbeiter am Institut für Wirtschaftstheorie der FU Berlin und Promotion zu einem arbeitsmarkttheoretischen Thema. 1997 bis 2001 Mitarbeiter der Abteilung Volkswirtschaft der Landeszentralbank in Berlin und Brandenburg. 2001 bis 2008 Referent beim Bundesverband der Deutschen Volksbanken und Raiffeisenbanken (BVR) in Berlin. Seit 2008 Leiter der Abteilung Volkswirtschaft/Mittelstandspolitik beim BVR. Arbeitsgebiete: Konjunkturanalyse und -prognose, Finanzierung, Geldpolitik, Mittelstandspolitik.

Catharina Claußen, M.Sc., geb. 1989. Studium der Betriebswirtschaftslehre mit Schwerpunkt Finance und Accounting an der Universität Hamburg mit Auslandsaufenthalt an der UC Berkeley (USA). Seit 2015 wissenschaftliche Mitarbeiterin am Institut für Kreditwesen der Westfälischen Wilhelms-Universität Münster. Forschungsschwerpunkt: Bankenregulierung.

Markus Demary, Dipl.-Volkswirt, Dr., geboren 1978 in Bonn, Studium der Volkswirtschaftslehre an der Rheinischen Friedrich-Wilhelms-Universität Bonn und Promotion an der Christian-Albrechts-Universität zu Kiel; Lehrtätigkeit im Fach Behavioral Finance an der Universität Ulm; seit 2008 im Institut der deutschen Wirtschaft Köln.

Sebastian Dullien, Prof. Dr., ist seit 2007 Professor für Volkswirtschaftslehre, insbesondere International Economics, an der Hochschule für Technik und Wirtschaft (HTW). Zudem ist er seit 2011 Senior Policy Fellow beim European Council on Foreign Relations. Von 2000 bis 2007 arbeitete er als Redakteur bei Financial Times Deutschland, zunächst zuständig für Leitartikel und Gastkommentare, dann für die Weltwirtschaftsseite der Zeitung. Seine aktuellen Forschungsinteressen sind Finanzmarktregulierung und Geldpolitik, europäische Integration und internationale Finanzströme.

Heike Joebges, Prof. Dr., ist seit 2010 Professorin für Volkswirtschaftslehre, mit dem Schwerpunkt International Economics, an der Hochschule für Technik und Wirtschaft (HTW) Berlin. Nach der Promotion zu Ansteckungseffekten bei Währungskrisen an der FU Berlin im Jahr 2005 arbeitete sie zunächst im Research der BayernLB und danach als Referatsleiterin für internationale Konjunkturforschung am Institut für Makroökonomie und Konjunkturforschung (IMK) in der Hans-Böckler-Stiftung. Ihre Forschungsinteressen sind Finanz- und Währungskrisen, insbesondere die Eurokrise, globale Handelsungleichgewichte und die Exportorientierung Deutschlands.

Rolf Ketzler, Dr. rer. pol., Dipl.-Vw., geb. 1974. Nach dem Studium der Volkswirtschaft zunächst wissenschaftlicher Mitarbeiter am Institut für Bank- und Finanzwirtschaft der Freien Universität Berlin. Weitere Stationen u. a. bei der Deutschen Bundesbank und der Poznan School of Economics. Von 2005 bis 2011 persönlicher Referent des Präsidenten am DIW Berlin. Seit 2012 tätig als Senior Economist beim Gesamtverband der Deutschen Versicherungswirtschaft, dabei u. a. auch Mitglied im Statistischen Beirat des Statistischen Bundesamts. Arbeitsgebiete: Konjunkturentwicklung, Geldpolitik, Niedrigzinsumfeld, wirtschaftliche Lage der Versicherungsmärkte.

Thomas Lehmann studierte im Anschluss an eine Ausbildung zum Bankkaufmann Betriebswirtschaftslehre und Immobilienwirtschaft an der Hochschule für Wirtschaft und Recht Berlin. Derzeitig arbeitet er als Unternehmensberater in Berlin für die Treuhandstelle Berlin Brandenburgischer Wohnungsunternehmen (BBT) GmbH und berät Wohnungsunternehmen in immobilienwirtschaftlichen Fragestellungen. Seine Forschungsschwerpunkte liegen in der Immobilienökonomie, Ökonometrie und Wohnungspolitik.

Christoph Maidl, M.Sc., geb. 1985. Studium der Betriebswirtschaftslehre mit Schwerpunkt Finance an der Universität Regensburg, am Trinity College Dublin und der Wirtschaftsuniversität Wien. Von 2011 bis 2014 bei Allianz Capital Partners in München tätig. Seit 2014 wissenschaftlicher Mitarbeiter am Institut für Kreditwesen der Westfälischen Wilhelms-Universität Münster. Forschungsschwerpunkte: Bankenregulierung und Finanzstabilität.

Alejandro Márquez-Velázquez, Dr., hat Ökonomie an der Universidad Central de Venezuela in Caracas studiert und einen Master in International and Development Economics an der Hochschule für Technik und Wirtschaft (HTW) Berlin abgeschlossen. Im Jahr 2015 Promotion an der Freien Universität Berlin. Von 2009 bis 2014 war er Projektkoordinator des DAAD-finanzierten Interuniversitären Netzwerks „Economic Development Studies on Money, Finance and Trade" an der HTW Berlin. Seit 2014 ist er wissenschaftlicher Mitarbeiter am Lateinamerika-Institut der Freien Universität Berlin. Seine aktuellen Forschungsinteressen sind der Einfluss der Wirtschaftspolitik auf den realen Wechselkurs und die Export-Struktur in Lateinamerika sowie die Wirtschaftspolitik erdölexportierender Entwicklungsländer.

Andreas Pfingsten, Prof. Dr. rer. pol. habil., Dipl.-Wirtschaftsing., geb. 1957. Studium Wirtschaftsingenieurwesen an der Universität TH Karlsruhe, Volkswirtschaftslehre an der University of British Columbia in Vancouver (Kanada); Promotion und Habilitation in Volkswirtschaftslehre in Karlsruhe zur Messung der Steuerprogression bzw. zu Facetten des Teilens. Berufstätigkeiten bei der Landeskreditbank Baden-Württemberg und der FIDUCIA Informationszentrale. Universitätsprofessor für Volkswirtschaftslehre an der Universität-GH Siegen. Seit 1994 Universitätsprofessor für Betriebswirtschaftslehre, insbesondere Betriebswirtschaftslehre der Banken, und Direktor des Instituts für Kreditwesen der Universität Münster, Teil des Finance Center Münster.

Lehr- und Forschungsaufenthalte in Graz (Österreich), Calgary (Kanada), Urbana-Champaign (USA) und Philadelphia (USA). Mitglied der Nordrhein-Westfälischen Akademie der Wissenschaften und der Künste. Publikationen in internationalen wissenschaftlichen und in praxisorientierten Zeitschriften; Mitautor der „Bankbetriebslehre" (6. Aufl. 2015, Springer). Hauptarbeitsgebiete: Kreditgeschäft, Risikomanagement, Bankenrechnungslegung und -regulierung.

Manuel Rupprecht, Dr., leitet die Gruppe „Gesamtwirtschaftliche Finanzierungsrechnung" in der geldpolitischen Abteilung der Deutschen Bundesbank. Er studierte Volkswirtschaftslehre an der Westfälischen Wilhelms-Universität in Münster mit Schwerpunkten im Bereich der Geldpolitik und internationalen Wirtschaftsbeziehungen. Es folgte ein postgraduales Studium an der Lincoln University in Christchurch (NZ). In seiner sich anschließenden Promotion an der Frankfurt School of Finance and Management beschäftigte er sich mit dem Zusammenhang zwischen Bankenregulierung, Finanzstabilität und dem Internationalisierungsverhalten von Banken. Hernach folgte der Eintritt in die Deutsche Bundesbank, zunächst als Volkswirt in der geldpolitischen Abteilung, seit 2011 dann als Leiter der oben genannten Gruppe. Er wirkt an diversen internationalen Gremien und Arbeitsgruppen (EZB, EU Kommission, OECD) mit. Seine derzeitigen Hauptarbeitsgebiete umfassen die Portfolioallokation privater Haushalte im Niedrigzinsumfeld, die wirtschaftspolitische Unterstützung des privaten Schuldenabbaus im Euro-Raum sowie die Wirkungsweise der quantitativen Lockerungen des Eurosystems.

Dorothea Schäfer, Dipl.-Vw., Dr. rer. pol., habilitiert in Betriebswirtschaftslehre, Forschungsdirektorin Finanzmärkte am Deutschen Institut für Wirtschaftsforschung (DIW Berlin); außerordentliche Professorin an der Jönköping University – Jönköping International Business School (Economics); Leiterin diverser Forschungsprojekte u. a. gefördert von der Deutschen Forschungsgemeinschaft (DFG), der EU-Kommission, der Fritz Thyssen Stiftung und der Stiftung Geld und Währung; Gutachterin u.a. für LOEWE (Landes-Offensive zur Entwicklung Wissenschaftlich-ökonomischer Exzellenz) und das BMBF. Sie hat unter anderem in den Zeitschriften International Journal of Money and Finance, Economics of Transition, Journal of Comperative Economics, Small Business Economics, Economic Modelling und Journal of Institutional and Theoretical Economics veröffentlicht. Sie war Sachverständige für den Finanzausschuss des Bundestages und für die Projektgruppe IV „Nachhaltig gestaltende Ordnungspolitik" der Enquete-Kommission „Wachstum Wohlstand Lebensqualität". Sie ist Chefredakteurin und Herausgeberin der wirtschaftspolitischen Zeitschrift „Vierteljahrshefte zur Wirtschaftsforschung". 2001 erhielt Schäfer zusammen mit ihrem Koautor den Best-Paper Award der Deutschen Gesellschaft für Finanzwirtschaft und 2002 den des DIW Berlin. Arbeits- und Forschungsgebiete: Finanzmarktkrise und -regulierung, Finanzierungsbeschränkungen, Start-up-Finanzierung, Finanzmarkt und Gender.

Jan Philip Weber, Diplom-Volkswirt, geb. 1980. Nach dem Studium der Volkswirtschaftslehre an der FU Berlin und der Universität von Göteborg in Schweden arbeitete er als wissenschaftlicher Assistent am Otto-Suhr-Institut sowie als Dozent im Bereich Wirtschaft am John-F.-Kennedy-Institut für Nordamerikastudien der FU Berlin. Seit 2008 ist er Senior Economist beim Bundesverband der Deutschen Volksbanken und Raiffeisenbanken (BVR). Seine Schwerpunkte sind neben der Finanzmarktanalyse und der Geldpolitik vor allem der deutsche Immobilienmarkt sowie die (private) Altersvorsorge. Seit 2012 forscht er an der Universität von Regensburg als externer Doktorand über die Regulierung von Wohnmietmärkten.

Klaus Wiener, Dr., ist seit dem 1. Dezember 2015 Chefvolkswirt des Gesamtverbandes der Deutschen Versicherungswirtschaft. Der promovierte Ökonom verantwortet als Geschäftsführer die

Bereiche Volkswirtschaft und Kapitalanlage. Wiener kommt von der Assicurazioni Generali, wo er zuletzt die taktische Vermögensverwaltung leitete und ebenfalls die Funktion des Chefvolkswirts im Asset Management der Generali Gruppe ausübte (verwaltetes Vermögen: über 400 Millarden Euro). Zuvor hat er in verschiedenen Funktionen der Finanzwirtschaft Erfahrung sammeln können. Dem Studium der Volkswirtschaft in Deutschland und den USA (Schwerpunkte: International Trade and Finance, Econometrics) folgten erste berufliche Stationen bei der Commerzbank in Frankfurt und der Westdeutschen Landesbank in Düsseldorf. Im Jahr 1998 wechselte er in die Versicherungsbranche. Er verfügt über Erfahrungen aus akademischer Lehrtätigkeit und ist Autor von regelmäßig erscheinenden Publikationen zu aktuellen Fragen von Konjunktur, Finanzmärkten und institutioneller Kapitalanlage. Zudem ist er Verfasser zahlreicher Gastkommentare in führenden deutschen und internationalen Publikationen.

Michael Wolgast, Dr., Studium der Volkswirtschaftslehre und der Rechtswissenschaften an der Christian-Albrechts-Universität zu Kiel, der Université Paris-IX-Dauphine und der London School of Economics and Political Science. Im Anschluss wissenschaftlicher Mitarbeiter am Institut für Wirtschaftspolitik der Christian-Albrechts-Universität zu Kiel, 1996 Promotion zum Dr. sc. pol. 1995 bis 1996 Referent in der Abteilung Volkswirtschaft/Wirtschaftspolitik des Deutschen Sparkassen- und Giroverbandes e. V. (DSGV) in Bonn, 1997 bis 1999 Regierungsrat im Bundesministerium für Wirtschaft, 1999 bis 2001 Senior Economist bei der Deutschen Bank AG/DB Research. Von 2001 bis 2014 Chefvolkswirt und Leiter der Abteilung Volkswirtschaft beim Gesamtverband der Deutschen Versicherungswirtschaft e. V. (GDV) in Berlin. Seit April 2014 Direktor und Chefvolkswirt sowie Leiter der Abteilung Volkswirtschaft und Finanzmärkte des DSGV, ebenfalls in Berlin.

Corinna Woyand, M. Sc., geb. 1988. Studium der Betriebswirtschaftslehre mit Schwerpunkt Finance an der Universität Hamburg und der Westfälischen Wilhelms-Universität Münster. Seit 2015 wissenschaftliche Mitarbeiterin am Institut für Kreditwesen der Westfälischen Wilhelms-Universität Münster. Forschungsschwerpunkt: Bankenregulierung.

HINWEISE FÜR AUTOREN UND AUTORINNEN DER VIERTELJAHRSHEFTE

Die Vierteljahrshefte zur Wirtschaftsforschung werden seit 1927 vom DIW Berlin herausgegeben. Sie veröffentlichen Aufsätze zu aktuellen wirtschaftspolitischen Fragestellungen und wenden sich an Wissenschaft, Politik und Wirtschaft.

Zwischen Abgabetermin des Manuskripts und Erscheinen des Beitrags in den Vierteljahrsheften liegen im Allgemeinen weniger als drei Monate. Alle Beiträge werden begutachtet. Die Themen der nächsten Schwerpunkthefte und ausführliche Hinweise für Autoren können der DIW-Internetseite entnommen werden (www.diw.de).

Beiträge sind an die Redaktion, an das jeweils zuständige Redaktionsmitglied oder zu Händen Ellen Müller-Gödtel einzusenden. Berücksichtigt werden nur Originalbeiträge, die im Falle der Annahme auch tatsächlich zur Veröffentlichung in den Vierteljahrsheften zur Verfügung stehen.

Die Beiträge sind in deutscher Sprache zu verfassen. Beiträge von englischsprachigen Autoren können in deutschsprachige Hefte nur Eingang finden, wenn sie vorher übersetzt wurden. Es gilt die neue deutsche Rechtschreibung. Eine Zusammenfassung des Beitrags ist in deutscher und in englischer Sprache gesondert zu erstellen. Diese soll jeweils nicht mehr als 150 Wörter umfassen. Außerdem müssen dem Manuskript mindestens drei Begriffe der JEL-Klassifikation (www.aeaweb.org/journal/jel_class_system.html) und mindestens drei englischsprachige Keywords beigefügt werden. Neben dem Regelfall des deutschsprachigen Heftes sind auch Vierteljahrshefte in englischer Sprache möglich, wenn die Themenstellung dies nahelegt.

Das Manuskript ist in Schriftgröße 12 pt im Zeilenabstand von 1,5 zu erstellen und mit einem linken und rechten Rand von 2,5 cm zu versehen. Der Umfang des Manuskripts sollte 15 Seiten (circa 30 000 Zeichen, ohne Tabellen und Abbildungen) nicht überschreiten. Die Zitierweise ist den Aufsätzen des Vierteljahrsheftes beziehungsweise der oben genannten Internetseite zu entnehmen.

Der Textteil ist in MS Word zu liefern. Tabellen und Abbildungen sind als separate Dateien (Tabellen in MS Excel, Abbildungen zusammen mit den zugrunde liegenden Daten – entweder ebenfalls in Excel oder einem anderen gängigen Grafikprogramm) zu liefern. Die Stellen, an denen sie im Text erscheinen sollen, müssen im Manuskript markiert werden. Die maximale Breite von Tabellen und Abbildungen beträgt 12,6 cm. Bei Tabellen die Zeilen- und Spaltenmerkmale bitte übersichtlich aufteilen. Anmerkungen und Fußnoten sowie Quellenangabe(n) bitte unter dem Tabellenfeld beziehungsweise der Grafik positionieren.

Wichtiger Hinweis: Falls Sie Abbildungen oder Ähnliches aus dem Internet entnehmen, bitten wir um Mitlieferung einer Kopie der Druckgenehmigung.

David B. Adler

Die Anwendung und Durchsetzung US-amerikanischer Handelsbeschränkungen innerhalb der Europäischen Union

Wie schutzlos ist die EU?

Die EU hat die Verordnung (EG) 2271/96 als Abwehrgesetz *(blocking statute)* erlassen, welches die hiesigen Unternehmen vor den Auswirkungen der extraterritorialen Anwendung von Rechtsakten eines Drittlandes sowie darauf beruhender oder sich daraus ergebender Maßnahmen schützen will. Dennoch machen zahlreiche US-amerikanische Sanktionsverstoßverfahren gegen Unternehmen mit Sitz innerhalb der EU deutlich, dass der Erlass der Verordnung die USA auch weiterhin nicht davon abhält, ihre Handelsbeschränkungen innerhalb der EU durchzusetzen.

Die Arbeit legt durch die Darstellung der extraterritorial zur Anwendung kommenden US-amerikanischen Handelsbeschränkungen an den Beispielen Kuba und dem Iran das Spannungsverhältnis zwischen den US-amerikanischen Regelungen und der EG-Verordnung 2271/96 offen. Sie zeigt auf, dass vor dem Hintergrund der jüngst eingeleiteten historischen Wende in der US-amerikanischen Kuba- und Iran-Politik und den derzeit stattfindenden Verhandlungsrunden über das Transatlantische Freihandelsabkommen der Zeitpunkt günstig ist, das aufgeworfene Problem umfassend mit den USA zu diskutieren und einer Lösung zuzuführen.

97 Seiten, 2016
ISBN 978-3-428-14983-4, € 39,90
Titel auch als E-Book erhältlich.